난강망 궁통보감

欄江網 [窮通寶鑑]

韓國 第一의 '八字術 마스터' 가 풀어내는

欄江網 마스터리

李修 지음

장서원
도서출판

동양오술(東洋五術)의 시종(始終), 팔자명리(八字命理)

근자에 대중적인 인기를 구가하는 종합격투기의 긍정적 요소로 그동안 무술(武術)계를 지배해 온 신비주의(神秘主義)의 혁파(革罷)를 꼽을 수 있다. 산속 수련을 하며 하늘을 날아다니고, 사람들의 눈에는 보이지 않을 정도의 발차기 능력을 지녔다거나, 손에서 장풍(掌風)이 나오는 고수(高手)들을 신봉(信奉)했던 이들에게 종합격투기는 무술에 대한 개념 자체를 뒤흔드는 일대 충격이었다. 종합격투기는 무술의 본질이 원초적인 싸움 기술이고, 격투 자체에 일차적 존재 가치가 있음을 확연히 알려 준 셈이다. 그곳에서는 유도나 레슬링의 금메달리스트 등 평생을 운동에 바친 기량이 출중한 엘리트 체육인들마저도 단 1승이 어려웠다. 격투기의 세계에서는 무엇보다 실전 기량이 중요하다. 지금은 어떤 신비주의 파이터가 출연한들 검증되지 않은 선수는 패배할 것으로 바라보게 된다. 결과적으로 무도(武道)만을 부르짖는 한편, 자신의 기예(技藝)야말로 실전 최강이라는 믿음을 지녔던 부류들의 모순은 자연스럽게 폭로되었다.

"내가 몇 해 동안 복학(卜學)나 상학(相學)의 대가(大家)로 이름난 이들을 견문(見聞)하고 헤아려 보았는데 이들은 한결같이 팔자명리(八字命理)를 아는 듯 처세하지만, 실은 몹시 서툴렀다. 육임(六壬)이나 기문(奇門), 육효(六爻) 또는 풍수(風水)와 의(醫), 선(仙)의 단계에 이르기까지 다양한 학술과 도학을 선택하고 정진하는 문제는 다 개인의 취향과 자유다. 다만, 어떤 형태로든 명리(命理)에 정통하지 않은 한, 간략한 점술(占術)이나 허세(虛勢)에 지나지 않는다고 볼 수 있다. 명(命)은 오술(五術)의 근간이자, 세사(世事) 일반을 벗어난 도(道)는 의미가 없기 때문이다. 가령 팔자(八字)를 모르고 유체(遺體)를 매장하는 음택법(陰宅法) 자체가 성립되지 않는데도 명리를 도외시한 풍수가 판을 친다. 개체적인 자아(自我)를 실체의 것으로 믿고 집착해 자기 중심의 한정된 이론 체계를 벗어나지 못하는 부류들과는 도통 말이 통하지 않지만, 정히 불민(不敏)한 자세를 보이는 이들에겐 언제든 이 '이수'가 팔자술(八字術)의 진가를 쾌도난마(快刀亂麻)식으로 각인시킬 뜻이 있다. 부디 허구를 진실로 믿지 말고, 한번쯤 돌이켜 명학(命學)의 기본부터 제대로 복기하기 바란다."

한 마디로 검증되지 않은 술(術)과 도(道)는 의미가 없다. 세사(世事)를 간파(看破)하는 과정을 거치지 않은 도(道)란 그 자체로 불완전하기 쉽다. 팔자명리(八字命理)의 세계는 비록 속진(俗塵)의 빈부귀천(貧富貴賤)과 길흉수요(吉凶壽夭)를 따져 보는 형이하학(形而下學)적 연구를 바탕으로 삼지만, 세사(世事) 일반의 가치를 헤아린 연후 참다운 도(道)를 구현해 나가는 자연스러운 과정이라 할 수 있다. 그런데 현실은 팔자학(八字學)이 쉽지 않고, 사학(斯學)의 학문적 원칙을 견지한 인사들조차 찾아보기 어려운 문제가 있다. 실전에서 급수(級數)를 나누는 기준은 예외 없이 '기초(基礎)의 튼실함' 으로 설명되어 왔다. 따라서 우리는 먼저 선학(先學)들이 친절하게 설명해 두지 않은 – 실상 몇 세기 전까지만 해도 문학이나 철학이 정형화된 포맷으로 존재하지 않고 오직 시(詩)의 형태로만 존재했으므로 대중이 공유하는 상세한 지식의 전수는 불가했다 – '베이식' 부터 정확하게 완성해 나가야 마땅하다. 기초 체력부터 확실히 다지고, 눈부신 고급 기법을 체득해야만 현실에서 통하고 검증된다. 술(術)의 진가(眞價)는 현장에서 증명되는 것이지, 쌓아둔 서책(書册)으로 평가되는 게 아니므로 강호(江湖)의 환경은 갈수록 척박해질 게 분명하다. 한번 제대로 된 임자를 만나면 턱없이 무너질 골목의 '스트리트파이터' 나 현실 감각이 결여된 은둔 고수(高手)로 머물지 말고, 언제 어느 곳에서든 강력한 '포스' 를 발산할 수 있는 정상급 실력자로 변모해서 한 번쯤은 명리(名利)를 거머쥐는 영화(英華)를 누려보기 바란다.

"고래(古來)로 대부분의 인사들은 팔자명리(八字命理)를 잘 알지 못했다. 자평(子平)의 동호인(同好人)이나 평범한 학인(學人)으로 머문다면 모르되, 이른바 현장 술가(術家)라면 마땅히 팔자(八字)의 오의(奧義)에 통해야 한다. 그런데 강호(江湖)와 강단(講壇)을 묶어, 대개 사학(斯學)을 연구하는 학자들은 명리(命理)를 단지 '오행(五行) 생극제화(生剋制化)' 의 이법(理法)적 틀에 국한된 시각을 견지하거나 이해하기 일쑤다. 이토록 명리(命理)를 인식하는 수준이 낮으므로 명술(命術)의 다양한 기법을 수렴하기란 거의 불가능한 얘기가 된다. 기초적인 자평술(子平術)이나 두수(斗數) 또 이를

병용하는 성평합참(成平合參), 그리고 명학(命學)의 최고봉으로 치는 칠판신수(鐵板神數)나 복(卜)의 태을(太乙)에 이르기까지 나름대로 일가견을 피력한들, 명리(命理)에 정통하지 않다면 양두구육(羊頭狗肉)이 그럴듯한 바에 지나지 않는다. 오랫동안 동양술학계에는 수많은 문파(門派)와 유파(流派)들이 존재해 왔지만, 아직껏 성숙한 환경을 구축하지 못했다. 한 마디로 학문적 위상에 걸 맞는 대접을 받지 못한다. 원인은 자못 간단하다. 학문적인 원칙이 불분명하고, 지식이 온전치 않기 때문이다. 까닭에 지금껏 '명학의 학습 과정' 이나 '술(術)의 실전 간명(看命) 순서' 조차 바르게 설명되지 못하는 현실이다. '체용(體用)을 분간하는 용법(用法)' 부터 정리가 되지 못했으므로 한 마디로 펀더멘털의 부재 상황이라 할만하다. 이를테면 '자평진전(子平眞詮)' 과 '난강망(欄江網)' 은 체신(體神)의 영역에 집중된 이론을 전개하는 고서(古書)임에도 불구하고, 이를 통해 세월(歲月)의 희용(喜用)을 구하려는 우(愚)를 범한다. '적천수(滴天髓)' 를 더한 사주학(四柱學)의 3대 텍스트 각각을 바르게 회득(會得)하지 못하므로 팔자명리의 근간을 일관되게 관통하는 지식 체계를 견지하지 못한다. 무릇 팔자학을 학습하는 이라면 '이기(理氣)와 체용(體用), 기질(氣質)' 등의 기본 개념을 확고히 다진 연후, 제 것을 만들어야 비로소 천박하지 않은 진정한 팔자술(八字術)을 구사할 수 있는 것이다. 그러므로 명리(命理)의 '이법(理法)과 기학(氣學)' 을 온전하게 이해하지 못하면 더한 학문이 사상누각(砂上樓閣)에 그치고 만다. 자평(子平)의 고법(古法)과 신법(新法)은 대부분 체(體)를 축으로 한 이론 체계로 구성되어 있다. 반면 근자의 선진 명학(命學)은 용(用)의 영역인 '오운육기(五運六氣)의 물상법(物象法)' 과 '형충회합(刑沖會合)의 실기(實技)' 분야로 확장해 가는 추세를 보이고 있다. 혹자는 자평(子平)은 실성(實星)이요, 두수(斗數)는 허신(虛神)으로 대립 보완적인 관계를 논하기도 하는데, 이 또한 몰라서 하는 얘기다. 명리(命理)의 고급 기법은 허(虛)와 실

> (實)을 다 같이 포괄하고 수렴한다. 고전(古典)으로 기초(基礎)를 다지고, 이후 명술(命術)의 각론, 선진 기법을 익혀 이를 자유자재로 운용하는 묘법(妙法)을 체득해야만 비로소 '팔자술'의 마스터로 부상하게 되는 것이다."

학습자들은 항상 아집(我執)과 견강부회(牽强附會)를 경계해야 한다. 아울러 명학(命學)에 뜻을 둔 이상, 확고한 지식 체계와 원칙을 세우는 노력을 게을리 해선 안 된다. 적당히 타협하거나 포기할 근기(根氣)라면 실은 지체 없이 진로를 바꾸는 게 좋다. 모르면서 안다고 착각하지 말고, 늘 겸손하며 삼가는 태도로 학습에 정진한다면 머지않아 명리(命理)를 온전히 깨칠 것이다. 스스로 흔들리지 않는 지경에 이르러 강호(江湖)로 나서라. 그러면 세인(世人)들의 존경을 한 몸에 받게 된다. 술법(術法)의 시대인 21세기는 필시 동양의 예측술(豫測術)이 대중의 기대와 주목, 찬사를 받게 될 것이다. 그러니 즐겁게 배우고 익혀 나가길 바란다.

乙酉年 龍仁, 寓居에서 이수 記

| 목 차 |

| 일러두기 Explanatory Notes |

'난강망(欄江網) 마스터리' 는 기존의 명리서(命理書) 각각이 지닌 이질(異質)적인 내용의 통일성을 꾀한 일관(一貫)된 논리 체계로 전개됩니다. 다시 말해 자평명리(子平命理)의 음양오행(陰陽五行) '이법(理法)과 기학(氣學)' 을 최적의 상태로 조율(調律)하는 데 초점을 맞춘 것입니다. 따라서 학습자들은 '마스터리' 를 통해 일정한 원리에 따라 자연스럽게 조직된 명리학(命理學) 지식의 통일된 전체를 이해하게 될 것으로 기대합니다. 근세에 자평(子平)의 3대 고서(古書)를 모두 주해, 저술한 서락오(徐樂吾) 대사의 오류 일반은 '자평진전리뷰' 에서 이미 언급한 바, 이를 참고로 대조하여 본다면 명리(命理)의 바른 계통을 한결 수월하게 파악할 수 있을 것입니다.

이 책은 전체 'Ⅰ 인트로, Ⅱ 마스터리, Ⅲ 아우트로' 의 전체 3 단계로 구성되어 있습니다.

1. '인트로' 에서는 팔자학(八字學) 전반의 학문적 원칙을 확고히 하는데 목적을 두고 기본 사항을 점검합니다. 강호(江湖)와 강단(講壇)을 불문하고, 팔자명리(八字命理)의 이법(理法)과 기학(氣學) 체계 조직을 정확하게 인식하는 실력자를 아직 찾아보지 못했습니다. 선학(先學)들의 유산도 부족한 점이 있으므로 최근에 발표한 '베이식' 을 축으로 몇 가지 중요한 내용들을 요약하였습니다. 이 부분의 분명한 이해가 수반되어야 '마스터리' 본문의 내용에 한결 자연스럽게 다가설 수 있게 됩니다.

2. '마스터리' 에서 채택한 텍스트는 '궁통보감(窮通寶鑑)' 입니다. 본문은 [원시*TEXT]와 원문을 직역(直譯)한 [일람*Scanning], 그리고 최신 견해를 피력한 [숙달*Mastery] 순으로 전개됩니다. '해설' 편에서는 '조화원약평주(造化元鑰評註)'의 일부 내용을 인용하고 있습니다. 특히 '1권' 의 각론(各論)에서는 생극제화(生剋制化)의 이법(理法)과 기후론(氣候論)이 조화되는 팔자(八字) 유형의 예시로 학습자들의 수월한 이해를 도모하였고, '2권' 의 각론(各論)에서는 명인(名人)들의 명례(名例)를 통해 격국(格局)의 귀천고저(貴賤高低)를 종합적으로 판단하는 데 중점을 두어 종래의 해설서와 차별화했습니다.

3. '아우트로' 에서는 십간용신(十干用神)을 기후(氣候)와 부억(扶抑) 관계를 포괄한 십간론(十干論) 전반을 요약하였습니다. 양상윤(梁湘潤)이 편술한 '여씨용신사연(余氏用神辭淵)', 서락오(徐樂吾)의 '궁통보감(窮通寶鑑)' 에 요약된 십간희용제요(十干喜用提要) 및 진소암(陳素庵)이 수립한 '십간론(十干論)' 등에 이르기까지 십간(十干) 희기(喜忌) 조합 전반을 일관되고 균형 잡힌 관점에서 새롭게 압축 정리한 것입니다. 이로써 학습자들은 순식간에 팔자(八字), 체신(體神)의 성패(成敗)와 희기(喜忌)를 판정하는 고급실력을 갖추게 될 것입니다.

Ⅰ. 인트로 [Intro]

체용(體用)

격국(格局)

십간(十干)

조후(調候)

체용(體用)

명리학(命理學)의 발전 과정은 한 마디로 체용(體用)의 분할 과정이라 할 수 있다. 도(道)에는 체용(體用)이 있고, 체(體)에 또한 체용(體用)이 있으며 용(用)에도 체용(體用)이 존재한다. 이렇게 무한대로 분화되는 체용(體用)의 개념을 이해하지 못하면, 희기(喜忌)의 관건이 되는 용신(用神)마저도 오해하기 일쑤니 올바른 명리(命理)는 요원해진다. 그동안 한국(韓國)의 팔자학(八字學)은 고인(古人)들의 과거 이론을 신봉하는데 그쳐 근세(近世)에 이르러 재해석된 이론체계도 따라가지 못하는 실정이었다. 최근까지 가장 선진적인 체용(體用) 분할을 시도한 이는 '서락오'다. 그의 이론 핵심은 부억용신(扶抑用神)으로 집약되어 최종적으로 팔자(八字)의 오행(五行) 세력(勢力)을 중시하는 관법을 굳힌 셈이다. 따라서 응당 기후(氣候)와 배상(配像)에 따른 용신(用神) 체계의 보완과 융합이 시도된다. 이로써 탄생한 개념이 기세(氣勢) 양면을 고려한 십간용신(十干用神) 체계다. '서락오' 의 체용론(體用論)이나 '장요문' 의 십간론(十干論)은 모두 당대에 최적의 논리임을 자부(自負)했지만, 추명(推命) 각각의 '필드' 에서 체(體)와 용(體)을 정확하게 구분하는 용법(用法)은 성숙치 못한 결과로 나타났다.

먼저 팔자(八字)를 구성하는 전체 영역에 대해 체용(體用)으로 구분해 보자. 송대(宋代)와 명대(明代), 그리고 자평학(子平學)의 전성기인 청대(淸代)에 이르기까지 18세기 무렵에는 팔자(八字)의 원국(元局)과 대운(大運)으로 체용(體用)이 구분되었다. 이때의 명서(命書)에는 주로 격국(格局)의 성패(成敗)와 대운(大運)의 희기(喜忌)를 설명하는데 집중하고, 세월(歲月)의 성패(成敗)를 설명하는 내용은 부차적인 사항에 불과했다.

체 體	용 用
팔자 八字	대운 大運

세월(歲月)의 성패(成敗)와 희기(喜忌)에 대한 전반적인 설명은 '서자평' 이후의 신법(新法) 시대에 비해 이전의 고법(古法)이 더욱 세세하게 다룬다. 그래서인지 명리(命理) 학습의 한계에 봉착한 이들은 간혹 '삼명소식부' 와 '이허중명서' 등의 고법(古法) 시대로 회귀하는 경향을 보이기도 한다. 학문 과정에 '피드백' 이나 '백투더베이식' 은 마땅한 일이나, 다만 어느 하나에 얽매여서는 온고지신(溫故知新)의 발전을 기대하기 어렵다. 무릇 현존하여 생명력을 과시하는 사물은 쉽사리 부정될 대상이 아닌 것이다. 아무튼 청대(靑代) 이후 근세(近世)를 거쳐 오늘날에 이르기까지 세월일시(歲月日時)의 영역에 대한 집중적인 조망이 이루어졌다.

따라서 체용(體用)의 거시적 구분도 종래와 다른 입장이 세워졌다.

체 體	용 用	
팔자 八字	대운 大運	세월 歲月

이상과 같은 체용(體用) 도해의 시각은 중요한 점을 시사한다. 이를테면 용(用)의 범주에 속하는 '대운(大運)이나 세월(歲月)'에 적용하는 희기(喜忌) 구분의 기준이 같아야 한다. 즉 체(體)인 팔자(八字)의 귀천(貴賤) 여부는 전체 세력(勢力)의 균형과 기후(氣候)의 조화를 고려해서 가리지만, 용(用)인 대운(大運)과 세월(歲月)은 세력(勢力) 양상에 준(準)한 부억(扶抑)의 잣대로 희기(喜忌)를 가린다는 얘기다. 한 마디로 팔자(八字), 격국(格局)의 성패(成敗)는 기세(氣勢)의 청탁(淸濁)으로, 운로(運路)의 성패(成敗)는 부억용신(扶抑用神)으로 판단한다는 것이다. 이것이 명리(命理)의 3대 '텍스트'를 모두 주해하고, 종내 '적천수후보주'를 통해 결론 내려진 '서락오' 이론의 골자(骨子)이자, 현대(現代) 명리(命理)의 대세라 할 수 있다. 용(用)의 영역에서도 기후(氣候)적 요소를 전혀 배제할 수 없다는 차원에서 제기된 십간용신(十干用神) 또한 부억법(扶抑法)의 틀을 넘어서지는 못한다.

지난해 내가 명리(命理)의 3대 '텍스트'를 새롭게 조망하면서, 체용(體用)의 최신 도해를 선보인바 있다. 핵심은 대운(大運)을 체신(體神)의 영역으로 간주해야 된다는 점이다. '자평진전리뷰'를 저술하는 과정이 시초가 되었는데, '심효첨'의 '자평진전'과 '서락오'의 '자평진전평주'에는 도저히 융합되지 않는 괴리감이 존재하기 때문이다. 결론적으로 '서락오'의 부억용신(扶抑用神)이 용(用)의 영역을 주관하는 것은 이론의 여지가 없지만, 그것이 팔자(八字)나 대운(大運)의 체신(體神) 영역의 성패(成敗)를 간주하는 기준이 될 수 없다는 점을 논한 것이다.

체 體		용 用
팔자 八字	대운 大運	세월 歲月

팔자(八字)나 대운(大運)의 성패(成敗), 희기(喜忌)를 구분하는 요소는 '자평진전'이 말하는 상신(相神)이나 '난강망'이 거론하는 조후용신(調候用神)이 '포인트'다. 이 두 가지 '텍스트'에는 세월(歲月)의 희기(喜忌)를 거론하는 내용이 거의 없다. 그런데 '서락오'는 상신(相神)과 부억용신(扶抑用神)을 일치된 개념으로 설명하기 위해 지나친 수고를 기울였다. 이로 인해 '자평진전평주'는 '심효첨'의 논리와 거리가 멀어졌다. 또한 그는 '적천수보주'에서 고인(古人)들이 상신(相神)이라는 모호한 개념을 쓴다고 우회해서 비판했다. 이뿐 아니다. 조후용신(調候用神)과 부억용신(扶抑用神)이 상치되는 경우에는 부억법(扶抑法)이 우선이라는 대가(大家)답지 못한 단견을 피력했다.

이즈음에서 일차적인 정리가 필요하다. 용(用)의 영역에서는 부억용신(扶抑用神)이 관건이라는 '서락오'의 이론은 옳다. 그것이 그의 공(功)이다. 그러나 체(體)의 영역에서조차 부억(扶抑) 일반으로 성패(成敗)를 가려보고자 시도한 점은 그의 과(果)다. 짐작은 간다. '적천수'의 체용론(體用論)과 세운론(歲運論)이 '모티브'를 제공했을 것이다. 아무튼 지금 '팔자(八字)는 부억(扶抑)이 관건' 내지 기껏 "팔자(八字)의 세력(勢力) 강약(强弱)만을 가려 부억용신(扶抑用神) 하나를 도출해 내는 격용법(格用法)" 정도로 팔자학(八字學)의 반(半)은 수립한 것으로 착각하는 이들이 어디 한둘인가. 이상은 다 옳지 않다. 다시 처음으로 돌아가 '자평진전'부터 제대로 살펴보자. '심효첨'을 위시한 당시의 선학(先學)들이 팔자(八字) 원국(元局) 자체를 체용(體用)으로 분할한 내용은 다음과 같다.

體神(체신)		用神(용신)	
體(체)의 體神(체신)	體(체)의 用神(용신)	用(용)의 體神(체신)	用(용)의 用神(용신)
日干(일간)	月支(월지)	相神(상신)	喜神(희신)

'표'에서 용신(用神)이라는 글자만도 세 번 나온다. 첫째는 월지(月支)가 용신(用神)이다. 즉 일간(日干) 체(體)에 대비되는 용(用)으로 용신(用神)이란 곧 격국(格局)을 의미한다. 둘째로는 격국(格局) 체(體)에 대비되는 용(用)으로 '용(用)의 체(體)'인 상신(相神)을 들 수 있다. 마지막으로 상신(相神)과 조화되는 글자, 희신(喜神)을 들 수 있다. 물론 '심효첨' 스스로가 이 같은 체용(體用) 분할을 정리한 것은 아니지만, 당시의 명서(命書)들은 대략 이 같은 관점을 피력하고 있었다. 이때는 부억용신(扶抑用神)이란 용어 자체도 없었다. 그럼에도 불구하고, 고서(古書)의 원시(原詩)에 언급된 용(用)이나 용신(用神)을 체용(體用)의 명확한 구분 없이 제멋대로 해석하는 부류들도 적지 않다.

그렇다면 '자평진전' 격국용신론(格局用神論)의 열쇠가 되는 상신(相神)이란 무엇일까. 그리고 왜 '서락오'는 끊임없이 상신(相神)과 부억용신(扶抑用神)을 '오버랩'하려 시도했을까. 그것은 두 글자 모두 팔자(八字)가 기뻐하는 희신(喜神)으로 정의되기 때문이다. 한 마디로 희신(喜神)과 기신(忌神)의 구분이 일치해야 학문적 원칙이 세워지므로 조급한 마음이 일었을 법도 하다. 또 상신(相神)과 부억용신(扶抑用神)이 일치할 때가 적지 않기 때문이다. 이를테면 재격(財格)이나 살격(殺格)은 신약(身弱)한 경우가 많다. 이때 팔자(八字)의 희신(喜神)으로 일간(日干)을 생부(生扶)하는 인수(印綬)의 글자가 적합하다. 상신(相神)이란 한마디로 팔자(八字)를 귀격(貴格)으로 성격(成格)시키는 글자를 말한다. 따라서 재격(財格)의 사주(四柱)가 인수(印綬)를 보게 되면 재격투인(財格透印)의 귀격(貴格)을 이루고, 이러한 귀격(貴格)을 이루는데 도움이 된 글자인 인수(印綬)가 바로 상신(相神)이 된다. 이를 부억(扶抑)의 관점에서 봐도 마찬가지로 인수(印綬)를 용신(用神)으로 삼게 되므로 이때는 '상신(相神) = 부억용신(扶抑用神)'의 관계가 성립되고, 둘 다 용(用)이나, 용신(用神), 희신(喜神) 등으로 묘사해도 무방하다. 그러나 재격(財格)이 귀격(貴格)으로 성격(成格)되는 경우는 비단 인수(印綬)에만 한정되지 않는다. 가령 관살(官殺)을 보아도 재왕생관(財旺生官)이나 재자약살(財慈弱殺)고 귀격(貴格)을 이룬다. 이때는 당연히 상신(相神)이 관살(官殺)이다. 그런데 부억용신(扶抑用神)이 관살(官殺)로 정해질 때는 몹시 드물다. 재격(財格)의 신약(身弱)한 명(命)이라면 응당 인비(印比)의 글자로 부억용신(扶抑用神)이 정해질 수밖에 없다. '자평진전'에는 격국(格局)의 성패(成敗)를 논하면서 신강신약(身强身弱)을 따로 거론하지 않지만, '자평진전평주'는 간간이 강약(强弱)의 사족을 붙이며 주해(註解)했다. 그렇다면 '서락오'가 최종적으로 정리한 체용(體用) 분할은 어떤 것인지를 살펴보겠다.

<table>
<tr><td colspan="2">체 주
體[主]</td><td colspan="2">용 빈
用[賓]</td></tr>
<tr><td>체 체 주
體의 體[主]</td><td>체 용 빈
體의 用[賓]</td><td>용 체 주
用의 體[主]</td><td>용 용 빈
用의 用[賓]</td></tr>
<tr><td>일간
日干</td><td>월지
月支</td><td>용신
用神</td><td>희신
喜神</td></tr>
</table>

'서락오'는 종래의 인사들이 체용(體用)을 엄밀하게 구분하지 못함을 비판하면서 주빈론(主賓論)으로 체용(體用)을 확실하게 구분했다고 자부(自負)한 이다. 사실 이만하면 꽤 면밀한 분할이 아닐 수 없다. 이상으로 기존의 월지(月支), 격국용신(格局用神)과 용(用)의 체(體)인 부억용신(扶抑用神)의 정의와 개념을 확고히 하는 일대 원칙을 수립한 것이다. 그런데 보다 세밀히 살피면 격국(格局) 체(體)에 대비되는 용(用)을 부억용신(扶抑用神) 하나만으로 정하는 실수를 범한 것이다. 체용(體用)을 분할할 때는 항상 체신(體神)을 먼저 정하고, 이에 대비되는 용신(用神)을 정하는데, 격국(格局)을 체신(體神)으로 정하면 용신(用神)은 한 가지가 아닌 세 가지로 나타나고 각각의 용도와 용법이 다른 것이다.

★ 팔자(八字) 체용(體用) 분할 순서

<table>
<tr><td>구분</td><td>체
體</td><td colspan="2">용
用</td></tr>
<tr><td>1차</td><td>일간 명주
日干[命主]</td><td colspan="2">월지 격국
月支[格局]</td></tr>
<tr><td rowspan="3">2차</td><td rowspan="3">격국
格局</td><td rowspan="3">용신
用神</td><td>상신
相神</td></tr>
<tr><td>조후용신
調候用神</td></tr>
<tr><td>부억용신
扶抑用神</td></tr>
<tr><td rowspan="3">3차</td><td>상신
相神</td><td rowspan="3">십간용신
十干用神</td><td>희신
喜神</td></tr>
<tr><td>조후용신
調候用神</td><td>보좌용신
輔佐用神</td></tr>
<tr><td>부억용신
扶抑用神</td><td>희신
喜神</td></tr>
</table>

끝으로 '팔자술 파이널블로'에서 확정한 팔자(八字)의 영역별 체용(體用) 구분에서 각 용신(用神)의 용법과 효용을 살피겠다. 요약하자면, 상신(相神)이나 조후용신(調候用神)은 먼저 팔자(八字) 원국(元局)의 성패(成敗)를 조율하고 또한 대운(大運)에서 성패(成敗)와 희기(喜忌)를 정의하는 역할을 수행한다. 반면 부억용신(扶抑用神)은 대운(大運)에서 작용력이 전혀 없진 않으나 후순위로 밀리고, 용(用)의 영역인 세월(歲月)에서 성패(成敗)와 희기(喜忌)를 주관하는 절대 요소가 된다. 간혹 세월(歲月)의 범주에서 조후(調候)나 격국(格局)의 완성을 논하는 엉뚱한 상황을 접할 때가 있는데, 이것은 몹시 곤란한 얘기가 된다.

구분	체 體	용 用
필드	명운 팔자 대운 命運 [八字와 大運]	세운 년월일시 歲運 [年月日時]
상신 相神	격국 성패 주관 格局 成敗 主觀 [팔자의 그릇]	
조후용신 調候用神	격국 고저 세분 格局 高底 細分 [부귀의 정도]	
부억용신 扶抑用神		매시 성패 주관 每時 成敗 主觀
십간용신 十干用神	일간 용신 희신 기신 십간 희기 관계 대비 길흉 조율 日干, 用神, 喜神, 忌神의 十干 喜忌 關係의 對比로 吉凶 調律	
형충회합 刑沖會合	성패 전이 득실 成敗 轉移, 得失	

격국(格局)

팔자학(八字學)의 중급 단계에 들어서면 일반 내격(內格)뿐만 아니라 외격(外格)의 용법(用法)에도 익숙해져야 한다. 많은 학인들이 아직 격국(格局)의 구분과 진가(眞假)를 가리는 법에 서툴다. 이렇게 외형을 구분하는 기준조차 모호하면 팔자술(八字術) 실전의 적중률을 기대하기 어렵고, 진정한 명리(命理)를 논할 수 없다. 오늘날 격(格)을 정하는 원칙으로 비교적 '오소독스'한 논리로 받아들여지는 내용은 '진소암'의 설(說)로 대강의 요지는 다음과 같다.

"격(格)이 참된 것은 월지(月支)의 장간(藏干)이 천간(天干)에 투출(透出)한 것이다. 천간(天干)에 있는 것이 월지(月支)에 뿌리를 내리지 않았다면 격(格)을 이루었다고 할 수 없다. '정관(正官), 편관(偏官), 정재(正財), 편재(偏財), 식신(食神), 상관(傷官), 인수(印綬), 편인(偏印)'

의 정격(正格) 팔격(八格) 이 외에, 월지(月支)가 건록(建祿)이나 양인(陽刃)이면 정격(正格)이 아니다. 곡직격(曲直格), 종혁격(從革格), 염상격(炎上格), 가색격(稼穡格), 윤하격(潤下格) 등의 다섯 가지 격(格)은 방국(方局)과 기상(氣象)으로 정한 것이니 정격(正格)이 아니다. 그 밖의 비천록마격(飛天祿馬格)이나 합록격(合祿格)과 같은 잡격(雜格)이 있는데, 암충암합(暗沖暗合) 등으로 정해지는 격(格)의 유형은 격국(格局)이라고 하기에 무리가 있다. 사시(四時)에 태어난 경우는 잡기재관격(雜氣財官)으로 논하지 말고 土를 취하여 일간(日干)과의 관계를 살펴 격(格)으로 삼으면 그만이다. 이때도 마찬가지로 장간(藏干)의 투출(透出) 여부를 가려 격(格)을 정하면 되므로 굳이 잡기(雜氣)라는 이름을 붙일 필요는 없다. 월지(月支)가 비견(比肩)이나 겁재(劫財)면 월지(月支)의 장간(藏干)이 천간(天干)에 투출(透出)하면 그것의 육신(六神)으로 격(格)을 잡는다. 무릇 용신(用神)을 정할 때는 팔자의 대세(大勢)을 따져 판단해야지, 격(格)에 집착해서는 안 될 것이다."

'진소암'의 견해는 '자평진전'과 '적천수'의 격국론(格局論)을 융합, 통일시킨 것으로 '서락오'에 이르기까지 대세로 굳어졌다. 특히 용신(用神)을 언급한 대목에서는 팔자의 강약(强弱), 즉 대세(大勢)를 가려 취하는 부억(扶抑)을 위주로 논했으므로 '서락오'에게 끼친 영향이 적지 않음을 살필 수 있다. 잡격(雜格) 일체를 부정하는 관점 또한 최근에 이르기까지 정통적인 이론으로 받아들여졌다. 그러나 명쾌하고, 시원스럽다 해서 곧 정론(正論)을 뜻하지는 않는다. 격국(格局)을 구분할 때도 체용(體用) 분할의 연장선상에서 그것이 이루어진다. '진소암'은 이 점을 간과했고, 바로 지난해까지만 해도 개선되지 않은 셈이다. 예컨대 종격(從格)에는 진종(眞從)과 가종(假從)이 있다. '진소암'은 방국(方局)

과 기상(氣象)의 요건을 충족하는 진종(眞從)만을 거론하고 있는데, 방국(方局)의 요건이 결여된 가종(假從)도 종격(從格) 일반과 희기(喜忌)를 같이하는 '필드'가 있고, 또한 다른 점이 있다. 종아(從兒)를 예로 들어 간단하게 설명해 보겠다.

구분	八字 유형	大運 喜忌 용법	歲月 喜忌 용법
眞從	甲癸乙□ □卯亥□	木火 東南運을 기뻐하고, 金水 西北向을 꺼린다	木火 － 喜 土金水 － 忌
假從	甲癸乙□ □□亥□	일반 內格과 마찬가지로 用法을 취한다	木火 － 喜 土金水 － 忌

이와 같이 진종(眞從)과 가종(假從)은 같은 점이 있고, 다른 점이 있다. 진정한 종아격(從兒格)이란 팔자(八字)의 식상(食傷)이 기세(氣勢)를 득(得)하고 지지(地支)의 회국(會局)을 이룬 것을 말한다. 진종(眞從)이 구성되면 대운(大運)에 의해 격국(格局)이 변격(變格)되는 법이 없고, 대운(大運)과 세월(歲月)을 막론하고 종신(從神)에 따라 희기(喜忌)를 취하는 법이 같은 것이다. 반면 방국(方局)을 얻지 못하고, 기세(氣勢)만 얻은 경우에도 일단 종격(從格)으로 구분하게 되는데 이때가 바로 가종(假從)이다. 가종격(假從格)은 대운(大運)에서 일반 내격(內格)과 마찬가지로 성격(成格)되기도 하고, 변격(變格)되기도 하면서 격국(格局)의 성패(成敗)가 좌우된다. 반면 세월(歲月)의 희기(喜忌) 용법은 진종(眞從)과 마찬가지로 종신(從神)을 따르는 것이다. 한 마디로 '진소암'은 체(體: 대운)와 용(用: 세월)의 구분에 따라 같고, 달라지는 격국(格局)의 이치를 몰랐다. '서락오'도 '적천수보주'로 완성된 체용론

(體用論)에서 이점을 간과했다. 이후 체용(體用) 용법의 분할에 따라 격국(格局)을 세분하는 이론은 더 이상 진전되지 못하고, 오히려 고법(古法) 시대보다 퇴보된 결과로 이어졌다. '서락오'의 이론 체계에 가장 부정된 관점을 피력하는 투파(透派) 역시 체용론(體用論)을 진보시키지 못하고 각론(各論)의 오류만 지적하는 현상만 보였을 뿐이다. 체용(體用)을 간과하고 격국(格局)을 구분하는 원칙은 바로 세워지지 않으므로 오늘날 종화(從化)의 외격(外格) 자체를 부정하는 부류마저 탄생시켰다. 이는 명리(命理)를 너무 몰라서 나타나는 현상이다.

잡격(雜格) 일체를 부정한 대목도 체용(體用)을 이해하지 못한 결과다. 가령 암충암합격(暗沖暗合格)은 대운(大運) 체신(體神)의 영역에서는 일반 내격(內格)과 같은 이치로 적용된다. 팔자(八字)에 재관(財官)이 없다가 대운(大運)에서 재관(財官)을 보게 되면 일반 내격(內格)과 같이 재관(財官)을 용(用)하여 성격(成格)되기도 하는 것이다. 이런 현상을 두고 "전실(塡實)되었는데 왜 흉(凶)하지 않는가"라고 주장한다면 잡격(雜格)이 왜 잡격(雜格)인지도 몰라서 하는 얘기다. 잡격(雜格)이 전실(塡實)로 인해 불리해지는 현상은 세월(歲月) 용(用)의 영역에서만 한정되는 얘기다. '진소암'이 암충암합(暗沖暗合)의 무용론(無用論)을 펼치며 실례로 든 팔자(八字)의 설명도 대운(大運)과 세월(歲月)의 체용(體用) 용법의 차이를 구분하지 못하는 무지(無知)를 여실히 드러낸 바에 지나지 않는다. '심효첨'도 그러했고, 당시의 대가(大家)들은 체용(體用) 분할 지식의 한계를 보였다. 근세(近世) '서락오'에 이르러 체용론(體用論) 일반은 진전되었지만, 혁신(革新)은 이뤄지지 않았고 이제야말로 3세기 동안의 정체를 벗어나는 선진 이론 체계를 구축하는 때에 이른 것이다. 팔자학(八字學)의 변혁(變革) 역사는 과거에도 그러했다. 결론적으로 대운(大運)과 세월(歲月)의 체용(體用) 구분이 적확하지 않으면 팔자(八字)의 격국(格局)은 내격(內格)과 제한된 외격(外格)으로 밖에 구분될 수 없다. 그러나 대운(大運)과 세월(歲月)의 용법(用法)을 구분하면 외격(外格)은 진가(眞假)와 잡격(雜格)으로 한층 더 세분화되기 마련이다. 외격(外格)은 희기(喜忌)의 용법이 특수하므로 반드시 가려 취함이 마땅하다.

격국(格局) 구분의 기준

격국(格局)를 구분하는 기준과 명칭에 대해 확실히 해 둘 필요가 있다. 선학(先學)들의 설명에서 약간 미진한 부분이나 견해의 차이가 나타나기 때문이다. 격(格)을 정하는 것은 추명술(推命術)의 첫 관문과 같으므로 대강 넘어갈 대목이 아니다. '팔자술 파이널블로'를 통해 최종적으로 수립된 격국(格局) 구분의 내용을 살펴보겠다.

1. 격(格)을 대략 양분하면 내격(內格)과 외격(外格)으로 구분된다.

내격 內格	월지 격국 月支에 근거해서 정해지는 格局
외격 外格	월지 격국 月支 이외의 요소가 작용해서 정해지는 格局

내외(內外)란 격(格)을 "월지(月支) 안(內)에서 구하느냐, 아니면 밖(外)에서 구하느냐"로 구분되는 개념이다. 엄격하게는 월지(月支) 이외의 요소가 작용해서 정해지는 격(格)이 외격(外格)이 된다.

2. 부억(扶抑)의 일반적 법칙의 적용 여부에 따라 정격(正格)과 변격(變格), 별격(別格)으로 구분된다.

正格(정격)	强(강)하면 剋洩(극설)하고, 弱(약)하면 扶助(부조)하는 格局(격국)	內格(내격)
變格(변격)	한쪽의 氣勢(기세)로 從(종)하는 格局(격국)	從格(종격)
別格(별격)	일반적 扶抑(부억) 喜忌(희기) 관계의 틀을 벗어나는 格局(격국)	化格(화격), 祿刃格(록인격), 兩神成象(양신성상), 一行得氣(일행득기) 등

보통 팔자(八字)는 강약(强弱)에 따라 인비(印比)를 기뻐하거나 식재관(食財官)을 기뻐하거나 둘 중 하나의 현상으로 귀착된다. 이와 같이 양분되는 희기군(喜忌群)의 경계를 넘어서면 별격(別格)으로 분류하게 된다. 가령 상생(相生)의 양신성상격(兩神成相格)은 비식(比食)을 기뻐한다. 비겁(比劫)과 식상(食傷)을 공히 기뻐하는 현상은 '인비(印比) 대 식재관(食財官)'으로 구분되는 일반적 틀을 넘어선 것으로 별격(別格)에 속하는 것이다. 한편 '자평진전'은 대운(大運)에 의해 격국(格局)의 성패(成敗)가 달라지는 현상을 두고 변격(變格)으로 표현하는데, 위의 변격(變格)과 의미를 혼동해선 곤란하다.

3. 외격(外格)은 팔자(八字) 원국(元局)에서 정해지는 격(格)과 세월(歲月)의 용법(用法)으로 구분되는 격(格)이 있다. 전자는 기세(氣勢)와 방국(方局)으로 논하고, 후자는 팔자(八字)의 구성과 허자(虛字)로 논한다. 편의상 전자는 외격(外格), 후자는 잡격(雜格)으로 구분한다.

구분	유형	체용 體用 용법
외격 外格	진종 진화 일행득기 종기 양신성 眞從, 眞化, 一行得氣, 從氣, 兩神成 상 삼상 相, 三象	대운 세월 희기 大運과 歲月의 喜忌가 같음
	가종 가화 假從, 假化	대운 희기 내격 大運의 喜忌 취용은 內格과 동일, 세월 희기 종신 화신 歲月의 喜忌는 從神과 化神 위주
잡격 雜格	암충암합 팔자 재관 暗沖暗合 ☝ 八字에 없는 財官을 허공에서 불러 쓰는 격	대운 희기 내격 大運의 喜忌 취용은 內格과 동일, 세월 희기 전실 형충 歲月의 喜忌는 塡實과 刑沖 기피
	록귀인허 지지 祿貴刃虛 ☝ 地支의 어느 특정한 상해 글자가 傷害되는 것을 기피하는 격	대운 희기 내격 大運의 喜忌 취용은 內格과 동일, 세월 지지 형충 歲月은 특정 地支의 글자 刑沖 기피

'자평진전'은 외격(外格) 전체를 잡격(雜格)으로 취하고, 여타의 서책은 일반적 외격(外格)의 형태를 벗어난 경우에 잡격(雜格)을 쓴다. 명리(命理)의 3대 텍스트는 '난강망'과 '자평진전'이 일부 내용을 수용한 반면, '적천수'는 잡격(雜格)을 취하지 않았다. 한편 하나의 격국(格局)이 어느 한 가지 형태의 격(格)으로 분류되지 않는 경우도 있다. 가령 양인격(陽刃格) 같은 경우에 팔자(八字)의 관살(官殺)을 용(用)하면 내격(內格)으로 분류되고, 관살(官殺)이 없으면 별격(別格)으로 분류된다. 이때 지지(地支)의 인(刃)은 글자 자체가 화난비수(禍難悲愁)의 작용과 관련이 깊으므로 유독 이 글자가 형충(刑沖)됨을 기피하기에 잡격(雜格)으로 분류하기도 한다. 재차 강조하건대, 지지(地支) 형충(刑沖)의 불리한 작용력은 체신(體神)의 '필드'인 대운(大運)에서는 거론하지 않

고, 동적(動的)인 용(用)의 '필드'인 세월(歲月)에서만 논하는 것이다. 따라서 잡격(雜格) 일체는 모두 세월(歲月)의 범주에서 희기(喜忌)를 조율하는 것이다.

외격(外格) 체용(體用) 논법

전항에서 이미 진종(眞從)과 가종(假從)의 차이를 설명한 바 있는데, 이번에는 화격(化格)을 예로 체용(體用)의 용법을 달리하는 바에 대해 살펴보겠다. 먼저 화격(化格)의 두 가지 유형을 예시한다.

구분	八字(팔자) 유형
眞化(진화)	□ 丁 壬 □ □ 卯 寅 辰
假化(가화)	□ 壬 丁 □ □ □ 卯 □

이상은 모두 화격(化格)으로 화신(化神) 木에 순응(順應)하는 水木火의 운(運)을 기뻐한다. 丁日 생(生)은 방국(方局) 목국(木局)을 얻어 진화(眞化)로 대운(大運)과 세월(歲月)을 막론하고 희신(喜神)이 같다. 반면 기세(氣勢)만 얻은 壬日 생(生)은 가화격(假化格)으로 세월(歲月), 용(用)의 영역에서만 水木火 운(運)을 기뻐할 뿐 대운(大運)에서는 운(運)의 간지(干支) 작용에 따라 격(格)이 변한다. 그러므로 丁日 생(生)은 팔자(八字) 원국(元局) 자체로 귀(貴)를 논할 수 있지만, 壬日 생(生)은 팔자(八字) 자체로는 귀(貴)를 논할 수 없고, 대운(大運)에 따라 귀천(貴賤)이 갈리는 것이다. 만일 대운(大運)의 亥를 만나면 목국(木局)이 되

어 진화(眞化)로 변모하므로 성운(盛運)을 맞이하기 쉽다. 다른 경우로 가령 壬申日에 대운(大運)에서 경운(庚運)을 맞이했다고 치면,

□ 壬 丁 □ ← 庚

□ 申 卯 □

일반 내격(內格)과 같이 희기(喜忌)를 취하므로 상관패인(傷官佩印)으로 변격(變格)되는 것이다. 이때 용신(用神) 庚金 인수(印綬)는 丁火에 의해 상(傷)하므로 성중유패(成中有敗)의 불리한 상황을 시사한다.

종격(從格)이나 일행득기(一行得氣)도 보는 법이 마찬가지다. 진가(眞假)를 가려 대운(大運)과 세월(歲月)을 보는 법을 달리 적용하면 실상에서 어긋남이 없을 것이다.

'자평진전' 격국론(格局論)

추명술(推命術)은 대개 먼저 팔자(八字) 오행(五行)의 세력(勢力)을 살펴 성격(成格) 유무로 격국(格局)의 귀천(貴賤)을 가리고, 다음으로 기후(氣候)를 본다. 이러한 순서에 구애됨이 없이 팔자(八字)의 기세(氣勢)를 동시에 살펴 격(格)의 고저(高低)를 분별하게 되면 어느 정도 팔자(八字)를 보는 수준에 오른 것이다. 이상으로 팔자(八字) 원국(元局)의 귀천(貴賤)를 가린 다음, 부억(扶抑)을 위주로 세월(歲月)의 성패(成敗)와 희기(喜忌)를 가늠하고, 형충회합(刑沖會合)과 물상(物象) 전반의 실전 테크닉으로 성패(成敗)의 변이(變移)와 득실(得失) 유무를 정확하게 추리해 나간다. 팔자술(八字術)의 '마스터'란 세사(世事)의 이치(理致)에 통(通)한 인사를 이르는 말인데, 이는 궁극적으로 학문(學文)과 수반된 경험(經驗)으로 도달할 수 있는 경계다. 한 마디로 팔자(八字)의

연구(研究) 과정에는 신공(神工)이 전제되지 않는다. 그러므로 먼저 오행(五行)의 생극제화(生剋制化)를 근간으로 하는 이법(理法) 체계에 따른 '자평진전'의 '격국(格局) 성패(成敗)'부터 가릴 줄 알아야 한다. 또 성격(成格)과 파격(破格)의 기본 유형으로 귀천(貴賤) 일반을 파악한 연후에는 재차 성격(成格)이 파격(破格)되고, 파격(破格)이 성격(成格)으로 귀결(歸結)되는 상황을 분별해야 한다. 성중유패(成中有敗)는 대기(帶忌)라 해서, 필시 꺼리는 성분이 곁에 있기 때문이고 패중유성(敗中有星)은 구응(救應)이 있는 것인데, 팔자(八字) 원국(元局)에서뿐만 아니라, 대운(大運)의 간지(干支) 작용에 의해서도 변격(變格)되므로 잘 살펴야 한다. 이상의 과정이 팔자(八字), 체신(體神)의 성패(成敗)를 가리는 첫 단계다.

그런데 팔자(八字)의 변화는 하나가 아니다. 애초에 성격(成格)과 파격(破格)으로 나눠지나 그 변화를 헤아리기는 수월치 않다. 성격(成格)이 파격(破格)으로 변화고 파격(破格)이 성격(成格)으로 변하는 기묘함이 있기 때문이다. 예컨대 상관(傷官)이 재성(財星)으로 변하면 성격(成格)이 된다. 이를테면 辛金 일간(日干)이 亥月에 나서 지지(地支)에 卯未가 있다면 재격(財格)으로 성격(成格)된다. 그러나 천간(天干)에 다시 칠살(七殺) 丁火가 투(透)했다면 재(財)가 살(殺)을 생(生)하여 다시 파격(破格)이 된다. 이런 경우를 성득패의(成得敗矣)라 한다. 반대로 파격(破格)이 다시 성격(成格)으로 변하는 패득성의(敗得成矣)의 유형도 적지 않다. 이를테면 辛金 일간(日干)이 戊戌月에 나서 년간(年干)에 정관(正官) 丙火가 있고 시간(時干)에 壬水가 있다면 壬水 상관(傷官)이 월간(月干) 戊土에 의해 제극(制剋)당하므로 멀리 이격되어 있는 丙火를 극(剋)할 수 없게 된다. 이때 상관(傷官) 壬水는 오히려 일주(日柱)의 왕성한 기운을 설기(洩氣)하는 좋은 작용을 한다. 또 양인격(陽刃格)에 칠살(七殺)과 식신(食神)이 모두 있으면 본래는 파격(破格)이다. 그런데 庚金 일간(日干)이 丁酉月에 나서 년간(年干)에 丙火가 있고 시간(時干)에 壬水가 있다면, 합관류살(合官留殺)되어 살인격(殺刃格)이 맑아진 셈으로 패득성의(敗得成矣)가 된다. 아무튼 팔자(八字)의 성격(成格)과 파격(破格)을 가리고 변화를 살피는 과정은 명리(命理) 학습의 기초가 되므로 '자평진전'의 초기 학습이 필요한 것이다.

■ 팔자(八字)의 성격(成格)과 대기(帶忌)

정관격(正官格)이 재(財)와 인수(印綬)를 보면서 형충파해(刑沖破害)가 없으면 정관격(正官格)이 성격(成格)된 것이다. 재격(財格)이 정관(正官)을 보아 재왕생관(財旺生官)이 되거나, 혹은 식신(食神)이 재(財)를 생(生)하면서 신강(身强)하고 비견(比肩)이 있거나, 혹은 인수(印綬)가 투출(透出)하고 그 위치가 적절하여 재인(財印)이 서로 극(剋)하지 않으면 재격(財格)이 성격(成格)된 것이다. 인수격(印綬格)에 인수(印綬)가 경(輕)한데, 칠살(七殺)이 있어서 약한 인수(印綬)를 생(生)하거나, 혹은 관인쌍전(官印雙全)하거나, 혹은 신인양왕(身印兩旺)한데 식상(食傷)을 써서 설기(洩氣)하거나, 또은 인수(印綬)가 많은데 재(財)가 천간(天干)에 투출하고 재(財)의 뿌리가 약한 것 등은 모두 인수격(印綬格)이 성격(成格)된 것이다. 식신격(食神格)이 식신생재(食神生財)가 되거나, 혹은 식신(食神)과 칠살(七殺)이 있고 재(財)가 없거나, 식신(食神)을 버리고 칠살(七殺)을 취해야 할 경우에 인수(印綬)가 투출(透出)하게 되면 식신격(食神格)이 성격(成格)된다. 칠살격(七殺格)은 식신(食神)으로 제복(制伏)하거나, 상관(傷官)으로 화살(化殺)해야 성격(成格)

된다. 상관격(傷官格)은 재(財)가 있거나, 혹은 상관(傷官)이 왕성(旺盛)한데 상관패인(傷官佩印)이 되면서 인수(印綬)가 지지(地支)에 통근(通根)한 것, 또는 상관(傷官)이 왕(旺)하고 신약(身弱)한데 칠살(七殺)과 인수(印綬)가 동시에 투(透)한 것, 그리고 칠살(七殺)만 있고 재(財)가 없을때 상관격(傷官格)이 성격(成格)된다. 양인격(陽刃格)에 관살(官殺)이 투출(透出)하고 재(財)와 인수(印綬)가 드러나 있으면서 상관(傷官)이 없으면 양인격(陽刃格)이 성격(成格)된 것이다. 건록격(建祿格)과 월겁격(月劫格)은 관(官)이 투(透)하고 재(財)와 인수(印綬)가 있는 것, 재(財)가 투(透)하고 식상(食傷)이 있는 것, 칠살(七殺)이 투(透)하고 제복(制伏)된 경우에 록겁격(祿劫格)의 성격(成格)을 논한다.

성격(成格)이 다시 파격(破格)으로 귀결되는 유형은 필시 꺼리는 성분의 글자가 곁에 있기 때문이다. 이를 대기(帶忌), 즉 성중유패(成中有敗)라 하고 다음의 형태로 요약할 수 있다. 정관격(正官格)이 재(財)를 만나 성격(成格)되었다고 해도 팔자(八字)에 상관(傷官)이 있거나 또는 투(透)한 관(官)이 합(合)된 경우다. 재격(財格)이 정관(正官)을 생(生)하는데 상관(傷官)이 있어 정관(正官)을 파괴하거나, 정관(正官)이 합거(合去)되는 경우다. 인수격(印綬格)에 식신(食神)이 투(透)하여 설기(洩氣)하는 용신(用神)을 삼을 때 재(財)가 노출(露出)되었거나, 또는 칠살(七殺)이 투(透)하여 인수(印綬)를 생(生)하고 있는데 다시 재(財)가 투(透)하여 인수(印綬)가 파괴되고 칠살(七殺)만 남는 경우다. 식신격(食神格)에 칠살(七殺)과 인수(印綬)가 있는데 또다시 재(財)가 있는 경우다. 칠살격(七殺格)이 식신(食神)의 제복(制伏)을 받는데 다시 인수(印綬)가 있는 경우다. 상관격(傷官格)으로 재(財)를 생(生)하는데 재(財)가 합거(合去)되거나, 인수(印綬)가 용신(用神)인데 인수(印綬)가 파괴된 경우다. 양인격(陽刃格)에 투(透)한 정관(正官)이 파괴되거나, 칠살(七殺)이 투(透)했으나 칠살(七殺)이 합(合)된 경우다. 록겁격(祿劫格)에 투(透)한 정관(正官)이 상관(傷官)을 보거나, 재(財)가 투(透)하고 다시 칠살(七殺)이 투(透)한 경우다.

★ 성격(成格) '포맷'과 성중유패(成中有敗)

격 格	성격 成格	구성 요건 構成 要件	성중유패 成中有敗
재격 財格	재왕생관 財旺生官	신강 身强	재왕생관이우봉상 관봉 합 財旺生官而又逢傷, 官逢合
	재격투인 財格透印	재인양불상극 財印兩不相剋	
	재봉식상 財逢食傷	신강대비 身强帶比	
정관격 正官格	정관용재 正官用財	신강이무형충파해 身强而無刑衝破害	정관봉재이우봉상 正官逢財而又逢傷
	정관패인 正官佩印	무형충파해 無刑衝破害	
	관봉재인 官逢財印	무형충파해 재인양불상극 無刑衝破害, 財印兩不相剋	투관이우봉합 透官而又逢合
인수격 印綬格	인봉관살 印逢官殺	인경봉살 관인쌍전 印輕逢煞, 官印雙全	투재거인존살 透財去印存煞
	인다용재 印多用財	재투근경 財透根輕	
	인용식상 印用食傷	신인양왕 身印兩旺	우재노 遇財露
	편인투식 偏印透食	신인양왕 身印兩旺	우재노 遇財露

식신격 食神格	식신생재 食神生財	신강 身强	
	식신대살 食神帶殺	무재 삼자개비 無財, 三子皆備	봉재 逢財
	기식취살 棄食就殺	인투 印透	봉재 逢財
	식다용인 食多用印	신약식왕 身弱食旺	봉재 逢財
칠살격 七殺格	살용식제 殺用食制	신강 身强	봉인 逢印
	살격용인 殺格用印	신약 身弱	
	신살균정 身殺均停	신강 身强	
	살격봉인 殺格逢刃	일시지인 日時支刃	
상관격 傷官格	상관패인 傷官佩印	상관왕 인유근 傷官旺, 印有根	인조상 印遭傷
	상관생재 傷官生財	신강 身强	재봉합 財逢合
	상관살인 傷官殺印	신약이투살인 身弱而透煞印	
	상관가살 傷官駕殺	무재 無財	
록겁격 祿劫格	록겁용관 祿劫用官	봉재인 逢財印	관봉상 官逢傷
	록겁용살 祿劫用殺	우제복 遇制伏	
	록겁용재 祿劫用財	봉식상 逢食傷	재봉살 財逢煞
	록겁식상 祿劫食傷	유춘목지목화통명이추금지금수상함 唯春木之木火通明而秋金之金水相涵	
양인격 陽刃格	양인로살 陽刃露殺	무식상 無食傷	살피합 殺被合
	양인용관 陽刃用官	노재인 露財印	관피상 官被傷

■ 팔자(八字)의 파격(破格)과 구응(救應)

정관격(正官格)이 상관(傷官)으로부터 극(剋)을 당하거나, 월지(月支)가 형충(刑沖)이면 파격(破格)이다. 재격(財格)에 재(財)가 경미하고 비겁(比劫)이 많거나, 재(財)가 투(透)하고 칠살(七殺)이 있으면 파격(破格)된다. 인수격(印綬格)에 인수(印綬)가 경(輕)한데 재(財)를 보거나, 신강(身强)하고 인수(印綬)가 중(重)한데 칠살(七殺)이 투(透)하면 파격(破格)이다. 식신격(食神格)에 식신(食神)이 효신(梟神)을 만나거나, 재(財)와 살(殺)이 모두 있으면 파격(破格)이다. 칠살격(七殺格)에 칠살(七殺)이 재(財)를 보고 식신(食神)의 제복(制伏)이 없으면 파격(破格)이다. 금수상관(金水傷官)을 제외하고 정관(正官)이 있는 상관격(傷官格)과, 상관생재(傷官生財)가 되면서 칠살(七殺)이 있는 것, 그리고 상관(傷官)은 미약한데 신왕(身旺)하고 인수(印綬)가 있는 것은 모두 상관격(傷官格)이 파격(破格)된 것이다. 양인격(陽刃格)에 관살(官殺)이 없으면 파격(破格)이다. 록겁격(祿劫格)에 재관(財官)이 없거나, 살인(殺印)이 같이 투(透)한 것은 파격(破格)이다.

파격(破格)이 다시 성격(成格)으로 정의되는 유형은 필시 구응(救應)이 있기 때문이다. 패중유성(敗中有成)은 다음의 형태로 요약할 수 있다. 정관격(正官格)에 정관(正官)이 상관(傷官)을 보았지만, 인수(印綬)가 있어 상관(傷官)을 제(制)하는 것, 관살(官殺)이 섞였는데 합살(合殺)하여 사주(四柱)가 맑아지는 것, 형충(刑沖)이 있어도 회합(會合)으로 이를 해소하는 경우다. 재격(財格)에 재(財)가 겁재(劫財)를 만났는데 식신(食神)이 투(透)하여 겁재(劫財)를 화(化)하거나, 정관(正官)이 있어 겁재(劫財)를 제(制)하는 것, 칠살(七殺)을 만났을 때 식신(食神)

이 제살(制殺)하거나 합살(合殺)하여 재(財)가 살아남는 경우다. 인수격(印綬格)에 인수(印綬)가 재(財)에 의해 파괴되었는데 겁재(劫財)가 있어 이를 해소하거나, 재합(財合)하여 인수(印綬)가 남는 경우다. 식신격(食神格)에 식신(食神)이 편인(偏印)을 만났는데 칠살(七殺)이 있어 기식취살(棄食就殺)로 성격(成格)되거나, 식신(食神)이 편인(偏印)을 만났는데 재(財)가 편인(偏印)을 파괴하여 식신(食神)을 보호하는 경우다. 칠살격(七殺格)에 칠살(七殺)을 식신(食神)이 제복(制伏)할 경우, 인수(印綬)가 있으면 재(財)로써 인수(印綬)를 제거하여 식신(食神)을 남기는 경우다. 상관격(傷官格)에 상관(傷官)이 재(財)를 생(生)하는데 칠살(七殺)이 투(透)하면 칠살(七殺)이 합거(合去)되는 경우다. 양인(陽刃)이 관살(官殺)을 용(用)하는데 식상(食傷)이 관살(官殺)을 극(剋)하여 좋지 않을 때는 인수(印綬)가 식상(食傷)을 제(制)하여 관살(官殺)을 보호하는 경우다. 록겁격(祿劫格)에 정관(正官)을 용(用)하는데 상관(傷官)을 보아 파격(破格)되면 이때 상관(傷官)이 합거(合去)되거나, 재(財)를 용(用)하는데 칠살(七殺)이 투(投)하면 칠살(七殺)이 합거(合去)되는 경우다.

★ 파격(破格) '포맷'과 패중유성(敗中有成)

격 格	파격 破格	패중유성 敗中有成
재격 財格	재경비중 財輕比重	재봉겁이투식이화지 생관이제지 財逢劫而透食以化之, 生官而制之
	재투칠살 財透七煞	봉살이식신제살이생재 존재이합살 逢殺而食神制殺以生財, 存財而合殺
정관격 正官格	관봉상극 官逢傷剋	관봉상이투인이해지 官逢傷而透印以解之
	형충 刑沖	형충이회합이해지 刑衝而會合而解之
	관살혼잡 官殺混雜	잡살이합살이청지 雜煞而合煞而淸之
인수격 印綬格	인경봉재 印輕逢財	인봉재이겁재이해지 합재이존인 印逢財而劫財以解之, 合財而存印
	신강인중이투살 身强印重而透煞	
식신격 食神格	식신봉효 食神逢梟	식봉효이취살이성격 재이호식 食逢梟而就煞以成格, 財以護食
	생재노살 生財露煞	
칠살격 七殺格	칠살봉재 七煞逢財	
	칠살무제 七煞無制	
	식제인래호살 食制印來護殺	봉재이거인존식 逢財以去印存食
상관격 傷官格	상관비금수이견관 傷官非金水而見官	
	생재이대살 生財而帶煞	살봉합 煞逢合
	패인이상경신왕 佩印而傷輕身旺	
록겁격 祿劫格	록겁무재관 祿劫無財官	
	록겁투살인 祿劫透殺印	
	록겁용관우상 祿劫用官遇傷	상피합 傷被合
	록겁용재대살 祿劫用財帶煞	살피합 殺被合
양인격 陽刃格	양인무관살 陽刃無官煞	
	양인용관살대상식 陽刃用官殺帶傷食	인이호관살 印以護官殺

암충암합격(暗沖暗合格) 개괄

고가(古歌)에 이르길 외격(外格)이 참되면 지위(地位)가 대각(台閣)에 오르고 궁전(宮殿)에 들어가 황제(皇帝)의 용안(龍顔)을 본다고 했다. 운로(運路)에서는 전실운(塡實運)을 기피할 뿐 여타의 운(運)은 대체로 무난하다고 했다. 여기에서 이르는 외격(外格)은 암충암합격(暗沖暗合格)의 유형을 뜻한다. 이때 전실(塡實)은 대운(大運)이 아니라 세월(歲月)의 '필드'에서만 논하는 재료임을 이미 수차 강조했다. 보통 대운(大運)의 전실(塡實)은 격국(格局)을 무너뜨려 좋지 않게 판단해 왔지만, 실제로는 일반 격국(格局)으로 성격(成格)되기만 하면 특별히 나쁘지 않다. 만일 변격(變格)되어 파격(破格)된다면 좋을 리 없지만, 패(敗)의 상황을 두고 굳이 외격(外格)의 귀(貴)를 특별히 훼손시켰다고 볼 필요는 없는 것이다. 잡격(雜格)에는 특별히 적용되는 암충(暗沖)이나 암합(暗合)의 운기(運氣) 작동과 기반(羈絆), 전실(塡實) 등의 법칙이 있다. 이때 암충(暗沖)이나 암합(暗合) 등으로 허공에서 불러오는 글자는 그것이 지지(地支)의 글자라 해도 동(動)적 요소가 가미되어 천간(天干)과 같은 역할을 하므로 성격(成格)의 요소가 된다. 이를테면 허공에서 불러오는 巳火는 丙火와 같다는 얘기다. 따라서 팔자(八字) 자체는 정물(靜物)이지만 지지(地支)의 같은 글자가 모이거나, 시(時)의 간지(干支)가 甲寅이나 庚申, 戊子나 丙子 등으로 연관적인 속성을 띄게 되면 파워가 증대되는 특징이 있다. 암충암합격(暗沖暗合格) 일반은 격(格)을 이루는 조건이 매우 엄격하다. 따라서 조건에 부합되지 않으면 예외 없이 일반 격국(格局)으로 성패(成敗)를 논해야 한다. '자평진전' 또한 팔자(八字)에 재관(財官)이 존재하지 않는 경우, 허공에서 재관(財官)의 글자를 합(合)하거나 충(沖)해서 격국을 성격(成格)시키는 잡격(雜格) 유형은 공식적으로 인정하는 입장을 취했다. 다만 이 외의 기타 잡격(雜格) 일체는 부정했다. 이를테면 공록(拱祿), 공귀(拱貴), 추건(趨乾), 귀록(歸祿), 서귀(鼠貴), 일귀(日貴), 일덕(日德), 괴강(魁罡), 시묘(時墓), 양간부잡(兩干不雜) 등은 통틀어 취하지 않았다. 반면 '적천수'는 이들의 존재에 대해 거론조차 하지 않았고, '임철초'를 위시한 많은 인사들은 잡격(雜格)의 의미 자체를 아예 망령되게 여겼다. 근세(近世)의 '서락오'는 다소 모호한 입장을 견지했고, '위천리'는 가소(可笑)롭다고 했을 정도다. 무릇 학자라면 엄연히 존재하는 대상에 대해 깊은 사유(思惟)를 수반하지 않고 완전히 무시해 버리는 우(愚)를 삼가야 마땅하다고 생각한다. 팔자(八字)의 오행(五行) 이법(理法) 틀에서 벗어나 원초적인 에너지의 법칙인 체용(體用)과 동정(動靜), 허실(虛實) 등의 상관 관계를 헤아린다면 감히 고법(古法)의 오의(奧義)를 훼손할 수 없을 것이다. 아래의 해당 명례(命例)를 통하여 암충암합격(暗沖暗合格) 전반을 개괄한다.

1. 도충격(倒沖格)

팔자(八字)에 재관(財官)이 없고 다른 수기(秀氣)도 취할 수 없으면서 일지(日支)와 같은 글자가 많을 때 충(沖)이 되는 글자를 불러 와 반대의 기운을 취하고, 이로써 재관(財官)을 구해 격(格)을 이룬다. 이것이 바로 암충(暗沖) 기법의 하나다. 이렇게 도충(倒沖)된 글자의 정기(正氣)에서 재관(財官)을 구하면 그 힘이 팔자(八字) 원국(元局)의 재관(財官)과 다름이 없다. 이때 도충(倒沖)과 연관되는 신(神)은 타 글자의 영향력으로 인해 훼손당하지 않아야 한다. 이를테면 丙午日에 午를 거듭 볼 때 팔자(八字)에 未가 있어 午를 합(合)하거나, 己가 있어 암관(暗官) 癸를 상(傷)하거나 하면 암충관격(暗沖官格)으로 논하지 않는다는 얘기다.

도충격(倒沖格)의 예로 '관운장(關雲長)'의 팔자(八字)를 들 수 있다.

戊 戊 戊 戊
午 午 午 午

사주(四柱)의 午火가 무리를 지어 암중(暗中)으로 子水 재(財)를 충(沖)하여 오는 것이다.

甲 丙 庚 甲
午 午 午 寅

午火가 정관(正官) 子水를 沖하여 온다. 세월(歲月)에서 전실(塡實)됨을 기피한다. 다른 운(運)은 무방하다

전실(塡實)이란 "이미 채워져 있다"는 뜻으로 팔자(八字)에 이미 子水가 있는데 굳이 병립한 午火가 子水를 허공에서 불러 오는 현상은 나타나지 않음을 의미한다. 즉 허공에서 반대의 기운을 불러와서 용(用)하려고 하는데 이미 팔자(八字)의 글자 정기(正氣)에 그 기운이 있으므로 외격(外格)의 묘용(妙用)을 살리지 못하는 상황을 말한다. 따라서 전실운(塡實運)도 기피한다. 만약 대운(大運)에서 도충(倒沖)과 연관되는 신(神)을 형충(刑沖)한다면 도충격(倒沖格)은 훼손되고, 일반 내격(內格)으로 취해야 한다. 세월(歲月)의 형충(刑沖)은 당연 불리하다. 도충격(倒沖格)을 이루려면 이지(二支)만 같아서는 그 힘이 충분히 강하지 못하므로 불가(不可)하고 삼지(三支)나 사지(四支)라야 비로소 묘하게 된다는 설이 지배적이다. 그러나 실상은 꼭 그렇지 않다. 암충암합(暗沖暗

合)의 핵심은 일지(日支)와 시지(時支)에 있다. 따라서 이 두 글자만 건전하게 겹치면 암충암합(暗沖暗合)의 작용력이 발생한다.

2. 비천록마격(飛天祿馬格)

도충격(倒沖格)과 원리가 같다. 협의의 도충격(倒沖格)이 충(沖)한 글자의 정기(正氣)만을 대신해서 재관(財官)을 용(用)한다면 비천록마격(飛天祿馬格)은 충(沖)한 글자의 장간(藏干)을 취해 재관(財官)으로 쓰는 것이다. 록마(祿馬)는 곧 재관(官財)를 뜻한다. 통상 丙午일에 午가 많으면 子를 충(沖)하여 관(官)으로 쓰고, 丁巳일에 巳가 많아 亥를 충(沖)해 官을 쓰며 특히 하월(夏月) 생이면 더욱 유용하다고 본다. 庚子나 壬子 이일(二日)에서도 취하는데 子가 많으면 午를 충해 午中 丁己가 재관인(財官印)이 되고, 辛亥, 癸亥 이일(二日)에서도 亥가 많으면 巳를 충(沖)하여 巳中 丙戊를 재관(財官)으로 쓰는 바, 마찬가지로 동월(冬月) 생이면 더욱 귀(貴)해진다. 이상의 육일(六日)만 취하는 이유는 간단하다. 이상의 육일(六日)이 충(沖)하는 관(官)이 힘이 있고, 그 안에 재인(財印)의 사길신(四吉神)을 겸하기 때문이다. 이를테면 甲日이 卯가 많으면 역시 酉를 충(沖)할수 있고 乙日이 寅이 많으면 역시 申을 충(沖)할 수 있으나 암충암합격(暗沖暗合格)은 살상효겁(殺傷梟劫) 등의 흉신(凶神)을 겸해 격(格)을 이루는 법이 좀체 없다. 다만 丙午는 양인(陽刃)이므로 살(殺)이 가하다. 가령 甲乙日과 같은 경우는 충합록마격(沖合祿馬格)으로 따로 분류하는데 위와 같은 맥락에서 비천록마격(飛天祿馬格)에 비해 격(格)이 떨어진다고 볼 수 있다. 아무튼 허공에서 불러 온 글자의 정기(正氣) 자체를 재관(財官)으로 삼는 것과 달리 허신(虛神)의 장간(藏干)까지 취하는 잡격(雜格) 체계에 대해서는 좀 더 궁리해 볼 여지가 있다.

명통부 경임자오충오록 절기병정 병오정사준차 최기형충 임자계해
明通賦: 庚壬子午沖午祿, 切忌丙丁, 丙午丁巳准此, 最忌刑沖, 壬子癸亥

례동 역방전실
例同, 亦防塡實

'명통부'에 "암충(暗沖)하는 글자의 오행(五行)이 이미 팔자(八字)에 전실(塡實)되거나 그 글자를 형충(刑沖)하는 글자가 전실(塡實)되어 있는 것을 가장 기피한다."고 했다. 이것은 허신(虛神)이 체신(體神)의 귀천(貴賤) 여부에 직접 작용한다는 점을 시사하는 대목인데, 잡격(雜格)의 희기(喜忌)은 굳이 체신(體神)의 영역에서 논할 필요가 없다.

아래 두 팔자는 고서에 기재된 걸인(乞人)의 팔자다.

丙 壬 壬 壬

午 子 子 子

午火의 전실(塡實)로 비천(飛天)이 되지 않는다.

癸 癸 癸 戊

亥 亥 亥 寅

巳火를 형(刑)하는 寅의 글자가 전실(塡實)되어 대기(大忌)하다.

기반(羈絆)은 "묶여서 작용을 못하게 된다"는 의미로 이미 팔자(八字)의 지지(地支)에 합(合)이 있어 도충(倒沖)의 현상을 나타나지 못하게 함을 가리키는 말이다. 즉 子가 丑과 합(合)을 이루면 합(合)을 즐기므로 午를 불러오는 본래의 임무를 망각한다는 얘기다. 아무튼 위의 두 팔자(八字)는 비천록마격(飛天祿馬格)의 파격(破格)으로 볼 수도 있다.

그러나 이미 팔자(八字) 원국(元局)에서 비천록마격(飛天祿馬格)이 성립되지 않을 경우에는, 여타의 격국(格局)으로 취해 성패희기(成敗喜忌)를 가리는 게 옳다. 壬子日의 경우 비천(飛天)이 되지 않으므로 양인격(陽刃格)으로 세월(歲月) 지지(地支)의 글자 희기(喜忌)를 논해도 좋고, 윤하격(潤下格)이 대운(大運) 남방운(南方運)을 기피하는 것에 주목해도 무난하다. "양인(陽刃)이 재(財)를 보거나, 상관(傷官)이 관(官)을 보면 망(亡)한다."는 일반적 견해만 견지해도 특별히 어렵지 않은 팔자(八字) 구조다. 암충암합(暗沖暗合)의 핵심은 허신(虛神)을 불러오는 글자와 허신(虛神)의 글자가 모두 훼방 받지 않는 환경에 있다고 보면 된다. '서락오'는 '자평일득(子平一得)'에서 "팔자(八字) 중에 지지(地支)가 병립(竝立)하고, 천간(天干)에서도 허신(虛神)을 상합(相合)하는 구조를 이루면 마치 많은 화살이 하나의 과녁판을 보고 집중되는 것처럼 더욱 의미가 있다."고 했다. 이를테면,

甲 壬 壬 壬

辰 子 子 子

노상서(魯尙書)의 명(命)과 같은 경우를 말한다.

3. 정란차격(井欄叉格)

庚子, 庚辰, 庚申의 삼일(三日)이 지지(地支)에 申子辰이 완전하면 정란차격(井欄叉格)이 된다. 지지의 申子辰이 寅午戌을 충하여 오니 재관인(財官印)이 다 생긴다는 얘기다. 만약 丙丁이 투출하거나 巳午가 있다면 전실(塡實)로 이미 관(官)이 있으므로 굳이 그것을 충(沖)하여 재관(財官)을 끌어올 필요가 없다.

庚 庚 庚 戊
辰 申 申 子

'성평회해(星平會海)' 에서 인용한 곽통수(郭統帥)의 명(命)이다. 정란차격(井欄叉格)은 상관격(傷官格)과 희기(喜忌)를 같이 하며 다만 전실운(塡實運)을 기피한다는 점에서 일반 격국(格局)과 차이가 있다.

진보부 란차득인록지상조 관거보곤아형 화겁겸세운지불화 반작빈궁
眞寶賦: 欄叉得印祿之相助, 官居輔袞阿衡, 火劫兼歲運之不和, 反作貧窮
이하천 우운비천란차겸인수 필위소대명공
而下賤, 又云飛天欄叉兼印綬, 必爲昭代名公

'진보부' 에 이르길, 정란차격(井欄叉格)이 인수(印綬)와 록(祿)의 상조(相助)를 받으면 직책이 높고 곤룡포를 입는다고 했다. 그러나 화겁(火劫), 즉 관살(官殺)이 있고 세운(歲運)에서 불화(不和)하면 반대로 빈곤하게 되며 하천(下賤)해진다고 했다. 또한 비천록마격(飛天祿馬格)이나 정란차격(井欄叉格)이 팔자(八字)에서 인수(印綬)를 겸하면 필시 태평성대(太平聖代)의 명인(名人)이 된다고 했다.

'서락오' 는 금수상관(金水傷官)이 火를 기뻐하는데, 정란차격(井欄叉格)이 예외일 수 없다고 생각했다. 이 부분의 지적은 몹시 타당해 보이는데, 위 곽통수(郭統帥)의 팔자(八字)가 화운(火運)을 보지 않고도 현달(顯達)했음을 감안한다면 정란차(井欄叉)는 예외로 보아야 할 것 같다. 아무튼 이 부분은 현실의 검증으로 조율해 나가야 할 문제다. '진소암' 은 정란차(井欄叉)의 뜻이 애매하여 이런 것은 고인(古人)들이 지은 억지 이름으로 배척하고 암충(暗沖)의 일반적인 유형만 수용했는데, 申子辰 수국(水局)이 寅午戌의 각 글자를 취한다는 점은 쉽게 받아들이기 어려운 내용이라 할 수 있다. 다만 수국(水局)이 화관(火官)을 취한다는 선에서 정란차격(井欄叉格)을 이해하는 것이 무난하다고 생각한다.

4. 암합격(暗合格)

지지(地支) 육합(六合)은 그 기(氣)가 서로 관련이 있으므로 만일 팔자(八字)에 관(官)이 없으면서 일지(日支)와 같은 글자와 많으면 암중(暗中)으로 일궁(日宮)과 합(合)하는 관(官)을 불러 쓸 수 있다는 것으로, 그 힘이 암충(暗沖)보다는 약간 떨어지지만 합(合)의 정(情)에 맞으니 역시 취할 수 있다는 것이다. 예컨대 甲辰日에 辰이 많으면 암합(暗合)으로 辰과 合하는 酉中 辛金이 관(官)이 되고, 戊戌日에 戌이 많으면 암합(暗合)으로 戌과 합(合)하는 卯中 乙木이 관(官)이 되며, 癸卯日에서 卯가 많으면 암합(暗合)으로 卯와 합(合)하는 戌中 戊土가 관(官)이 된다는 것이다. 또 癸酉日에 酉가 많으면 암합(暗合)으로 酉와 합(合)하는 辰中의 戊土가 관(官)이 된다. 암합격(暗合格)이 성립될 때도 보통 삼지(三支) 내지 사지(四支)가 서로 같아야 그 합(合)이 비로소 참되다는 설이 지배적인데 이것은 잘 몰라서 하는 소리다. 일시(日時)의 지지(地支)가 같고 전실(塡實)됨이 없으면 능히 합관(合官)한다. 다음은 중국의 황제 성조(成祖)의 팔자(八字)다.

辛 癸 辛 庚

酉 酉 巳 子

5. 합록격(合祿格)

일각에서는 '합록(合祿), 요합(遙合), 형합(刑合)' 등은 모두 쓰지 않고 암합격(暗合格)만 취한다. 암합(暗合)은 이치가 자연스럽지만, 요합(遙合) 등은 부자연스럽다는 얘기다. 합(合)이면 그냥 합(合)이지, 자요(子

搖)나 축요(丑遙) 등과 같이 돌아 상봉(相逢)하는 게 아니므로 후자를 버리는 것인데 '합록(合祿), 요합(遙合), 형합(刑合)' 의 이치는 병립(竝立)된 지지(地支)가 일차적으로 암충암회(暗沖暗合)하는 현상과는 다소 의미를 달리 한다. 시(時)의 간지(干支)와 동시에 인력(引力)을 형성하는 것으로 간지(干支)의 오운육기(五運六氣) 작용력이 투영된 것인바, 쉽게 폐기할 이론이 못된다.

고 가 운 경 신 시 봉 무 일 식 신 기 최 희 추 동 복 유 여
古歌云，庚申時逢戊日食神奇，最喜秋冬福有餘

합록격(合祿格)은 팔자에 관(官)이 없으면 간지(干支) 공히 관(官)을 합(合)해 오는 경우를 말한다. 가령 戊 일간(日干)이 庚申時에 출생하면, 庚이 乙을 합(合)해 오고, 申이 寅을 불러와 정관(正官)을 얻으니 전식합록격(專食合祿格)이라 한다.

庚 戊 戊 己

申 辰 辰 未

촉왕(蜀王)의 명(命)이다.

또 전인합록격(專印合祿格)이 있는데, 명통부(明通賦)에 이르길, "癸 일주(日柱)가 팔자(八字)에 火가 없고 戊己土가 없으면서 庚申時가 되면, 허신(虛神)을 합래(合來)하여 재관(財官)을 삼으므로 庚申이 용신(用神)이 된다." 고 했다. 이것은 申이 합(合)해 온 巳中 丙戊를 쓴다는 것인데, 간지(干支)의 오운육기(五運六氣) 현상과는 내용이 다르므로 전식합록격(專食合祿格)과 전인합록격(專印合祿格)은 꼴을 비슷하나, 성립 배경은 다른 셈이다.

6. 요합격(遙合格)

금성옥진부 자요사 축요사 역이재인상성
金聲玉振賦: 子遙巳, 丑遙巳. 亦以財印相成

진보부 자축요합사궁 주인재이위극보
眞寶賻: 子丑遙合巳宮, 柱印財而爲極寶

'금성옥진부' 에 "子는 요동(搖動)하여 巳를 부르고, 丑도 요동(搖動)하여 巳를 합래(合來)한다." 고 했다. 요사(遙巳)란 팔자(八字)에 없는 巳火를 요동(搖動)시켜 그 속에 있는 丙戊를 끌어당겨 합(合)해 온다는 뜻이다. 원래 戊癸가 간합(干合)하는데 '巳는 戊의 록(祿)이고, 子는 癸의 록(祿)' 이니 子巳는 합력(合力)이 특별하다고 본 것이다. 또 辛癸는 각기 丙戊와 합(合)하는데 丑中에는 辛癸가 들어 있으니 丑 또한 巳를 끌어들이는 힘이 있다고 본 것이다. 이러한 작용력을 현상에서 받아들여야 할지 난감한 면이 없진 않다. 다만 子나 丑이 겹친다면 巳를 요동(搖動)하는 작용력이 발생할 가능성을 전혀 배제할 수는 없을 것 같다. 명례(命例)를 통해 관련 내용을 살펴보기로 하자. 예컨대 辛丑日에 丑이 많아서 巳를 합(合)하여 오면 辛丑의 관(官)을 얻는다고 볼 수 있다.

庚 辛 辛 辛

寅 丑 丑 丑

장통제(章統制)의 명(命)이다. 팔자(八字)에 이미 丙丁이 있다면 관(官)이 있는 것이니 요합격(遙合格)이 성립되지 않을 것이다. 丑이 巳를 끌고 왔으므로 일단 축요사격(丑遙巳格)이 된다.

희기편 갑자일재봉자시 외경신신유축오 불희관성
喜忌篇: 甲子日再逢子時, 畏庚辛申酉丑午, 不喜官星

축요사격(丑遙巳格)과 달리 자요사격(子遙巳格)에 대해서는 '심효첨' 이나 '서락오' 공히 폐기해야 마땅할 설(說)로 거론했다. 이를테면 자요사격(子遙巳格)이란, 甲子日 甲子時에 출생하면 子中 癸水가 巳中 戊土를 합하여 오고, 戊土는 丙火를 요동(搖動)시켜 丙火가 辛金을 합(合)하여 온다는 것인데, 辛金은 곧 甲木의 정관(正官)이 된다는 논리다. '신봉통고(神峯通考)'에 이르길 "자요사격(子遙巳格)은 子中 癸水가 요동(搖動)하여 巳中 戊土를 합래(合來)하는데, 같은 지장간(地藏干) 중에 丙火로 하여금 辛金을 요합(遙合)하므로 甲木은 辛金으로 관(官)을 얻은 셈"이라 했다. 축요사격(丑遙巳格)처럼 허신(虛神) 巳火를 그대로 관(官)으로 취한다면 별 문제를 삼지 않을 수 있겠지만, 허신(虛神)의 장간(藏干)이 재차 관(官)의 글자를 합(合)하여 온다는 데에 이르면 부당(不當)하게 여겨지기 쉽다. '서락오'는 '신봉통고'의 논리가 참으로 우회곡절(迂回曲折)이라고 했다. 후에 그는 '자평집액(子平集腋)'에서 '신봉통고'야 말로 가장 천박한 이론서로 오류투성이라는 비평을 가했다. 그렇다면 자요사(子遙巳)는 정말 폐기되기야 마땅한 설(說)일까. 다음은 나어사(羅禦史)의 명(命)이다.

甲 甲 甲 甲

子 子 戊 申

'심효첨'은 甲子日의 자요사격(子遙巳格)은 맞지 않지만 '나어사'의 경우에는 약간 부합되는 것 같다고 했다. 다음은 전수상(錢首相)의 명(命)이다.

甲 甲 乙 己

子 子 亥 亥

'서락오'는 '자평일득'에서 차명(此命)을 두고 단지 수왕목부(水旺木

浮), 모자감자(母慈滅子)만을 논하고 그 세력에 순종하는 게 좋다고만 했다. 따져 보면 이 정도의 설명으로 팔자(八字)의 귀(貴)를 논하기엔 부족하다. 또한 자요사(子遙巳)에 巳中 丙火가 재차 辛金을 끌어온다는 논리도 어색하기는 마찬가지다. 이보다는 巳中 庚金을 취하는 것으로 이해하는 게 무난하다고 생각한다. 십간론(十干論)에 甲의 관(官)은 庚이며, 辛은 오히려 살(殺)의 작용을 한다는 점을 상기해 볼 필요가 있다.

7. 형합격(刑合格)

희기편 육계일시봉인위 세월외무기이방
喜忌篇: 六癸日時逢寅位, 歲月畏戊己二方

'자평진전' 에는 癸日이 甲寅時에 출생하면 寅이 巳를 형(刑)하여 오고, 巳中 丙戊가 재관(財官)이 되므로 합록격(合祿格)과 유사하다고 했다. 그러면서 합록격(合祿格)은 기쁘게 합(合)하여 오는 것이고, 형합격(刑合格)은 강제로 형(刑)하여 오는 점이 다르다고 했다. 甲寅時에서 甲은 寅을 비화(比和)하여 寅의 극성(極盛)을 도모한다. 까닭에 팔자(八字)에 庚申이 있으면 형합(刑合)의 작용력을 억제한다. 또 팔자(八字)에 土의 관살(官殺)이 있다면 형합격(刑合格)이 성립되지 않을 것이다. 다음의 두 팔자(八字)는 모두 절도사(節度使)의 명(命)으로 형합격(刑合格)에 해당한다.

甲 癸 癸 乙
寅 卯 卯 未

甲 癸 癸 乙
寅 亥 未 未

'희기편' 에 이르길 형합격(刑合格)은 세월(歲月)의 戊己土 운(運)을 기피한다고 했다. 이미 甲木 상관(傷官)을 보았으니 관(官)을 봐서 좋을 리 없고, 己는 甲을 합(合)하여 용(用)을 무력하게 한다. 그러나 원뜻은 세월(歲月)의 전실운(塡實運)을 기피한다는 얘기다. 또한 이 대목은 대운(大運)과 세월(歲月)의 체용(體用) 구분에 유의해야 함을 시사하고 있다.

8. 육신조양격(六辛朝陽格)

辛 일간(日干)이 戊子時에 출생하고 팔자(八字)에 재관(財官)이 없으면 육신조양격(六辛朝陽格), 혹은 육음조양격(六陰朝陽格)이 성립된다. 子가 巳를 요합(遙合)하여 巳火를 관(官)으로 쓴다는 것이니 자요사격(子遙巳格)과 원리가 같다. 辛日 중에도 辛巳와 辛未는 조양격(朝陽格)이 되지 않는다고 했는데, 辛巳의 巳 전실(塡實)은 납득이 가지만, 辛未는 그 이유를 잘 모르겠다. 다음은 '명리정종' 에 예시된 왕대위(王大尉)의 명(命)이다.

戊 辛 辛 戊

子 丑 酉 辰

이와 달리 육신조양격(六辛朝陽格)의 형태를 갖추었는데도 귀(貴)와 거리가 먼 경우도 있다. 가령 다음과 같은 예다.

戊 辛 庚 戊

子 酉 申 戌

'자평일득(子平一得)' 에 빈농(貧農)의 팔자(八字)로 설명되어 있다. '서락오' 는 申子 합국(合局)으로 조양격(朝陽格)이 성립되지 않는다는 견해를 피력했다. 그런데 이격된 글자 간에도 합국(合局)을 취하는 것은 옳지 않다고 생각한다. 또한 위 왕대위(王大尉)의 팔자(八字)를 보면 子丑

합(合)이 巳火를 견인하는데 장애가 되지 않음을 알 수 있다. 요합(搖合)은 암충(暗沖)과 작용력이 다른 것이다. 차명(此命)은 지지(地支)의 방국(方局)이 우선이다. 이미 종혁(從革)의 기세(氣勢)를 이루었으므로 巳火의 출현을 반길 수 없는 것이다.

9. 임기용배격(壬騎龍背格)

壬日이 팔자(八字)에 辰을 많이 보면 임기용배격(壬騎龍背格)이 된다. 辰이 戌을 충(沖)하여 戌中 丁戊의 재관(財官)을 적출(摘出)한다는 것인데, 실관(實觀)에서 壬辰日 壬寅時 출생자가 팔자(八字)에 재관(財官)이 없다면 일단 주목할 필요가 있다. 이 같은 경우 고가(古歌)에 이르길, "관리나 정치가로 크게 이름을 높이고 관(官)으로 출사(出仕)하지 않아도 복록이 두텁다." 고 했다. 다음은 리콴유(李光耀), 전 싱가포르 총리의 명(命)이다.

壬 壬 辛 癸

寅 辰 酉 亥

임기용배격(壬騎龍背格)은 응당 전실운(塡實運)이 되는 戌土의 글자를 기피한다. 다음은 1982년 壬戌年에 사망한 여우(女優), 잉그리드 버그만(Ingrid Bergman)의 명(命)이다.

壬 壬 甲 乙

寅 辰 申 卯

잡격(雜格) 개관

암충암합(暗沖暗合)의 유형을 제외한 일체의 잡격(雜格)은 격(格)의 명칭이 되는 특정 지지(地支)의 글자를 훼손시키는 운로(運路)상의 지지(地支) 형충(刑沖)의 글자를 기피한다고 보면 거의 틀림이 없다. 따라서 금신격(金神格)이나 양간부잡(兩干不雜) 등은 위와 같은 특징으로 구별되지 않으므로 잡격(雜格)으로 취하지 않는다. 잡격(雜格)은 염두에 두어야 할 특정 글자를 제외한 나머지는 일반적인 운법(運法)과 동일하게 적용하면 된다. 이런 속성으로 인해 굳이 잡격(雜格)을 구분할 필요가 없다고 생각한 이들이 많은데, 이는 잡격(雜格)의 주요 특징을 간과했기 때문이다. 독자들은 아래에 적시한 명례(命例)를 암기해서 잡격(雜格)을 포착하는 감각을 익히는 게 좋다. 이중 육임추간격(六壬趨艮格)과 육갑추건격(六甲趨乾格)은 허공에서 록(祿)의 글자를 암합(暗合)해 오므로 암충암합격(暗沖暗合格)과 원리가 같다. 다만 허신(虛神), 재관(財官)이 아니므로 기타 잡격(雜格)으로 분류했다.

1. 포태격(胞胎格)

'포태격' 은 甲申, 庚寅의 양일(兩日)을 말한다. 일지(日支)가 십이운성(十二運星)의 절지(絕地)에 좌(坐)하지만 그 장간(藏干) 속에 인수(印綬), 장생(長生)의 요소가 있으면 화살(化殺)하므로 이를 절처봉생(絕處逢生)이라 해서 귀하게 여겼다. 팔자(八字)에 장간(藏干)의 인수(印綬)가 투(透)해야 직접 작용하고 길해진다. 원통부(元通賦)에 이르길, 포태격(胞胎格)이 원명(元命)에 재(財)를 보지 않으면 어려서부터 왕(王)의 총애를 받는다고 했다. 이는 살인격(殺印格)이 재(財)로 인해 파격(破格)되는 논리와 같다. 세월(歲月)에서 申이 寅을 격사(擊射)하면 인수(印綬)를 잃어 수기(秀氣)가 상실될 위험이 있다.

庚 庚 辛 己

辰 寅 未 亥

혜밍웨이(Hemingway, Ernest Miller)

불후의 명작 '노인과 바다' 로 1953년 퓰리처상을 수상하고, 1954년 노벨상을 받았다. 수상의 기쁨으로 집필 의욕이 살아난 그는 1956년 丙申年 6월 '노인과 바다' 의 촬영을 위해 '페루' 로 여행을 갔고, 8월에는 유럽으로 떠났는데 고혈압과 간 기능이 저하되어 심한 우울증에 빠져 귀국했다. 1961년 辛丑年에 권총으로 자살했다.

2. 일록귀시격(日祿歸時格)

일록(日祿)이란 일지(日支)의 비견(比肩)을 말한다. 즉 갑록재인(甲祿在寅)과 같은 경우를 뜻한다. 록(祿)의 글자가 시지(時支)에 있으면 귀록(歸祿)이 된다. 명통부(明通賦)에 "일주(日柱)의 록(祿)이 시지(時支)에 있고, 팔자(八字)에 관살(官殺)이 없으면 청운득로(靑雲得路)한다." 고 했다. 계선편(繼善篇)에는 "일록귀시격(日祿歸時格)은 생(生)을 보면 편안하나 관(官)을 보면 좋지 않다." 고 했다. 원리부(元理賦)에는 "일록귀시격(日祿歸時格)이 재(財)를 보면 복(福)을 얻고, 무재(無財)라면 반드시 빈곤하다." 고 했다. 금성옥진부(金聲玉振賦)에 "일록귀시격(日祿歸時格)은 재(財)를 좋아하고 만일 관(官)을 보면 수명(壽命)이 짧다." 는 말이 있다. 따라서 팔자(八字)에 재인(財印)이 있는 것을 기뻐하고 관(官)을 보는 것을 기피하는 것으로 요약할 수 있다. 세월(歲月)에서는 응당 록(祿)의 글자를 파극(破剋)하는 글자의 운(運)을 기피하고, 형충(刑沖)으로 인해 록(祿)의 기물(器物)이 파괴되는 경우를 두려워할 것이다.

甲 庚 戊 壬

申 戌 申 申

노태우(盧泰愚) 전 대통령

1998년 戊寅년과 2001년 辛巳年에 걸쳐 1,000억대를 상회하는 비자금을 추징당했다.

3. 육을서귀격(六乙鼠貴格)

명통부(明通賦)에 이르길, "乙木이 丙子時를 만나고 팔자(八字)에 관(官)이 없으면 乙木은 子(鼠・쥐)의 귀인(貴人)을 얻어 시끄럽고 요란한 것을 가라앉히니 최귀(最貴)가 된다." 고 했다. 자귀(子貴)가 좋고, 丙火가 좋으며 乙이 통관(通關)하는 격으로 좋다는 것은 이해가 가는 한편 그것으로만 최귀(最貴)를 논할 정도인지는 일말의 의문을 갖게 한다. 진보부(眞寶賦)에 "육을서귀격(六乙鼠貴格)이 원국(元局)에서 관살(官殺)을 보면 빈궁하천(貧窮下賤)하다." 고 했는데 아무튼 이는 동목(冬木)의 한목향양(寒木向陽)과 같은 의미다. 세월(歲月)에서 자귀(子貴)를 형충(刑沖)하는 운(運)을 가장 기피한다. 다음은 '연해자평(淵海子平)' 에 어사대부(御使大夫)로 기록된 명(命)이다.

丙 乙 癸 戊

子 未 亥 子

삼명통회(三命通會)에 빈천(貧賤)한 팔자(八字)로 묘사된 명례(命例)다. 원국(元局)에 辛金 관(官)을 보아 육을서귀격(六乙鼠貴格)이 성립되지 않는다.

丙 乙 甲 辛

子 亥 午 亥

4. 공귀공록격(拱貴拱祿格)

공귀공록(拱貴拱祿)이란 천을귀인(天乙貴人)이나 록(祿), 정관(正官)의 글자를 껴안았다는 뜻이니 일간(日干)과 시간(時干)이 동일하고 일지(日支)와 시지(時支) 사이에 암(暗)으로 귀인(貴人)이나 정관(正官)을 안고 있으면 공귀공록격(拱貴拱祿格)이 된다. 예를 들어 다음과 같은 경우는 공귀격(拱貴格)이다.

乙 　 乙 月 年

酉 申 未 □ □

☝

天乙貴人

이 외 戊申日 戊午時生, 甲申日 甲戌時生, 壬子日 壬寅時生, 甲寅日 甲子時生 등이 이에 해당한다. 공록격(拱祿格)도 마찬가지다.

丁 　 丁 月 年

未 午 巳 □ □

☝

祿

공귀공록격(拱貴拱祿格)은 팔자(八字)에서 해당 글자를 보면 의미가 사라진다. 또한 세월(歲月)에서 록귀(祿貴)의 글자나 록귀(祿貴)의 허신(虛神)을 충(沖)하는 글자의 운(運)을 기피한다. 반면 허자(虛字: invisible)는 형(刑)을 반기는 경향이 있다. 형(刑)을 가하면 록귀(祿貴)의 실체가 드러나기 때문이다. 이것은 일체의 고서(古書)가 거론치 않은 내용으로 '팔자술 파이널블로' 의 형충회합(刑沖會合)과 허실론(虛實論)을 통해 내가 세운 설(說)이다.

戊 戊 己 乙

午 申 卯 丑

에릭 클랩튼 (Eric Craption)

공귀격(拱貴格)으로 세월(歲月)의 미운(未運)을 꺼린다. 1991년 辛未年에 상관(傷官) 형지(刑地)에 임(臨)하여 뉴욕의 한 아파트에서 아들 '코너' 가 추락사한 슬픔을 겪었다.

5. 육임추간격(六壬趨艮格)

壬日 寅時 생(生)으로 주중(柱中)에 寅이 많으면 육임추간격(六壬趨艮格)이다. 寅이 亥의 록(祿)을 불러온다는 것인데 亥의 전실(塡實)이나 충(沖)하는 글자 申이 있으면 성립되지 않는다. 또한 재관(財官)이 있으면 일반 격국(格局)으로 취용하면 된다. 세월(歲月)에서 신운(申運)을 만나면 화난(禍難)을 겪는다고 했다. 간토방(艮土方)에는 寅이 위치해 있으므로 추간(趨艮)이라 한다.

辰巳 [巽方]	午 [離方]	未申 [坤方]
卯 [震方]		酉 [兌方]
寅丑 [艮方]	子 [坎方]	戌亥 [乾方]

壬 壬 壬 壬

寅 寅 寅 寅

'연해자평' 에 대귀(大貴)하여 대권(大權)을 장악한다고 묘사된 명(命)이다. 신운(申運)에 화앙(禍殃)이 있었다고 전해진다.

6. 육갑추건격(六甲趨乾格)

甲日 亥時 생(生)으로 주중(柱中)에 亥가 많으면 육갑추건격(六甲趨乾格)이다. 육임추간격(六壬趨艮格)과 마찬가지로 팔자(八字)에 관(官)이 없으면 귀격(貴格)이 된다. 亥가 寅의 록(祿)을 불러온다는 것인데 寅의 전실(塡實)이나 충(沖)하는 글자 巳가 있으면 성립되지 않는다. 세월(歲月)에서 亥를 형충(刑沖)하면 관재시비(官災是非)에 화액(禍厄)을 당하기 쉽다. 다음은 '연해자평' 에 명시된 신안백(新安伯)의 팔자(八字)다.

乙 甲 癸 戊

亥 子 亥 辰

7. 양인격(羊刃格)

양인격(陽刃格)으로 팔자(八字)에 재관(財官)이 있으면 일반 격국(格局)으로 취용한다. 재관(財官)이 없으면 외격(外格)에 준하여 용(用)하는데 다만 인(刃)의 글자를 형충(刑沖)하는 바를 대기(大忌)하는 점에서 살피면 잡격(雜格)으로 분류할 수 있다.

庚 丙 丙 丁

寅 寅 午 未

파멜라 앤더슨(Pamela Anderson)

'머틀리 크루' 출신의 드러머 '토미 리' 와 1995년 신혼여행 중에 직접 찍은 홈 비디오는 이듬해인 1996년 丙子年에 '펜트하우스' 에 포르노 장면이 실리면서 스캔들로 비화되었다.

8. 간지지왕격(干支持旺格)

간지지왕격(干支持旺格)은 기세(氣勢) 면에서 전왕격(專旺格)내지 일행득기(一行得氣)와 유사하다고 볼 수 있다. 일간(日干)이 득령(得令), 득시(得時)한 것으로 팔자(八字)에 재관(財官)이 투(透)하면 성립되지 않고, 왕신(旺神)을 충격하는 운(運)을 꺼린다. 즉 월지(月支)와 시지(時支)의 글자를 형충(刑沖)하는 경우 위태해진다. 간지지왕격(干支持旺格)이 성격(成格)되면 일생 건강하며 안락(安樂)하고, 명위(名位)를 불원(不願)하여 속진(俗塵)을 벗어나 안은(安隱)함을 바란다고 했다.

日干	月支	時支
甲乙	亥卯未	寅卯
丙丁	寅午戌	巳午
戊己	巳午	辰戌丑未
庚辛	巳酉丑	申酉
壬癸	申子辰	亥子

乙 庚 辛 辛

酉 午 丑 巳

알리(Muhammad Ali)

금세기 최고의 복서로 회자되는 그는 1979년 己未年 복서로서의 체력적인 한계를 실감하고 은퇴를 선언한다.

9. 구진득위격(勾陳得位格)

戊己日이 亥卯未 목국(木局)이나 申子辰 수국(水局)을 보면 구진득위격(勾陳得位格)이 된다. 戊申, 戊子, 戊辰 삼일(三日)이 지지(地支)에서 수국(水局)을 이루거나, 己亥, 己卯, 己未 삼일(三日)이 지지(地支)에서 목국(木局)을 짓는 경우를 말한다. 신왕(身旺)하면 부귀쌍전(富貴雙全)하고, 당살공신(黨殺攻身)을 두려워한다. 구진득위격(勾陳得位格)이 성립되면 재관(財官)의 대운(大運)을 기피하므로 일반 외격(外格)에 준하여 길흉(吉凶)을 가리게 된다. 지지(地支)의 전국(全局)이 이루어지지 않았을 경우에는 회지(會支)의 형충운(刑沖運)을 기피하는 잡격(雜格) 일반 용법과 같다.

乙 己 丁 甲

亥 卯 丑 午

케빈 코스트너(Kevin Costner)

辛巳 대운(大運) 중 乙亥年인 1995년 '지상 최악의 패착' 이라는 말을 들은 '워터월드' 의 흥행불발로 壬午 대운(大運)의 최근까지 '흥행작이 가장 절실한 배우' .

10. 현무당권격(玄武當權格)

壬癸 이일(二日)이 지지(地支) 화국(火局)을 보면 현무당권격(玄武當權格)이다. 水 현무(玄武)가 화국(火局)을 얻어 당권(當權)이 되면 수화기제(水火旣濟)의 공(功)을 이루어 대귀(大貴)해진다. 재관(財官)의 대운(大運)을 기뻐하므로 일반 외격(外格)에 준하여 길흉(吉凶)을 가리면 된다. 지

지(地支)의 전국(全局)이 이루어지지 않았을 경우에는 회지(會支)의 형충운(刑沖運)을 기피하는 잡격(雜格) 일반 용법과 같다.

丙 壬 庚 甲
午 戌 午 子

조지 부시(George Bush)

현 미국 대통령 '조지 W. 부시'의 아버지다. 1964년 甲辰年 상원의원 선거에 출마하였다가 낙선한 후 1966년 텍사스주(州) 제7구에서 하원 의원으로 당선되었다. 2008년 戊子年이 위태롭다.

12. 일귀격(日貴格)

'丁酉, 丁亥, 癸巳, 癸卯' 이상의 사일(四日)을 말하는데, 일귀격(日貴格)에는 시(時)를 살피는 법이 있다고 전해진다. 귀(貴)의 주야(晝夜)를 분별하여 癸巳, 癸卯의 주귀(晝貴)는 일주(日晝)에 출생해야 하고, 丁酉, 丁亥의 야귀(夜貴)는 야(夜)에 출생해야 좋다고 했다. 세월(歲月)에서 귀인(貴人)의 글자를 형충(刑沖)함을 꺼린다.

庚 癸 癸 丁
申 卯 卯 亥

엘튼 존(Elton John)

2005년 乙酉年 그는 "동성간의 결혼이 합법화되는 첫날 결혼식을 올리기로 결정했다."고 밝혔다. 동성 연인인 '데이비드 퍼니시'는 지난 1993년 癸酉年부터 커플로 지내 왔으며 영국에서 '시민 동반자법(Civil partnerships–동성애 커플에게 이성 부부와 동일한 권리를 부여하는 것)'이라는 제도를 통해 사실상 동성 결혼이 합법화되는 12월 5일 이후 결혼식을 올린다." 고 전했음을 영국의 '더 선'이 보도했다.

13. 일덕격(日德格)

일덕(日德)에는 오일(五日)이 있으니 '甲寅, 丙辰, 庚辰, 戊辰, 壬戌日' 이다. 일덕(日德)은 복이 많고 형충파해(刑庶破害)와 재관(財官)을 꺼리고 특히 괴강(魁罡)을 싫어한다. 모두 장간(藏干)의 록재관(祿財官)을 쓴다는 것이다. 팔자(八字)에 재관(財官)이 있으면 격(格)으로 취하지 않는다는 점에서 일반 외격(外格)과 배경이 같다. 세월(歲月)에서 일지(日支)의 형충(刑沖)을 몹시 기피한다는 점으로 보면 잡격(雜格) 일반으로 분류하는 게 무난하다.

戊 戊 庚 乙
午 辰 辰 亥

칭기즈칸(成吉思汗)

1226년 丙戌년 가을 서정(西征) 참가를 거부한 서하를 응징하려고 서하의 수도 닝샤(寧夏)를 포위하였으나 병(病)을 얻었다. 이듬해 간쑤성 칭수이현(淸水縣) 시장강(西江) 강변에서 병사했다.

14. 괴강격(魁罡格)

괴강(魁罡)은 '壬辰, 庚辰, 戊戌, 庚戌' 로 그것이 일상(日上)에 있고, 타주(他柱)에서 다시 보면 필시 복(福)이 따른다고 했다. 팔자(八字)에 재관(財官)이 있거나 형살(刑殺)이 있으면 불측(不測)의 재앙(災殃)이 나타날 우려가 있다고 했다. 팔자(八字)에 재관(財官)이 있으면 격(格)으로 취하지 않는다는 점에서 일반 외격(外格)과 배경이 같다. 세월(歲月)에서 일지(日支)의 형충(刑沖)을 몹시 기피한다는 점으로 보면 잡격(雜格)

일반으로 분류하는 게 무난하다.

丁 庚 壬 丙

丑 辰 辰 寅

엘리자베스 2세(Elizabeth II)

2006년 丙戌年이 수(壽)를 논할만한 위급한 시점으로 판단된다.

15. 일인격(日刃格)

일인(日刃)은 '戊午, 壬子, 丙午' 의 삼일(三日)을 취한다. 인(刃)을 형충(刑沖)하는 바를 기피하고 회합(會合)됨을 꺼린다. 일설에 양인(陽刃)이 회합(會合)되면 당주(當主)가 반드시 기화(奇禍)를 당한다고 했으며 결단성이 강하고 지나치게 굳센 성정의 소유자라 했다. 삼형(三刑)과 괴강(魁罡)이 전부 있으면 입신출세(立身出世)할 것인데 무정냉혹(無情冷酷)함이 있다.

癸 戊 壬 壬

丑 午 寅 申

엘리자베스 테일러(Elizabeth Taylor)

화려한 영화 경력 못지않게 그를 유명하게 만든 것은 화려한 사생활. 8번의 결혼과 이혼, 30번이 넘는 크고 작은 수술. 만성 다이어트 중독증 환자로 명성을 떨쳤다. 여덟 번째 남편 '래리 포텐스키' 와 결혼한 테일러는 1996년 丙子年에 8번째 이혼했다.

■ 십간(十干)

십간론(十干論)의 연원(淵源)은 '난강망'에 있다. 진정한 용신(用神)이란 세력(勢力)만 얻었다고 해서 족하지 않다. 득기(得氣)의 요건을 갖추어야 최상(最上)의 부귀(富貴)를 논할 수 있다. 이를테면 申月 甲木이 용신(用神)으로 삼은 庚金은 기세(氣勢)를 동시에 얻어 존신(尊神)이 되는 동시에 살인상생국(殺印相生局)을 지어 금수운(金水運)으로 향할 때 부귀(富貴)에 극(極)에 달한다는 것이다. 한 마디로 庚金은 팔자(八字)의 품격(品格)을 높이는 지표가 된다. 그렇다면 甲木과 庚金은 일단 좋은 관계의 십간(十干) 조합이라 할 수 있다. 이렇게 '난강망'이 거론하는 조후용신(調候用神)은 때때로 팔자(八字)의 세력(勢力) 강약(强弱)과는 무관해 보일 때가 있다. 또 다른 예로 甲木과 丙火의 관계를 살펴보자. 이때는 일반적 오행(五行) 법칙이 통하지 않는다. 丙火는 甲木의 힘을 앗아가는 게 아니라, 오히려 생(生)하는 작용을 한다. 마찬가지로 甲木과 丙火도 좋은 관계의 십간(十干) 조합이 된다.

기(氣)후적 관점	丙火는 甲木을 生한다
이(理)법적 관점	甲木은 丙火를 生한다

'난강망' 의 관점에서 보면 "甲木에 庚金이 좋은지, 丙火가 좋은지" 의 여부는 전적으로 팔자(八字)의 기후(氣候)와 배상(配像)에 달린 것이다. 따라서 생월(生月)이 십간(十干)의 희기(喜忌)를 결정하는 관건이 된다. 그런데 팔자(八字)가 일간(日干)과 월지(月支), 조후용신(調候用神) 삼자의 관계만으로 귀천(貴賤)이 가려질 수는 없는 법이다. 응당 팔자(八字) 전체의 세력(勢力)을 살피는 과정이 선행돼야 한다. 이 둘은 따로 떨어져 대립되는 개념이 아니라, 조화되어야만 마땅하다. 명리(命理)의 이법(理法)과 기학(氣學)은 결코 따로 분리하여 생각할 수 없는 문제다. 명리(命理)가 여타의 술수(術數)와 차별되는 특장(特長)은 한 마디로 이법(理法) 체계의 완성도에 있다고 말할 수 있는 것이다. '진소암' 이 '적천수집요' 를 통해 조율한 십간론(十干論)은 바로 이 같은 사유(思惟)를 통해 정립된 것이다. 甲木의 용법(用法)을 '난강망' 과 '적천수' 로 대별하여 살피면 다음과 같다.

구분	용신	조건
'난강망'	庚金	金水로 진기(進氣)하는 여름부터 가을철
	丙火	한기(寒氣)가 지배하는 겨울과 이른 봄철
'적천수'	庚金	신강(身强)하고, 팔자에 火가 있을 때
	丙火	신강(身强)하고, 팔자에 水가 있을 때

'난강망' 에는 팔자(八字)의 강약(强弱)을 가리는 부억(扶抑) 개념이 흡수되어 있지 않지만, '적천수' 는 체용(體用) 일반에서 부억(扶抑)의 잣대를 견지했다. 이로써 명리(命理)의 완성된 텍스트로 '적천수' 를 꼽는 이들이 적지 않다. 庚金과 丙火는 '난강망' 의 시각으로만 보면 조후용신(調候用神)이 되지만, '적천수' 의 시각에서 보면 십간용신(十干用神)이 되는 것이다. 보통 이기(理氣) 한쪽만을 다룬 명서(命書)는 찾아볼 수 없다. 다만 전체적인 논리가 어느 한편으로 치우쳐 전개되고 있다는 얘기다. 따라서 균형적인 관점이나 완성도 면에서는 '적천수' 의 가치가 빛난다고 볼 수 있다. 내용의 이기(理氣)별로 자평(子平)의 3대 텍스트를 구분하면 다음과 같다.

이법 理法	기후 氣候	이기 理氣
자평진전 子平眞詮	난강망 欄江網	적천수 滴天髓

예로부터 동양(東洋)에서는 기(氣)라는 광의의 개념을 사용하여 우주만물의 존재와 운동을 설명했는데, 이것을 음양(陰陽)과 오행(五行)으로 구분해서 좀 더 구체적인 개념으로 발전시켰다. 명리학(命理學)의 전성기라 할만한 송대(宋代)와 명대(明代)의 학자들에 의하여 성립된 학설인 성리학(性理學)은 자연, 인간, 사회의 존재와 운동을 이(理)와 기(氣)의 개념으로 설명했다. 기(氣)가 모이고, 흩어지는 것에 의해 우주만물이 생성, 소멸하는 관점에서 보면 기(氣)는 만물을 구성하는 요소라 할 수 있다. 반면 이(理)는 만물 생성의 근원이 되는 정신적 실재로서 기(氣)의 존재 근거이며, 동시에 만물에 내재하는 원리로서의 기(氣)의 운동법칙이 되기도 한다. 성리학(性理學)에서는 "이와 기는 서로 떠날 수 없

으나(理氣不相離: 이기불상리), 서로 섞이지도 않는다(理氣不相雜: 이기불상잡)." 는 표현으로 이와 기의 상호관계를 설명한다. 우리나라에서는 고려 말 주자학의 영향으로 이기론(理氣論)이 등장한 이후 조선시대에 서경덕(徐敬德)의 태허설, 이언적(李彦迪)의 태극설을 거쳐 이황(李滉), 이이(李珥) 등에 의해 보편적 사회사상으로 대두되었다. '이황' 은 특히 이(理)를 중시하여 이(理)와 기(氣)를 차별하는 관점을 취했는데, 즉 이기불상잡(理氣不相雜)을 강조하는 주리론(主理論)을 편 데 반해, '이이' 는 이와 기의 통일성, 즉 이기불상리(理氣不相離)를 강조하는 주기론(主氣論)을 전개하여, 이후 성리학(性理學)의 커다란 두 흐름으로 계승되었다.

결론을 내리겠다. '이황' 과 '이이' 를 통해 표출된 두 이견의 갈등은 이 또한 체용(體用)을 구분하여 적용하는 방법을 확정시키지 못한 바에 연유한다. 사물(事物)의 본체(本體: 體)는 이기불상리(理氣不相離)가 적용되고, 그 운동(運動: 用)은 이기불상잡(理氣不相雜)으로 나타난다. 이를 그대로 명리(命理)에 적용하면 다음과 같다.

체 體	용 用
이기불상리 理氣不相離	이기불상잡 理氣不相雜
팔자 대운 八字, 大運	세월일시 歲月日時
격국 성패 길흉 格局 成敗 吉凶	세시 성패 희기 歲時 成敗 喜忌
기후 세력 氣候와 勢力 동시 고찰	세력 부억 勢力에 따른 扶抑이 관건

따라서 '자평진전' 과 '난강망' 은 세월(歲月)의 성패(成敗)를 가리는 용(用)의 영역이 아닌 팔자(八字) 격국(格局)의 성패(成敗)와 대운(大運)의 성격(成格)과 변격(變格)으로 길흉(吉凶)를 구분하는 체신(體神)에 한해 이론을 정립하고 있는 것이다. 즉 향후사의 대략을 논할 뿐 세월일시(歲月日時)의 세세한 희기(喜忌), 득실(得失)을 가리는 본격 추명술(推命術)은 기본 학습의 이후 단계라 할 수 있다. 즉 체신(體神)과 '체(體)의 용(用)' 을 논하는 '베이식' 에 불과하고 다만 쇠왕(衰旺)은 어느 책을 막론하고 모두 논한다. 현존하는 십간론(十干論)은 체용(體用)를 구분하여 보다 세밀하게 정리될 필요가 있다. 십간용신(十干用神)은 세월(歲月)의 희기(喜忌)를 분간하는 용(用)의 영역에서는 효용성이 떨어진다. 또한 형충회합(刑沖會合)과 오운육기(五運六氣), 물상(物象) 전반의 세세한 '테크닉' 이 개입되면 의미 자체가 부실해지기 쉽다.

★ 팔자(八字) 체신(體神) 판독 3단계

구분 區分	이론 理論	용 用	내용 內容	'텍스트'
일선 一線	오행론 五行論	상신 相神	격국 성패 귀천 格局 成敗 – 貴賤 유형을 가림	자평진전 子平眞詮
이선 二線	조후론 調候論	조후용신 調候用神	격국 고저 부귀 格局 高低 – 富貴 정도를 논함	난강망 欄江網
삼선 三線	십간론 十干論	십간용신 十干用神	격국 길흉 기세 格局 吉凶 – 氣勢 전체를 살펴 종합 판단	적천수 滴天髓

체신(體神)을 판독한 연후, 미래사를 조망하는 팔자술(八字術) 전 영역을 단계별로 정리하면 다음과 같다.

★ 팔자술(八字術) 판독 단계

단계 段階	이기 理氣 구분 區分	체용 體用 구분 區分	용 用	판독 내용 判讀 內容	'텍스트'
1	이법 理法	체 體	상신 相神	격국 성패 格局 成敗	자평진전 子平眞詮
2	기후 氣候	체 體	조후용신 調候用神	격국 고저 格局 高低	난강망 欄江網
3	이기 理氣	체 體	십간용신 十干用神	격국 길흉 格局 吉凶	적천수 滴天髓
4	이기 理氣	체 體	상신 조후용신 相神, 調候用神	격국 변이 길흉 格局 變移 吉凶	자평진전 난강망 子平眞詮, 欄江網
5	이법 理法	용 用	부억용신 扶抑用神	세월 성패 희기 歲月 成敗 喜忌	적천수 滴天髓
6	물상 *物象	용 用	형충회합 刑沖會合	득실 선후 계량 得失 先後 計量	팔자술 八字術 파이널블로

용신(用神)에 대한 정의와 용법 일반은 이미 '체용(體用) 분간(分揀)' 편에서 충분히 설명했는데, 체(體)의 용(用)이 되는 '난강망'의 조후용신(調候用神)과 '자평진전'이 논한 기후용신(氣候用神)를 중심으로 고서(古書)의 용(用)에 대한 의미를 좀 더 면밀히 살펴볼 필요가 있다.

'난강망' 용신(用神) 정의

'난강망'의 원시(原詩)에 주로 쓰이는 용(用)의 의미는 '격국(格局)을 일컫는 용(用)과 효용(效用)의 용(用)' 두 가지 개념으로 유연하게 쓰인다. 다만 이 두 가지 의미 모두 '체(體)의 용(用)'으로 부억용신(扶抑用神)과 같은 '용(用)의 체(體)' 개념은 아니다. 따라서 효용(效用)의 용(用)은 '자평진전'이 구사하는 상신(相神)과 비슷한 용도의 개념이라 할 수 있다. 가령 다음과 같은 원문(原文)의 한 대목을 살펴보자.

범삼춘갑목 용경자 토위처 금위자 용정자 목위처 화위자
凡三春甲木, 用庚者, 土爲妻, 金爲子, 用丁者, 木爲妻, 火爲子

이상의 원시를 직역하자면 "봄철의 甲木이 庚을 용(用)하면 土가 아내요 金이 자식이며, 丁을 용(用)하면 木이 아내요 火가 자식이 된다."는 내용이다. 이를테면 卯月 甲木이 庚金을 보면 양인가살(陽刃駕殺)로 귀격(貴格)을 이루고, 이에 재(財) 土가 가세해서 자살(資殺)하면 '살인양정(殺刃兩停)'을 이루어 격국(格局)이 높게 되므로 만인을 누르는 영웅(英雄)의 상(象)이 된다. 이렇게 춘월(春月) 甲木은 庚金으로 기물(器物)을 이루거나, 아니면 丁火로 목화통명(木火通明)을 지어 상격(上格)을 구성하게 된다. 이때의 庚金과 丁火는 '자평진전'에서 격국(格局)을 성격(成格)시키는 유정(有情)한 글자로 상신(相神)의 개념과 별반 차이가 없다. 이렇게 '난강망'의 용(用)은 먼저 효용(效用)의 의미를 지닌다. 이 외는 거의 예외 없이 격국(용신) 자체를 의미하는 용도로 쓰이는 것이다. 예컨대 申月 甲木의 경우 "申에 庚의 록이 있으니 '살인상생' 되어 金水 운으로 향하면 필연적으로 현달하고 庚을 용(用)하는 자는 금수운(金水運)에 대귀(대귀)한다."는 내용을 발견할 수 있다.

경록거신 살인상생 운행금수 필연현달 용경자 금수운대귀
庚祿居申, 煞印相生, 運行金水, 必然顯達, 用庚者, 金水運大貴

申月 甲木은 칠살격(七殺格)이지만 만일 壬申月 甲日이라면 칠살격(七殺格)이 인수격(印綬格)으로 변하게 된다. 이때 庚金이 다시 투(透)하면 격국(格局)이 원래의 칠살격(七殺格)으로 회귀하는데, 위 구절에서 언급하고 있는 용경자(用庚者)의 용(用)은 곧 격(格)을 의미하도 하고, 용(用)이기도 하다. 이와 마찬가지로 寅月 甲木에 丁火가 투(透)했다면 그 자체로

상관격(傷官格)의 수기(秀氣)를 논하게 된다.

흥미로운 점은 용(用)이 되는 글자의 오행(五行)은 자(子)로, 그것을 보좌하는 글자의 오행은 처(妻)로 육친(六親)에 비유해서 설명하는 점이다. 이를 두고 일부의 논자들은 '난강망'의 용신(用神)은 아들이고, 희신(喜神)은 아내로 육친(六親)의 실제 상황으로 이해하고, 설명하는 경우가 있다. 그렇다면 해당 용신(用神)이나 희신(喜神)이 없을 경우, 처자(妻子) 중 하나가 없거나, 그것이 곧 육친궁(六親宮)의 불미(不美)한 상황으로 해석된단 말인가. 이는 조후(調候)의 용법(用法)을 일반을 부억법(扶抑法)에 준해 해석하려는 시도에서 파생된 오류에 지나지 않는다. 기(氣)와 세(勢)를 구분하지 못하는 관법은 '일부는 맞고, 일부는 틀리다가' 종내는 자가당착(自家撞着)하기 십상이다. '난강망'은 단지 팔자(八字)의 희용(喜用)을 처자(妻子)의 육친(六親) 관계에 비유해서 중요성을 논했을 뿐이지, 그것으로 실제 육친(六親)의 덕(德) 유무를 설명코자 의도한 흔적이 없다. 후에 '조화원약평주'에서 육친궁(六親宮)의 희기(喜忌)와 연관해서 설명하려 애를 쓴 흔적이 곳곳에 나타나지만, 면밀히 살피면 타당성이 결여되었음을 확인할 수 있다.

다음으로 전용(專用)과 보좌(輔佐)의 관계를 잘 이해해야 한다. 간혹 팔자(八字)의 두 가지 용신(用神)이 투(透)하여 일반적 격국(格局)의 겉모습을 훼손할 때가 있다. 이를테면 록겁용재(祿劫用財)로 성격(成格)된 명(命)이 칠살(七殺)을 보면 록겁용재대살(祿劫用財帶殺)로 파격(破格)되기 일쑤인데, '난강망'의 경우 양일간(陽日干)의 록겁격(祿劫格)이 재(財)와 살(殺)이 동시에 투(透)해도 상격(上格)을 이루는 예는 수도 없이 많다. 오행(五行)의 이법(理法)과 기론(氣論)이 충돌하게 되면, 우선 순위를 어디에 두고 팔자(八字)의 귀천(貴賤)을 가릴지가 문제가 된다. 일각에서는 '격국(格局)의 겉모습' 보다 조후(調候) 관계를 우선한다는 설(說)이 있다. 십간론(十干論)에 "십간(十干) 상호간의 좋은 관계가 형성되면 비록 그것이 기신(忌神)이라 할지라도 크게 해롭지 않다." 는 내용이 있는데 기후(氣候)를 우선하는 관점을 반영한 것이다. 결론적으로 이기(理氣) 양면은 동시에 고찰되어야 하고, 우선 순위를 논할 대상은 아니다. 보통 일선(一線)의 조후용신(調候用神)과 이선(二線)의 보좌용신(輔佐用神)이 모두 투(透)하면 비록 오행(五行)의 생극제화(生剋制化) 이법(理法)에 따른 격국(格局)의 겉모습이 손상되어도 귀격(貴格)을 이루기 쉽다. 그러나 가장 이상적인 귀격(貴格)은 먼저 격국(格局)이 성격(成格)되고 팔자(八字)에 조후용신(調候用神)을 갖춘 경우다. 조후용신(調候用神)과 보좌용신(輔佐用神)을 모두 겸하는 게 좋고, 이들의 글자는 천간(天干)과 장간(藏干)의 포지션에 구애됨이 없이 구비(具備) 여부가 관건이 되는 것이다.

'자평진전' 기후론(氣候論)

'자평진전' 또한 용신(用神)과 기후(氣候)와의 관계를 간과하진 않았다. 한 마디로 조후(調候)가 위급한 상황에는 조후용신(調候用神)이 비록 격국(格局)의 겉모습을 훼손시켜도 귀격(貴格)으로 성격(成格)된다고 한 것이다. 비록 격국(格局)의 고저(高低)와 십간(十干)별로 세밀하게 설명하지는 못했지만, 중요한 내용은 빠트리지 않고 적시(摘示)했으므로 의미가 있다. 아래 해당 원문(原文)과 함께 전체 내용을 살펴보기로 한다.

논명유이월령용신위주 연역수배기후이호참지
論命惟以月令用神爲主，然亦須配氣候而互參之

명(命)을 추리할 때는 월령(月令)의 용신(用神)을 위주로 논하되, 반드시 기후(氣候)와의 관계를 살펴 논단해야 한다. 비유하자면 영웅호걸이 때를 만나면 절반의 노력으로 곱절이 능력을 발휘하겠지만, 때를 잘못 만나면 아무리 기이한 재능이 있어도 성공하기 힘든 것과 마찬가지다.

동수불능생목 봉화 부유가이설신 이즉가이조후야
凍水不能生木，逢火，不惟可以泄身，而卽可以調候也

인수격(印綬格)에 정관(正官)이 있으면 관인쌍전(官印雙全)으로 귀(貴)하지 않음이 없다. 그러나 겨울철에 난 甲乙木이 인수(印綬) 水의 월령(月令)을 얻고, 庚辛金의 정관(正官)이 투(透)했다고 해도 꼭 귀한 것만은 아니다. 무릇 金은 차가워 물을 더욱 얼어붙게 만드니 동수(凍水)가 어찌 나무를 생(生)할 수 있겠는가. 이때는 식신(食神)이 투하면 귀하게 된다. 대부분의 인수격(印綬格)이 그렇지만 동목(冬木)은 특히 수기(秀氣)가 빼어나니, 이는 동목(冬木)이 불을 만나 설기(洩氣)할 뿐만 아니라 기후(氣候)가 적합해지기 때문이다.

상관견관 위화백단 이금수견지 반위수기 비관지불외부상 이조후
傷官見官，爲禍百端，而金水見之，反爲秀氣，非官之不畏夫傷，而調候
위급 권이용지야
爲急，權而用之也

상관견관(傷官見官)이면 위화백단(爲禍百端)이라 한다. 그러나 금수상관(金水傷官)은 도리어 정관(正官)이 있어야 기세가 수려해진다. 이것은 조후(調候)가 시급하기 때문에 쓰는 것이다.

상관대살 수시가용 이용지동금 기수백배
傷官帶殺，隨時可用，而用之冬金，其秀百倍

상관패인 수시가용 이용지하목 기수백배 화제수 수제화야
傷官佩印，隨時可用，而用之夏木，其秀百倍，火濟水，水濟火也

상관대살(傷官帶殺)은 수시로 가용(可用)하는데 겨울철의 金은 그 수기(秀氣)가 백배에 이른다. 상관패인(傷官佩印)도 수시로 가용(可用)하는데 여름철의 木은 그 수기(秀氣)가 백배에 달하니 이것은 모두 수화기제(水火旣濟)를 이뤘기 때문이다.

상관용재 본위귀격 이용지동수 즉사소부 역다불귀 동수불능생목야
傷官用財, 本爲貴格, 而用之冬水, 卽使小富, 亦多不貴, 凍水不能生木也

상관용재 즉위수기 이용지하목 귀이불심수 조토불심령수야
傷官用財, 卽爲秀氣, 而用之夏木, 貴而不心秀, 燥土不甚靈秀也

상관용재(傷官用財)는 본래가 귀격(貴格)이다. 그러나 겨울철의 얼어붙은 물이 상관(傷官)에 해당되면 소부(小富)는 될지라도 귀(貴)하기는 어렵다. 동수(凍水)는 나무를 제대로 생(生)할 수 없는 까닭이다. 상관용재(傷官用財)는 수기(秀氣)가 빼어나다. 그러나 여름철의 나무는 그리 귀하지 못하다. 말라붙은 흙이므로 크게 수려한 작용을 하지 못하는 까닭이다.

목화통명 불리견관 금수상함 견관무애
木火通明，不利見官，金水相涵，見官無碍

봄의 木 일간이 火를 보면 목화통명(木火通明)이 된다. 그러나 여름철의 木을 그렇게 판단하면 안 된다. 가을철의 金 일간이 水를 만나면 금수상함(金水相涵)이 된다. 그러나 겨울철의 金을 그렇게 보면 안 된다.

기(氣)에는 쇠왕(衰旺)의 구별이 있으니, 용신(用神)을 취함에 있어서도 같지 않음이 있게 마련이다. 목화통명(木火通明)은 관성(官星)을 꺼리지만 금수상함(金水相涵)은 관성(官星)이 있어도 해롭지 않다. 목화통명(木火通明)이나 금수상함(金水相涵)의 영특함은 춘목(春木)과 추금(秋金)의 록인격(祿刃格)일 경우에만 한정되는 수식이다. 따라서 하목(夏木)이나 추금(秋金)에는 해당 사항이 없다. 춘목(春木)은 火를 보아 능히 목화통명(木火通明)이 되지만, 하목(夏木)은 목분화열(木焚火熱)이 된다. 추금(秋金)은 水를 보아 능히 금수상함(金水相涵)이 되지만, 동금(冬金)은 금침수탕(金沈水蕩)이 되어 해롭다. 이들은 상관용재(傷官用財)로 성격(成格)되어도 쓸모가 없다. 하목(夏木)은 水를 보아 상관패인(傷官佩印)이 되어야만 그 유용함이 극(極)에 달하고, 동금(冬金)은 火를 보아 상관대살(傷官帶殺)로 성격(成格)되어야만 격국(格局)이 높아진다.

★ 조후위급(調候爲急) 요약

춘 春	목 木	목 화 통 명 木火通明	불 리 견 관 不利見官
	금 金		
하 夏	목 木	상 관 패 인 傷官佩印	목 화 상 관 희 견 수 상 관 용 재 불 귀 조 토 불 심 령 수 木火傷官喜見水, 傷官用財不貴燥土不甚靈秀
	금 金		
추 秋	목 木		
	금 金	금 수 상 함 金水相涵	견 관 무 애 見官無碍
동 冬	목 木	한 목 향 양 寒木向陽	인 수 용 관 상 관 화 견 파 격 印綬用官이 傷官, 火를 見해도 破格되지 않음
	금 金	상 관 대 살 傷官帶殺	금 수 상 관 희 견 관 상 관 용 재 소 부 불 귀 동 수 불 능 생 목 金水傷官喜見官, 傷官用財小富不貴凍水不能生木

십간(十干) 희기(喜忌) 조합

십간론(十干論)이란 결론적으로 팔자(八字)의 기세(氣勢) 양면을 모두 고려해서 정해진 십간용신(十干用神)의 글자를 일간(日干)과 대비해서 격국(格局)의 성패(成敗)와 길흉(吉凶)을 종합적으로 판단하는 단계를 뜻한다. 또한 용신(用神)과 타간(他干)과의 관계를 살펴 전체적인 판단을 실행하기도 한다. 이렇게 팔자(八字)의 체신(體神)을 판독하고 나면 희신(喜神)과 기신(忌神)을 구분하여 운간(運干)과의 관계로 희기(喜忌)를 조율하는 용법(用法)으로 마무리된다. 십간(十干)별 희기(喜忌) 관계의 조합은 '난강망' 의 조후(調候) 용법과 유사점이 많지만, 성격이나 '스킬' 면에서는 다소 의미를 달리하고 '적천수' 의 이론과 거의 부합된다. '진소암' 이 '적천수집요' 에서 이를 더욱 구체화했고, 근자에 투파(透派)가 비전(秘傳)으로 계승했다고 하나 대체 무엇이 독창적인 이론 체계고 비전(秘傳)인지는 잘 모르겠다.

■ 십간(十干)별 희기(喜忌) 관계 일반

팔자(八字)의 희기신(喜忌神)을 고려하지 않고, 단순히 십간(十干)별 관계 희기(喜忌)를 설정하는 과정은 별반 의미가 없을 듯하지만, 꼭 그렇지만은 않다. 가령 丙火와 壬水의 관계는 희기신(喜忌神) 여부를 떠나 대개 긍정적인 관계가 형성된다. 실제 壬水는 거의 대부분의 계절에 조후용신(調候用神)으로 작용하므로 수보양광(水輔陽光)이 되어 丙火를 극(剋)하지 않고, 천화지윤(天和地潤)이 되어 기제(旣濟)의 공(功)을 이룬다. 만일 壬水가 부억(扶抑)상 기신(忌神)이라 해도 격국(格局)이 성격(成格)되기만 하면 팔자(八字) 체신(體神)에서는 병(病)이 아닌 약(藥)이 된다. 또 다른 측면에서 희신(喜神)일 경우, 길한 의미를 더하고 기신(忌

神)일 경우 흉한 의미가 축소되는 일반적 십간(十干) 희기(喜忌) 관계는 미리 염두에 둘 필요가 있다는 것이다. 壬水와 달리 癸水는 丙火에 대개 불리한 작용을 한다. 마치 구름과 안개가 태양을 가린 것 같아 불청불우(不淸不雨)의 상(象)을 짓기 때문이다. 따라서 丙火가 壬水를 보면 귀격(貴格)을 이루나 癸水를 만나면 귀격(貴格)을 이루지 못한다. 그러나 丙火의 기세가 태왕(太旺)하면 癸水를 용신(用神)으로 삼아야 부억(扶抑)의 효율적인 처리법이 된다. 이와 같이 십간(十干) 관계의 희기(喜忌)를 정의하기란 쉽지 않다. 다만 확률적인 면에서는 관계의 희기(喜忌)를 구분해 볼 수 있다.

甲	喜	甲		丙	丁		己	庚			癸
	忌		乙			戊			辛		
乙	喜	甲		丙		戊	己	庚		壬	癸
	忌				丁				辛		
丙	喜	甲				戊	己			壬	
	忌			丙	丁						癸
丁	喜	甲				戊		庚		壬	
	忌		乙				己		辛		癸
戊	喜		乙	丙				庚		壬	癸
	忌	甲							辛		
己	喜	甲		丙		戊					癸
	忌		乙						辛	壬	
庚	喜	甲			丁	戊				壬	
	忌			丙					辛		癸
辛	喜			丙		戊				壬	
	忌	甲	乙		丁		己		辛		
壬	喜		乙	丙		戊		庚			癸
	忌						己			壬	
癸	喜	甲		丙			己	庚	辛	壬	
	忌		乙		丁						癸

■ 효율적 십간(十干) 부억(扶抑) 관계

음양간(陰陽干)의 강유(剛柔), 일반적인 속성에 따른 강약(强弱)의 효율적인 처리법은 다음과 같다.

구분	신강 身强	신약 身弱
양간 陽干	칠살 七殺	인수 印綬
음간 陰干	상관 傷官	겁재 劫財

그러나 일반적 육신(六神) 처리법을 각 십간(十干)에 대입하면 반드시 일치하는 결과를 보진 못한다. 또 음양간(陰陽干)의 일반적 속성과 전혀 다른 경우도 있다. 먼저 양간(陽干)이 강한 경우, 칠살(七殺)과의 관계를 중심으로 희기(喜忌)를 살펴보겠다.

구분	좋은 관계	나쁜 관계	주안점
갑 甲	경 庚	신 辛	
병 丙	임 壬	계 癸	
무 戊	을 乙	갑 甲	정관 을목 正官 乙木을 기뻐하고, 칠살 갑목 七殺 甲木과의 관계는 좋지 않다
경 庚	정 丁		정관 정화 正官 丁火를 기뻐하고, 칠살 병화 七殺 丙火와의 관계는 보통이다
임 壬	무 戊	기 己	

다음으로 양간(陽干)이 약한 경우, 인수(印綬)와의 관계는 모두 무난하다.

구분	좋은 관계
갑 甲	임 계 壬, 癸
병 丙	갑 을 甲, 乙
무 戊	병 정 丙, 丁
경 庚	무 기 戊, 己
임 壬	경 신 庚, 辛

음간(陰干)이 강할 경우, 상관(傷官)과의 관계는 모두 좋다.

구분	좋은 관계
을 乙	병 丙
정 丁	무 戊
기 己	경 庚
신 辛	임 壬
계 癸	갑 甲

음간(陰干)이 약하면 대개 겁재(劫財)의 방조(傍助)를 기뻐하지만, 인수(印綬)와 더 좋은 관계를 이룰 때도 있다.

구분	겁재 劫財	인수 印綬
을 乙	갑 甲	
정 丁		갑 甲
기 己		병 丙
신 辛	경 庚	
계 癸	임 壬	

총론해서 기후(氣候) 일면을 고려한 부억(扶抑)의 효과적인 십간(十干) 관계를 정리하면 다음과 같다.

甲	신강 身強	병 丙	팔자 수 八字에 水가 있으면
		경 庚	팔자 수 八字에 水가 없으면
	신약 身弱	갑 甲	팔자 수 八字에 水가 있으면
		계 癸	팔자 수 八字에 水가 없으면
乙	신강 身強	병 丙	
	신약 身弱	갑 甲	팔자 수 八字에 水가 있으면
		계 癸	팔자 수 八字에 水가 없으면
丙	신강 身強	임 壬	계수 살 태왕 癸水는 殺의 작용으로 기피하지만, 太旺한 경우에는 쓴다
	신약 身弱	갑 甲	인수 인사 통근 화국 印綬보다는 寅巳에 通根하거나 火局을 얻는 것이 효율적
丁	신강 身強	무 戊	
	신약 身弱	갑 甲	

戊	身强	乙	甲木은 殺의 작용으로 기피하지만, 太旺한 경우에는 쓴다
	身弱	丁	
己	身强	癸	
	身弱	丙	
庚	身强	丁	八字에 火가 있으면
		丙	八字에 火가 없으면
	身弱	庚	八字에 火가 있으면
		戊	八字에 火가 없으면
辛	身强	壬	八字에 火가 있으면
		丙	八字에 火가 없으면
	身弱	庚	八字에 火가 있으면
		戊	八字에 火가 없으면
壬	身强	戊	
	身弱	癸	
癸	身强	戊	己土는 殺의 작용으로 기피하지만, 太旺한 경우에는 쓴다
	身弱	壬	

■ 십간(十干) 일반적 부억(扶抑) 희기(喜忌)

일반적 부억(扶抑) 관계의 십간(十干) 조합 희기(喜忌)를 강약(强弱)으로 구분해서 분류해 볼 수 있다. 먼저 신강(身强)할 경우, 희신(喜神)으로 취하는 식재관(食財官)의 육신(六神) 구분에 따른 십간(十干)의 희기

(喜忌) 관계를 살펴보겠다.

일 간 日干		甲	乙	丙	丁	戊	己	庚	辛	壬	癸
좋은 관계	식 食	병 정 丙, 丁	병 정 丙, 丁	기 己	무 戊	경 신 庚, 辛	경 신 庚, 辛	임 壬	임 壬		갑 甲
	재 財		무 戊				계 癸			병 丙	병 丙
	관 官	경 庚		임 壬		을 乙	을 乙	정 丁		무 戊	기 己
나쁜 관계	식 食							계 癸			을 乙
	재 財						임 壬				
	관 官	신 辛	신 辛	계 癸	계 癸				정 丁	기 己	

신약(身弱)으로 인비(印比)를 쓸 때, 십간(十干)의 희기(喜忌) 관계는 다음과 같다.

일 간 日干		甲	乙	丙	丁	戊	己	庚	辛	壬	癸
좋은 관계	인 印	임 계 壬, 癸	임 壬	갑 을 甲, 乙	갑 甲	병 정 丙, 丁	병 丙	무 기 戊, 己	무 戊	경 신 庚, 辛	신 辛
	비 比	갑 甲	갑 甲		정 丁	무 戊	무 戊	경 庚	경 庚	계 癸	임 壬
나쁜 관계	인 印								기 己		경 庚
	비 比	을 乙						신 辛	신 辛		계 癸

■ 십간(十干)별 육신(六神) 관계 희기(喜忌)

십간(十干)별 육신(六神) 관계 희기(喜忌)는 '난강망'의 조후(調候) 용법(用法)을 요약한 틀로 간주하면 크게 어긋함이 없다. 이를테면 십간론(十干論)에서는 일간(日干)과 관살(官殺)과의 십간(十干) 관계가 좋으면 '관(官)'이라 칭하고, 관계가 나쁘면 '살(殺)'로 구분하므로 일반적 육신(六神) 정의와 의미를 달리한다. 마찬가지로 일간(日干)과 관계가 좋은 인수(印綬)의 글자는 '인(印)', 관계가 나쁘면 '효(梟)'로 구분한다. 이로써 '자평진전'의 일반적 격국(格局) 성패(成敗)의 유형을 벗어나는 '난강망' 이론 체계를 한결 수월하게 이해할 수 있다. '관(官), 살(殺), 인(印), 효(梟)'를 구분하면 다음과 같다.

일간 日干		甲	乙	丙	丁	戊	己	庚	辛	壬	癸
좋은 관계	관 官	경 庚	경 庚	임 壬	임 壬	을 乙	갑 甲	정 丁	병 丙	무 戊	무 戊
나쁜 관계	살 殺	신 辛	신 辛	계 癸	계 癸				정 丁	기 己	
좋은 관계	인 印	임 계 壬, 癸	임 壬	갑 을 甲, 乙	갑 甲	병 정 丙, 丁	병 丙	무 기 戊, 己	무 戊	경 신 庚, 辛	신 辛
나쁜 관계	효 梟		계 癸						기 己		경 庚

이중 살(殺)의 관계는 다른 육신(六神)과의 관계에서도 유용하게 응용할 수 있다. 이를테면 인수(印綬)가 식상(食傷)에 해(害)를 주는 경우에도 특히 꺼려지는 십간(十干) 관계를 어렵지 않게 설정할 수 있다는 뜻이다.

일간 日干	甲	乙	丙	丁	戊	己	庚	辛	壬	癸
살 殺	신 辛	신 辛	계 癸	계 癸				정 丁	기 己	
식상 食傷	병 丙	병 丙			신 辛	신 辛	임 壬	임 壬	을 乙	을 乙
인수 印綬	계 癸	계 癸			정 丁	정 丁	기 己	기 己	신 辛	신 辛

★ 육신(六神)별 이상적인 십간(十干) 관계

일 간 日干	甲	乙	丙	丁	戊	己	庚	辛	壬	癸
비 겁 比劫	갑 甲	갑 甲				무 戊			계 癸	
식 상 食傷	병 丙	병 丙	기 己	무 戊	경 庚	경 庚	임 壬	임 壬	을 乙	갑 甲
재 성 財星	기 己		경 庚	경 庚	임 壬	계 癸	갑 甲		병 丙	병 丙
관 살 官殺	경 庚	경 庚	임 壬	임 壬	을 乙	갑 甲	정 丁	병 丙	무 戊	무 戊
인 수 印綬	계 癸	계 癸		갑 甲	정 丁	병 丙	무 戊	무 戊	경 庚	

★ 십간(十干) 최기(最忌) 관계

갑 甲	을 乙	정 丁	기 己	경 庚	신 辛	임 壬	계 癸
신 辛	신 辛	계 癸	임 壬	계 癸	정 丁	기 己	을 乙

■ 조후(調候)

팔자(八字)를 볼 때는 먼저 격국(格局)의 성패(成敗)를 가리고, 동시에 기후(氣候)와 제강(提綱)의 희신(喜神) 경중(輕重)을 가려 귀천(貴賤)의 정도를 논하는 것이다. 이때 격국(格局) 성패(成敗)의 일반적 모델을 결정짓는 상신(相神)은 천간(天干)과 지지(地支)의 회지(會支)로 존재 의미를 갖게 되지만, 조후용신(調候用神)은 천간(天干)과 지지(地支)의 장간(藏干)에 분포 여부가 관건이 되므로 귀천(貴賤) 판단법이 같지 않다.

★ 팔자(八字) 귀천(貴賤) 판독 2단계

區分	焦點	內用	主眼
1段階	格局 成敗	格이 ■ 成格되면 貴, ■ 破格되면 賤	貴格이 大運에서 變格되면 貴가 훼손되고 破格이 大運에서 成格되면 일시적인 富貴를 누림
2段階	提綱의 相神 輕重	格을 成格시키는 글자가 ■月令을 得하고 透하면 大貴, ■勢가 輕해질수록 貴가 낮아짐	相神의 글자는 透한 天干이나 會支만 해당되며 藏干은 해당사항이 없음. 相神을 엄격하게 구분하지 않고 用神이나 喜神으로 거론하는 경우가 잦음
	提綱의 調候用神 輕重	調候用神과 輔佐用神이 ■月令을 得하면 透하면 大貴, ■勢가 輕해질수록 貴가 낮아짐	氣候에 따라 八字의 貴를 결정짓는 十干用神으로 藏干까지 취하며 글자의 氣勢 輕重으로 貴의 정도를 가늠

★ 귀격(貴格) 분할

<table>
<tr><th>區分</th><th colspan="2">基準</th><th>備考</th></tr>
<tr><td rowspan="2">最上格</td><td>極品</td><td>相神이 月令을 得한 眞神인 동시에 調候用神 또한 眞神일 경우</td><td>身分이 尊貴한 八字</td></tr>
<tr><td>一品</td><td>相神이 月令을 得한 眞神인 동시에 調候用神이 透한 경우</td><td>功名을 떨치고 富貴를 누리는 八字</td></tr>
<tr><td>上格</td><td colspan="2">調候用神이 月令을 得한 眞神이고 格局이 成格된 경우.
調候用神과 輔佐用神이 모두 透하고 明朗한 경우</td><td>地位가 높은 命으로 品格을 누리는 八字</td></tr>
<tr><td>貴格</td><td colspan="2">格局이 成格되고 調候用神을 갖춘 경우</td><td>福祿을 구가하는 八字</td></tr>
<tr><td rowspan="2">富格</td><td colspan="2">格局은 成格되었지만 調候用神이 결여된 경우</td><td rowspan="2">제한된 일시적 富貴로 平凡 내지 不幸해질 우려가 있음</td></tr>
<tr><td colspan="2">格局이 帶忌로 成中有敗지만, 調候用神을 갖춘 경우</td></tr>
</table>

★ 종화(從化)의 귀천(貴賤) 구분

區分	類型	備考
大貴	眞從, 眞化	從神과 化神이 氣勢를 得하고 淸하여 最上格에 견주고 名振四海하지만 行運의 리스크적 측면에서 不利, 曲折을 겪음
貴格		假從, 假化가 行運에서 眞從, 眞化로 成格되면 富貴를 얻음
平格	假從, 假化	八字 元局으로 貴格을 論할 수 없고 大運의 向方으로 貴 결정
賤格		從格이나 化格의 형태를 갖추었으나 濁하면 下格에 準함

'궁통보감' 조후용신(調喉用神) 일람

■ 甲木

生月	一線	二線	喜用 提要
寅月	丙	癸	調和氣候爲要. 丙火爲主. 癸水爲佐
卯月	庚	丙丁 戊己	陽刃架殺, 專用庚金, 以戊己滋殺爲佐. 無庚用丙丁洩秀. 不取制殺
辰月	庚	丁壬	用庚金必須丁火制之. 爲傷官制殺. 無庚用壬
巳月	癸	丁庚	調和氣候. 癸水爲主. 原局氣潤. 庚丁爲用
午月	癸	丁庚	本性虛焦. 癸爲主要. 無癸用丁. 亦宜運行北地. 木盛先庚. 庚盛先丁
未月	癸	庚辰	上半月同五月用癸. 下半月用庚丁

<table>
<tr><td>申月</td><td>庚</td><td>丁壬</td><td>상관제살 무정용임 부이부실
傷官制殺. 無丁用壬. 富而不實</td></tr>
<tr><td>酉月</td><td>庚</td><td>丁丙</td><td>용정제살 용병조후 정병병용위좌
用丁制殺. 用丙調候. 丁丙竝用爲佐</td></tr>
<tr><td>戌月</td><td>庚</td><td>甲丁壬癸</td><td>토왕자용갑목 목왕자용경금 정임계위좌
土旺者用甲木. 木旺者用庚金. 丁壬癸爲佐</td></tr>
<tr><td>亥月</td><td>庚</td><td>丁丙戊</td><td>용경금 취정화제지 병화조후 수왕용무
用庚金. 取丁火制之. 丙火調候. 水旺用戊</td></tr>
<tr><td>子月</td><td>丁</td><td>庚丙</td><td>목성생한 정선후경 병화위좌 필수지견인사 방위
木性生寒. 丁先後庚. 丙火爲佐. 必須支見寅巳. 方爲
귀격
貴格</td></tr>
<tr><td>丑月</td><td>丁</td><td>庚丙</td><td>정화필불가소 통근인사 갑목위조 용경벽갑인정
丁火必不可少. 通根寅巳. 甲木爲助. 用庚劈甲引丁</td></tr>
</table>

■ 乙木

生月	一線	二線	喜用 提要
寅月	丙	癸	취병화해동 약취계수자윤 불의인병 화다용계 取丙火解冬. 略取癸水滋潤. 不宜因丙. 火多用癸
卯月	丙	癸	이계자목 이병설수 불의견금 以癸滋木. 以丙洩秀. 不宜見金
辰月	癸	丙戊	약지성수국 취무위좌 若支成水局. 取戊爲佐
巳月	癸		월령병화득록 전용계수 조후위급 月令丙火得祿. 專用癸水. 調候爲急
午月	癸	丙	상반월전용계수 하반월병계병용 上半月專用癸水. 下半月丙癸竝用
未月	癸	丙	윤토자목 희용계수 주다금수 선용병화 하월임계 절 潤土滋木. 喜用癸水. 柱多金水, 先用丙火. 夏月壬癸. 切 기무기잡란 忌戊己雜亂
申月	丙		월원경금사령 취병화제지 혹계수화지 불론용병용계 月垣庚金司令. 取丙火制之. 或癸水化之. 不論用丙用癸. 개기토위좌 皆己土爲佐
酉月	丙	癸己	상반월계선후병 하반월병선계후 무계용임 지성금국 上半月癸先後丙. 下半月丙先癸後. 無癸用壬. 支成金局. 우의용정 又宜用丁
戌月	癸	丙丁	이계신금발수지원 견갑 명등라계갑 以癸辛金發水之源. 見甲、名藤蘿繫甲
亥月	丙	戊	을목향양 전취병화 수다이무위좌 乙木向陽. 專取丙火. 水多以戊爲佐
子月	丙	戊	한목향양 전용병화 기견계수 寒木向陽. 專用丙火. 忌見癸水
丑月	丙		한곡회춘 전용병화 寒谷回春. 專用丙火

■ 丙火

生月	一線	二線	喜用 提要
寅月	壬	庚	임수위용 경금발수지원위좌 壬水爲用. 庚金發水之源爲佐
卯月	壬	己	전용임수 수다용무제지 신약용인화지 무임용기 專用壬水. 水多用戊制之. 身弱用印化之. 無壬用己
辰月	壬	甲	전용임수 토중이갑위좌 專用壬水. 土重以甲爲佐
巳月	壬	庚癸	이경위좌 기무제임 무임용계 以庚爲佐. 忌戊制壬. 無壬用癸
午月	壬	庚	임경이통근신궁위묘 壬庚以通根申宮爲妙
未月	壬	庚	이경위좌 以庚爲佐
申月	壬	戊	임수통근신궁 임다필취무제 壬水通根申宮. 壬多必取戊制
酉月	壬	癸	사주다병 일임고수위기 무임용계 四柱多丙. 一壬高秀爲奇. 無壬用癸
戌月	甲	壬	기토회광 선취갑소토 차용임수 忌土晦光. 先取甲疏土. 次用壬水
亥月	甲	戊庚壬	월원임수병령 수왕용갑 신살양왕 용무제지 화왕용 月垣壬水秉令. 水旺用甲. 身殺兩旺. 用戊制之. 火旺用 임 목왕의경 壬. 木旺宜庚
子月	壬	戊己	기진이양 병화약중복강 용임수 취무제지 무무용기 氣進二陽. 丙火弱中腹强. 用壬水. 取戊制之. 無戊用己
丑月	壬	甲	희임위용 토다불가소갑 喜壬爲用. 土多不可少甲

■ 丁火

生月	一線	二線	喜用 提要
寅月	甲	庚	용경금벽갑인정 用庚金劈甲引丁
卯月	庚	甲	이경거을 이갑인정 以庚去乙. 以甲引丁
辰月	甲	庚	용갑목인정제토 차간경금 목성용경 수성용무 用甲木引丁制土. 次看庚金. 木盛用庚. 水盛用戊
巳月	甲	庚	취갑인정 갑다우취경위선 取甲引丁. 甲多又取庚爲先
午月	壬	庚癸	화다이경임양투위귀 무임용계 위독살당권 火多以庚壬兩透爲貴. 無壬用癸. 爲獨殺當權
未月	甲	壬	이갑목화임인정위용 용갑불능무경 취경위좌 以甲木化壬引丁爲用. 用甲不能無庚. 取庚爲佐

申月	甲	庚丙戊	경취벽갑 무갑용을 용병난금쇄갑 견병위고초인등 수왕용무 庚取劈甲. 無甲用乙. 用丙暖金灑甲. 見丙爲枯草引燈. 水旺用戊
酉月	甲	庚丙戊	경취벽갑 무갑용을 용병난금쇄갑 견병위고초인등 수왕용무 庚取劈甲. 無甲用乙. 用丙暖金灑甲. 見丙爲枯草引燈. 水旺用戊
戌月	甲	庚戊	일파무토무갑 위상관상진 一派戊土無甲. 爲傷官傷盡
亥月	甲	庚	경금벽갑인정 갑목위존 경금위좌 무계권의작용 庚金劈甲引丁. 甲木爲尊. 庚金爲佐. 戊癸權宜酌用
子月	甲	庚	경금벽갑인정 갑목위존 경금위좌 무계권의작용 庚金劈甲引丁. 甲木爲尊. 庚金爲佐. 戊癸權宜酌用
丑月	甲	庚	경금벽갑인정 갑목위존 경금위좌 무계권의작용 庚金劈甲引丁. 甲木爲尊. 庚金爲佐. 戊癸權宜酌用

■ 戊土

生月	一線	二線	喜用 提要
寅月	丙	甲癸	무병조난 무토불생 무갑소벽 무토불영 무계자윤 만물부장 無丙照暖. 戊土不生. 戊甲疏劈. 戊土不靈. 無癸滋潤. 萬物不長
卯月	丙	甲癸	무병조난 무토불생 무갑소벽 무토불영 무계자윤 만물부장 無丙照暖. 戊土不生. 戊甲疏劈. 戊土不靈. 無癸滋潤. 萬物不長
辰月	甲	丙癸	무토사령 선용갑소 차병 차계 戊土司令. 先用甲疏. 次丙、次癸
巳月	甲	丙癸	무토건록 선용갑소벽 차취병계 戊土建祿. 先用甲疏劈. 次取丙癸
午月	壬	甲丙	조후위급 선용임수 차취갑목 병화배용 調候爲急. 先用壬水. 次取甲木. 丙火配用
未月	癸	丙甲	조후위급 계불가결 병화배용 토중불능무갑 調候爲急. 癸不可缺. 丙火配用. 土重不能無甲
申月	丙	癸甲	한기점증 선용병화 수다 용갑설지 寒氣漸增. 先用丙火. 水多、用甲洩之
酉月	丙	癸	뢰병조난 희수자윤 賴丙照暖. 喜水滋潤
戌月	甲	丙癸	무토당권 선용갑목 차취병화 견금 선용계수 후취병화 戊土當權. 先用甲木. 次取丙火. 見金、先用癸水. 後取丙火
亥月	甲	丙	비갑불영 비병불난 非甲不靈. 非丙不暖
子月	丙	甲	병화위상 갑목위좌 丙火爲尙. 甲木爲佐
丑月	丙	甲	병화위상 갑목위좌 丙火爲尙. 甲木爲佐

■ 己土

生月	一線	二線	喜用 提要
寅月	丙	庚甲	취병해한 기견임수 여수다 수이무토위좌 토다용갑 갑 取丙解寒. 忌見壬水. 如水多. 須以戊土爲佐. 土多用甲. 甲 다용경 多用庚
卯月	甲	癸丙	용갑기여기토합화 차용계수윤지 用甲忌與己土合化. 次用癸水潤之
辰月	丙	癸甲	선병후계 토난이윤 수용갑소 先丙後癸. 土暖而潤. 隨用甲疏
巳月	癸	丙	조후불능무계 토윤불능무병 調候不能無癸. 土潤不能無丙
午月	癸	丙	조후불능무계 토윤불능무병 調候不能無癸. 土潤不能無丙
未月	癸	丙	조후불능무계 토윤불능무병 調候不能無癸. 土潤不能無丙
申月	丙	癸	병화온토 계수윤토 칠월경금사권 병능제금 계이설금 丙火溫土. 癸水潤土. 七月庚金司權. 丙能制金. 癸以洩金
酉月	丙	癸	취신보계 取辛輔癸
戌月	甲	丙癸	구월토성 의갑목소지 차용병계 九月土盛. 宜甲木疏之. 次用丙癸
亥月	丙	甲戊	삼동기토 비병난불생 초동임왕 취무토제지 토다 취 三冬己土. 非丙暖不生. 初冬壬旺. 取戊土制之. 土多、取 갑목소지 甲木疏之
子月	丙	甲戊	삼동기토 비병난불생 초동임왕 취무토제지 토다 취 三冬己土. 非丙暖不生. 初冬壬旺. 取戊土制之. 土多、取 갑목소지 甲木疏之
丑月	丙	甲戊	삼동기토 비병난불생 초동임왕 취무토제지 토다 취 三冬己土. 非丙暖不生. 初冬壬旺. 取戊土制之. 土多、取 갑목소지 甲木疏之

■ 庚金

生月	一線	二線	喜用 提要
寅月	戊	甲壬丙丁	용계난경성 노토후매금 수갑소설 화다용토 지성화 用癸暖庚性. 盧土厚埋金. 須甲疏洩. 火多用土. 支成火 국용임 局用壬
卯月	丁	甲庚丙	경금암강 전용정화 차갑인정 용경벽갑 무정용병 庚金暗强. 專用丁火. 借甲引丁. 用庚劈甲. 無丁用丙
辰月	甲	丁壬癸	완금의정 왕토용갑 불용경벽 지화의계 간화의임 頑金宜丁. 旺土用甲. 不用庚劈. 支火宜癸. 干火宜壬
巳月	壬	戊丙丁	병불용금 유희임제 차취무토 병화위좌 지성금국 丙不鎔金. 惟喜壬制. 次取戊土. 丙火爲佐. 支性金局. 수용정화 須用丁火
午月	壬	癸	전용임수 계차지 수지견경신위조 무임계 용무기설 專用壬水. 癸次之. 須支見庚辛爲助. 無壬癸. 用戊己洩 화지기 火之氣
未月	丁	甲	약지회토국 갑선정후 若支會土局. 甲先丁後
申月	丁	甲	전용정화 갑목인정 專用丁火. 甲木引丁
酉月	丁	甲丙	용정갑련금 겸용병화조후 用丁甲鍊金. 兼用丙火調候
戌月	甲	壬	토후선용갑소 차용임세 기견기토탁임 土厚先用甲疏. 次用壬洗. 忌見己土濁壬
亥月	丁	丙	수냉금한애병정 갑목보정 水冷金寒愛丙丁. 甲木輔丁
子月	丁	甲丙	잉취정갑 차취병화조난 병정수임인사오미술지 방 仍取丁甲. 次取丙火照暖. 丙丁須臨寅巳午未戌支. 方 위유력 爲有力
丑月	丙	丁甲	잉취정갑 차취병화조난 병정수임인사오미술지 방 仍取丁甲. 次取丙火照暖. 丙丁須臨寅巳午未戌支. 方 위유력 爲有力

■ 辛金

生月	一線	二線	喜用 提要
寅月	己	壬庚	신금실령 취기토위생신지본 욕득신금발용 전뢰임수 辛金失令. 取己土爲生身之本. 欲得辛金發用. 全賴壬水 지공 임기병용 之功. 壬己竝用
卯月	壬	甲	임수위존 견무기위병 득갑제복 壬水爲尊. 見戊己爲病. 得甲制伏
辰月	壬	甲	약견병화합신 수유계제병 지견해자신 위귀 若見丙火合辛. 須有癸制丙, 支見亥子申、爲貴
巳月	壬	甲癸	임수도세 겸유조후지용 갱유갑목제무 일청철저 壬水淘洗. 兼有調候之用. 更有甲木制戊. 一淸澈底
午月	壬	己癸	기무임불습 신무사불생 고임기병용 무임용계 己無壬不濕. 辛無巳不生. 故壬己竝用. 無壬用癸
未月	壬	庚甲	선용임수 취경위좌 기무출 득갑제지 방길 先用壬水. 取庚爲佐. 忌戊出. 得甲制之. 方吉
申月	壬	甲戊	임수위존 갑무작용 불가용계수 壬水爲尊. 甲戊酌用. 不可用癸水
酉月	壬	甲	임수도세 여견무기 수갑제토 지성금국 무임 수용정화 壬水淘洗. 如見戊己. 須甲制土. 支成金局. 無壬. 須用丁火
戌月	壬	甲	구월신금 화토위병 수목위약 九月辛金. 火土爲病. 水木爲藥
亥月	壬	丙	선용후병 명금백수청 여개작용 先用後丙. 名金白水淸. 餘皆酌用
子月	丙	戊壬甲	동월신금 불능결병화온난 여개작용 冬月辛金. 不能缺丙火溫暖. 餘皆酌用
丑月	丙	壬戊己	동상 병선임후 무기차지 총지병화불가소야 同上. 丙先壬後. 戊己次之. 總之丙火不可少也

■ 壬水

生月	一線	二線	喜用 提要
寅月	庚	丙戊	무비겁자 불필용무 전용경금 이병위좌 여비겁다 무 無比劫者. 不必用戊. 專用庚金. 以丙爲佐. 如比劫多. 戊 의제지 宜制之
卯月	戊	辛庚	삼춘임수절지 취경신발수지원 수다용무 三春壬水絶地. 取庚辛發水之源. 水多用戊
辰月	甲	庚	갑소계토 차취경금발수원 금다수병제지 위묘 甲疏季土. 次取庚金發水源. 金多須丙制之. 爲妙
巳月	壬	辛庚癸	임수약극 취경신위원 임계비조 壬水弱極. 取庚辛爲源. 壬癸比助
午月	癸	庚辛	취경위원 취계위좌 무경용신 取庚爲源. 取癸爲佐. 無庚用辛

未月	辛	甲	이신금발수원 갑목소토 以辛金發水源. 甲木疏土
申月	戊	丁	취정화좌무제경 무토통근진술 정화통근오술 방가위용 取丁火佐戊制庚. 戊土通根辰戌. 丁火通根午戌. 方可爲用
酉月	甲	庚	무갑 용금발수지원 명탁수범경신 체전지의 無甲、用金發水之源. 名濁水犯庚辛. 體全之義
戌月	甲	丙	이갑제술중무토 병화위좌 以甲制戌中戊土. 丙火爲佐
亥月	戊	丙庚	화갑출제무 수이경금위구 和甲出制戊. 須以庚金爲救
子月	戊	丙	수왕의무 조후의병 병무필수겸용 水旺宜戊. 調候宜丙. 丙戊必須兼用
丑月	丙	丁甲	상반월전용병화 하반월용병 갑목위좌 上半月專用丙火. 下半月用丙. 甲木爲佐

■ 癸水

生月	一線	二線	喜用 提要
寅月	辛	丙	용신생수위원 무신용경 병불가소 用辛生水爲源. 無辛用庚. 丙不可少
卯月	庚	辛	을목사령 전용경금 신금차지 乙木司令. 專用庚金. 辛金次之
辰月	丙	辛甲	상반월전용병화 하반월수용병화 신갑위좌 上半月專用丙火. 下半月雖用丙火. 辛甲爲佐
巳月	辛		무신용금 無辛用金
午月	庚	辛壬癸	경신위생신지본 단정화사권 금난적화 의겸용비겁 庚辛爲生身之本. 但丁火司權. 金難敵火. 宜兼用比劫. 방득경신지용 方得庚辛之用
未月	庚	辛壬癸	상반월금신쇠약 화기염열 의비겁방신 동오월 하반 上半月金神衰弱. 火氣炎熱. 宜比劫幇身. 同五月. 下半 월무비겁역가 月無比劫亦可
申月	丁		경금득록 필정화제금위용 정화이통근오술미위묘 庚金得祿. 必丁火制金爲用. 丁火以通根午戌未爲妙
酉月	辛	丙	신금위용 병화좌지 명수난금온 辛金爲用. 丙火佐之. 名水暖金溫
戌月	辛	甲壬癸	전용신금 기무토 요비겁자갑 제무 위묘 專用辛金. 忌戊土. 要比劫滋甲、制戊、爲妙
亥月	庚	辛戊丁	해중갑목장생 설산원신 의용경신 수다용무 금다용정 亥中甲木長生. 洩散元神. 宜用庚辛. 水多用戊. 金多用丁
子月	丙	辛	병화해동 신금자부 丙火解凍. 辛金滋扶
丑月	丙	丁	병화해동 계기회당 년투정화 명설후등광 야생자귀 丙火解凍. 癸己會黨. 年透丁火. 名雪後燈光. 夜生者貴

격국성패(格局成敗) 종합

■ 看法 － 1

丁 甲 丁 甲

卯 寅 卯 午

卯月	庚	丙丁戊己	陽刃架殺, 專用庚金, 以戊己滋殺爲佐. 無庚用丙丁洩秀. 不取制殺

此命은 '無庚用丙丁洩秀'한다. 月時에 丁이 있고, 寅午中에 丙丁이 있다. 庚金의 一線 用神으로 調候하지는 못했으므로 貴는 약간 削減되지만, 富格으로는 차고 넘친다. 戊辰, 己巳運에 大發한다.

■看法 － 2

丙 甲 癸 丙

寅 子 巳 午

巳月	癸	丁庚	調和氣候. 癸水爲主. 原局氣潤. 庚丁爲用

格局의 겉모습은 食多用印으로 成格되었다. 調候用神 癸水가 透하고, 巳中 庚金과 午中 丁火를 모두 갖추어 貴格의 全形이다.

■看法 － 3

壬 庚 丙 戊

午 午 辰 子

辰月	甲	丁壬癸	頑金宜丁. 旺土用甲. 不用庚劈. 支火宜癸. 干火宜壬

辰月 庚金은 甲丁 二字中一을 缺하면 참된 富貴를 論할 수 없다. 八字는 丁壬癸를 갖추었으나 甲이 없어 貴格을 論하기 어렵다. 生剋制化의 理法으로 판단하자면 印用食傷이 身印兩旺의 조건을 갖추지 못해 成業하지 못했다.

■看法 － 4

癸 丙 癸 丁

巳 辰 卯 巳

卯月	壬	己	專用壬水. 水多用戊制之. 身弱用印化之. 無壬用己

官印雙全으로 成格된 八字다. 造化元鑰評註에 極品으로 예시된 韓國鈞命이다. 아마도 '서락오'가 거의 유일하게 거론한 韓國人의 八字가 아닌가 싶다. 丙火는 壬水를 用神으로 삼아 貴格을 이루는 반면 癸水를 보면 不晴不雨가 되어 貴格을 이루기 어렵다. 그러나 十干의 특성에 따른 扶抑 측면에서 살피면, 丙火가 强할 때는 癸水를 用하는 것이 효율적이고, 不晴不雨가 오히려 좋게 작용한다. 此命은 水火가 均停하여 旣濟를 이룬 命이다.

II 마스터리[*Mastery]

- 五行總論
  - 論木
  - 論火
  - 論土
  - 論金
  - 論水
- 三春甲木總論
  - 三春甲木
  - 三夏甲木
- 三秋甲木總論
  - 三秋甲木
  - 三冬甲木
- 三春乙木總論
  - 三春乙木
- 三夏乙木總論
  - 三夏乙木
  - 三秋乙木
  - 三冬乙木

오 행 총 론
■ 五行總論

[원시*TEXT]

五行者，本乎天地之間而不窮者也，故謂之行.

오행자，본호천지지간이불궁자야，고위지행.

[일람*Scanning]

五行(오행)，그것은 하늘과 땅 사이를 그침 없이 순환하므로 行(행)이라 한 것이다.

[숙달*Mastery]

'난강망' 은 오행을 변역(變易), 춘하추동(春夏秋冬)의 기후(氣候)로 정의했다. 대개의 자평서(子平書)는 재관인식(財官印食)의 팔신(八神)을 위주로 이론을 펼쳤지만, '난강망' 은 간지(干支) 오행으로 설명한다. 한마디로 오행의 한 면만을 논하지는 않겠다는 얘기다.

[원시*TEXT]

北方陰極而生寒, 寒生水. 南方陽極而生熱, 熱生火. 東方陽散以泄而生風, 風生木. 西方陰止以收而生燥, 燥生金. 中央陰陽交而生溫, 溫生土. 其相生也所以相維, 其相剋也所以相制, 此之謂有倫.

북방음극이생한, 한생수. 남방양극이생열, 열생화. 동방양산이설이생풍, 풍생목. 서방음지이수이생조, 조생금. 중앙음양교이생온, 온생토. 기상생야소이상유, 기상극야소이상제, 차지위유륜.

[일람*Scanning]

北方은 陰이 極에 달하여 寒을 生하고, 寒은 水를 生한다.

南方은 陽이 極에 달하여 熱을 生하고, 熱은 火를 生한다.

東方은 陽이 흩어져 泄되니 風을 生하고, 風은 木을 生한다.

西方은 陰이 그쳐 거두니 燥를 生하고, 燥는 金을 生한다.

中央은 陰陽이 교차하여 溫을 生하고, 溫은 土를 生한다.

相生은 相維하는 것이고, 相剋은 相制하는 것으로 이를 倫이라 한다.

[숙달*Mastery]

1. 풍생목(風生木)

서구(西歐)의 기상학(氣象學)은 바람이 찬 공기와 더운 공기가 평형을 이루는 과정에서 찬 공기가 형성된 지대에서 더운 공기가 있는 쪽으로 나타나는 현상으로 이해한다. 즉 여름철에는 더운 지방이 북쪽에 있으니 바람은 남쪽에서 불고, 겨울철에는 더운 지방이 남쪽에 있으니 바람은 북쪽에서 분다는 것이다. 동양(東洋)에서는 양기(陽氣)가 움직이기 시작하고, 음기(陰氣)가 응하여 풍기(風氣)를 낳는다고 사유했다. 동방은 음양(陰陽)이 서로 응(應)하는 곳으로 풍(風)은 동방에서 나타나는 것이다. 감지되는 바람의 현상이 아닌 바람의 근원에 대한 탐구는 서양(西洋)의 사유 체계가 동양을 따라올 수 없다. 내경(內經)에 동방은 남북의 사이라고 언급한 대목은 풍생(風生)을 논한 것이다. 무형(invisible)의 오기(五氣)가 유형(sensible)의 오행(五行)을 낳는 관점에서 볼 때, 춘기(春氣)가 낳는 것은 甲乙木이다. 현재의 과학(科學)으로 보자면 초목(草木)은 씨앗, 뿌리와 싹으로 번식한 형태(tangible)로 정의되지만, 실은 세상이 열릴 때 풍기가 나타난 뒤에 초목(草木)이 자라나는 것이다. 즉 싹은 풍기(風氣)로 인해 번식한다. 소강절(邵康節)이 "봄빛이 우주로 퍼져나간다" 고 노래한 것은 바람을 말한 것이다. 과학은 식물의 성장 과정을 땅속의 양분과 탄소를 빨아들인다고 설명하는데, 이는 水가 木을 낳는 과정이고 木의 체(體)를 궁구(窮究)하는 수준에 이른다면 성장의 주역이 풍(風)임을 깨닫게 된다.

2. 조생금(燥生金)

'적천수' 천간론(天干論)에 庚金은 '토윤즉생(土潤則生), 토건즉취(土乾

則脆)'라 했다. 이 구절로 인해 명리(命理)를 학습하는 적지 않는 이들이 조생금(燥生金)을 수월하게 납득하지 못할 때가 있다. 서방(西方)은 추금(秋金)의 기(氣)를 주관하는데 수렴(收斂)하고 숙살(肅殺)한다. 水火가 소모되고 결정체를 이루는 기운이 바로 조기(燥氣)다. 무형(無形)의 조기(燥氣)가 바탕되어야 유형(有形)의 金이 생겨난다. 가을에 초목(草木)의 잎이 변색되어 낙엽(落葉)이 되는 까닭은 택기(澤氣)가 사라지고, 조기(燥氣)가 주관하기 때문이다. 土가 金을 낳는 것도 습(濕)이 조(燥)로 변화하는 과정에서 응축된 물질을 이룬 것이다. 양기(陽氣)는 진기(進氣)하므로 건조(乾燥)한 기운이 성할 무렵 취약(脆弱)을 논한 것이다.

3. 륜(倫)

륜(倫)이란 일정한 법칙, 즉 상도(常道)로 도리(道理)를 뜻하기도 한다. 륜은 상유(相維)와 상제(常制)의 법칙을 말한다. 상생상유(相生相維)란 오늘날 일반적인 성공의 패러다임으로 흔히 회자되는 '윈윈(win win)' 같은 것이다. 이 말은 한 마디로 "서로 도와서 같이 살자"는 뜻인데, 오행(五行)의 법칙에서 보자면 "먼저 돕는 게 다 같이 사는 길"로 다소간 의미를 달리 한다. 甲木이 丁火를 상생(相生)하면 丁火가 甲木을 상생(相生)하는 게 아니라, 丁火가 庚金을 제복(制伏)하여 甲木을 보호(保護)하게 되는 것이다. 이것이 가장 자연스러운 윤리(倫理)다.

[원시*TEXT]

火為太陽, 性炎上. 水為太陰, 性潤下. 木為少陽, 性騰上而無所止. 金為少陰, 性沉下而有所止. 土無常性, 視四時所乘, 欲使相濟得所, 勿令太過弗及.

화위태양, 성염상. 수위태음, 성윤하. 목위소양, 성등상이무소지.

금위소음, 성침하이유소지. 토무상성, 시사시소승, 욕사상제득소, 물령태과불급.

[일람*Scanning]

火는 太陽으로 불타오른다.

水는 太陰이니 흘러내린다.

木은 少陽으로 솟아오른다.

金은 少陰이니 가라앉는다.

土는 常性이 없으며 四時에 편성된다.

相濟의 功을 이루고자 한다면 알맞은 자리를 얻고 太過不及됨이 없어야 한다.

[숙달*Mastery]

土는 정해진 성질이 없으므로 木火金水에 기생(寄生)하여 존재를 드러낸다. 오행(五行)이 각자의 의미를 살리고, 서로 구제(救濟)되려면 기세(氣勢)가 어느 한편으로 치우치지 않고 균등(均等)해야 한다.

[원시*TEXT]

夫五行之性, 各致其用. 水者其性智, 火者其性禮, 木其性仁, 金其性義, 惟土主信, 重寬厚博, 無所不容： 以之水, 即水附之而行； 以之木, 則木托之而生； 金不得土, 則無自出； 火不得土, 則無自歸. 必損實以為通, 致虛以為明, 故五行皆賴土也.

부오행지성, 각치기용. 수자기성지, 화자기성례, 목기성인, 금기성의, 유토주신, 중관후박, 무소불용 : 이지수, 즉수부지이행 ; 이지목, 칙목탁지이생 ; 금불득토, 즉무자출 ; 화불득토, 즉무자귀. 필손실이위통, 치허이위명, 고오행개뢰토야.

[일람*Scanning]

무릇 五行의 性으로 그 用을 궁리하면 다음과 같다.

水는 智요, 火는 禮, 木은 仁, 金은 義, 土는 信으로 重寬厚博하며 無所不容하다.

水는 土를 제방 삼아 흐른다.

木은 土에 뿌리를 내리고 자란다.

金은 土가 없이 생성되지 않는다.

火는 土가 없으면 돌아갈 곳이 없다.

그러므로 實함을 덜어야 通하고, 비어야 밝아지니 五行은 모두 土에 賴한다.

[숙달*Mastery]

土는 방위(方位)가 없으나 사시(四時)에 모두 용도가 있다. 水木金火는 모두 土에 의지하므로, 土가 지나치게 두터우면 영활(靈活)하지 못한다. 土는 대개 실(實)함을 덜고 허(虛)해야 유용해진다. 오행(五行)은 모두

土에 의지한다. 또한 土는 오행에 몸을 실어 자신을 드러낸다.

[원시*TEXT]

推其形色, 則水黑, 火赤, 木青, 土黃, 此正色也. 及其變易, 則不然. 常以生旺從正色, 死絕從母色, 成形冠帶從妻色, 病敗從鬼色, 旺墓從子色.

추기형색, 즉수흑, 화적, 목청, 토황, 차정색야. 급기변역. 즉불연. 상이생왕종정색, 사절종모색, 성형관대종처색, 병폐종귀색, 왕묘종자색.

[일람*Scanning]

形色(형색)을 추리하자면, 水(수)는 黑(흑)이요, 火(화)는 赤(적), 木(목)은 青(청), 金(금)은 白(백), 土(토)는 黃(황)으로 이상이 正色(정색)이다.

變易(변역)하면 자연스럽지 않다.

生旺(생왕)하면 正色(정색)을 따른다.

死絕(사절)되면 母色(모색)을 따른다.

冠帶(관대)를 이루면 妻色(처색)을 따른다.

病敗(병패)가 되면 鬼色(귀색)을 따른다.

旺墓(왕묘)하면 子色(자색)을 따른다.

[숙달*Mastery]

오행(五行)의 색은 생왕사절(生旺死絕), 십이궁(十二宮)을 따라 변하는 것이다. 사절(死絕)에는 기(氣)가 뿌리로 돌아가 모색(母色)을 따르고, 관대(冠帶)는 처색(妻色)을 따른다. 이것은 장년기에 아내를 따르기 때문이다. 병지(病地)나 패지(敗地)에는 귀(鬼)가 침범하므로 극설(剋洩)이 심하면 기(氣)가 귀(鬼)로 돌아간다. 왕묘(旺墓)는 자색(子色)을 따르는데 이는 왕(旺)은 전(傳)이요, 묘(墓)는 수렴(收斂)을 뜻하기 때문이다.

[원시*TEXT]

其數則水一, 火二, 木三, 金四, 土五. 生旺加倍, 死絕減半.

기수즉수일, 화이, 목삼, 금사, 토오. 생왕가배, 사절감반.

[일람*Scanning]

數(수)를 살피면, 水는 1, 火는 2, 木은 3, 金은 4, 土는 5다.

生旺(생왕)하면 倍加(배가)되고, 死絕(사절)되면 半減(반감)한다.

[숙달*Mastery]

오행(五行)의 수리(數理)는 하도(河圖)의 수리로 팔자술(八字術) 실전(實戰)에서는 오행의 생왕사절(生旺死絕)로 숫자의 증감(增減)을 추리하기도 한다.

[원시*TEXT]

以義推之, 夫萬物負陰而抱陽, 沖氣以和. 過與不及, 皆為乖道. 故高者抑之使平, 下者舉之使崇, 或益其不及, 或損其太過. 所以貴在折衷, 歸於中道, 使無有餘不足之累, 即才官印食貴人驛馬之微意也. 行運亦如之, 識其微意, 則於命理之說,思過半矣.

이의추지, 부만물부음이포양, 충기이화. 과여불급, 개위괴도. 고고자억지사평, 하자거지사숭, 혹익기불급, 혹손기태과. 소이귀재절충, 귀어중도, 사무유여불족지루, 즉재관인식귀인역마지미의야. 행운역여지, 식기미의, 즉어명리지설, 사과반의.

[일람*Scanning]

뜻을 추리하자면 萬物이 陰을 負하고 陽을 抱하면 沖氣로 和한다.

過와 더불어 不及은 道를 乖한다.

그러므로 高者는 抑으로 平을 좇고, 下者는 擧로 崇을 좇아 不及을 益하거나, 太過를 損한다.

까닭에 貴는 折衷에 있고, 中道로 돌아가 有餘나 不足이 없어야 하니, 이는 곧 財官印食, 貴人, 驛馬의 微意라 할 수 있다.

行運 역시 마찬가지로 그 微意를 識하게 되면 命理의 半은 넘어선 것이다.

[숙달*Mastery]

충기이화(沖氣以和)에 대한 '조화원약평주'의 설명은 원뜻을 약간 곡해(曲解)한 것 같다. 따져보면 '서락오'는 형충회합(刑沖會合)의 실기(實技)에 능하지 못했다. 화(和)의 의미는 서로 응(應)한다는 것으로 충기(沖氣)로 인한 변화를 시사한다. 부음포양(負陰抱陽)이란 가령 팔자(八

字)의 천간(天干)에 음간(陰干)이 나타나고, 지지(地支)에 양간(陽干)이 암장(暗藏)되면 충(沖)으로 인해 음양간(陰陽干)의 합거(合去)내지 합화(合化)되는 현상을 합화(合和)로 논한 것이다. 따라서 그 자체로 길흉(吉凶)을 논할 수 없고, 팔자(八字)의 유형과 희기신(喜忌神)의 동태에 따라 '좋고, 나쁨' 이 정해진다.

이후 원시(原詩)의 핵심은 절충(折衷)에 있다. 즉 어느 편으로 치우치지 않고 이것과 저것을 취사(取捨)하여 그 알맞은 것을 얻으면 귀(貴)해진다는 뜻이다. '심효첨' 은 "팔자(八字)의 간지(干支)를 배합하여 권형(權衡)하면 부귀빈천(富貴貧賤)의 일정한 이치가 절로 나타난다." 고 했다. 권형(權衡)이란 평형을 저울질한다는 뜻인데, 일종의 부억(扶抑)과 같은 의미다. 물론 부억(扶抑)을 살피기 전에 격국(格局)을 정하는 것이 선행되어야 함은 이미 '인트로' 의 체용(體用) 편에서 충분히 설명한 바 있다. 내경(內經)에서 황제(皇帝)의 스승으로 등장하는 기백(岐伯)은 "夫五運之政 猶權衡也. 高者抑之 下者擧之" 라 해서 "오운(五運)의 다스림은 마치 권형과 같으니 높으면 억(抑)하고, 낮으면 거(擧)한다." 고 했다.

팔자(八字)의 균형을 도모하는 재관인식(財官印食)은 생극제화(生剋制化)의 의미를 함축한 육신(六神)이므로 쉽게 납득이 가지만 귀인(貴人)과 역마(驛馬)를 적시(摘示)한 연유는 무엇일까. 오행(五行)의 동정변화(動靜變化)를 도모하기도 하는 신살(神殺) 전반을 의미한다고 보긴 어려운 것 같다. 귀인(貴人)과 역마(驛馬)는 보(補)하고 변(變)하는 작용력의 대명사로 받아들이는 게 무난할 듯싶다. 이를테면 귀인은 길의(吉意)를 가(加)하고 흉의(凶意)를 감(減)하며, 역마(驛馬)는 방소(方所)에 따른 길흉(吉凶)을 시사하여 오행(五行)의 일차적 이법(理法)이 잘 통하지 않는 인연(因緣)이나 풍수(風水)의 세계를 반영한 것으로 생각된다. 한편 신살론(神殺論) 일부로 접근해 보면 역마(驛馬)는 육신(六神)의 길흉신(喜忌神)을 구분하여 적용하기도 하는데, 길신(吉神) 역마는 조속조발(早速早發)하고, 흉신(凶神) 역마는 분망노고(奔忙勞苦)하는 암시로 받아들일 수 있다.

행운(行運)을 논한 대목에서 부억(扶抑)의 이치를 논하고 있음이 더욱 선명해진다. 총론해서 팔자(八字)를 볼 때 처음은 월령(月令)으로 용신(用神)을 정해 격국(格局)의 성패(成敗)를 가리며 다음은 일간(日干)의 부억(扶抑)으로 희기(喜忌)를 조율하는 것으로 요약할 수 있다.

[Break] 이십사절기(二十四節氣)

춘 春	입춘 立春	양력 2월 4일경	봄의 시작
	우수 雨水	양력 2월 19일경	봄비가 내리고 싹이 틈
	경칩 驚蟄	양력 3월 6일경	개구리가 겨울잠에서 깸
	춘분 春分	양력 3월 21일경	낮이 길어지기 시작
	청명 淸明	양력 4월 5·6일경	봄 농사 준비
	곡우 穀雨	양력 4월 20일경	농사비가 내림
하 夏	입하 立夏	양력 5월 5·6일경	여름의 시작
	소만 小滿	양력 5월 21일경	본격적인 농사의 시작
	망종 芒種	양력 6월 6·7일경	씨뿌리기
	하지 夏至	양력 6월 21일경	낮이 연중 가장 긴 시기
	소서 小暑	양력 7월 7·8일경	여름 더위의 시작
	대서 大暑	양력 7월 23일경	더위가 가장 심한 시기

추 秋	입추 立秋	양력 8월 6~9일경	가을의 시작
	처서 處暑	양력 8월 23일경	더위가 가고 일교차가 커짐
	백로 白露	양력 9월 9일경	이슬이 내리기 시작
	추분 秋分	양력 9월 23일경	밤이 길어지는 시기
	한로 寒露	양력 10월 8일경	찬 이슬이 내리기 시작
	상강 霜降	양력 10월 23일경	서리가 내리기 시작
동 冬	입동 立冬	양력 11월 7·8일경	겨울의 시작
	소설 小雪	양력 11월 23·24일경	얼음이 얼기 시작
	대설 大雪	양력 12월 7·8일경	겨울 큰 눈이 옴
	동지 冬至	양력 12월 22일경	밤이 연중 가장 긴 시기
	소한 小寒	양력 1월 5일경	겨울 중 가장 추운 때
	대한 大寒	양력 1월 20일경	겨울 큰 추위

■ 論木(논목)

[원시*TEXT]

木性騰上而無所止, 氣重則欲金任使, 有金則有惟高惟斂之德. 仍愛土重, 則根蟠深固, 土少則有枝茂根危之患. 木賴水生, 少則滋潤, 多則漂流. 甲戌, 乙亥, 木之源. 甲寅, 乙卯, 木之鄕. 甲辰, 乙巳, 木之生. 皆活木也. 甲申, 乙酉, 木受剋. 甲午, 乙未, 木自死. 甲子, 乙丑, 金剋木. 皆死木也. 生木得火而秀, 丙丁相同. 死木得金而造, 庚辛必利. 生木見金自傷, 死木得火自焚, 無風自止, 其勢亂也. 遇水返化其源, 其勢盡也. 金木相等, 格謂斲輪. 若向秋生, 反為傷斧, 是秋生忌金重也.

목성등상이무소지, 기중즉욕금임사, 유금즉유유고유렴지덕. 잉애토중, 즉근반심고, 토소즉유지무근위지환. 목뢰수생, 소즉자윤, 다즉표류. 갑술, 을해, 목지원. 갑인, 을묘, 목지향. 갑진, 을사, 목지생. 개활목야. 갑신, 을유, 목수극. 갑오, 을미, 목자사. 갑자, 을축, 금극목. 개사목야. 생목득화이수, 병정상동. 사목득금이조, 경신필리. 생목견금자상, 사목득화자분, 무풍자지, 기세란야. 우수반화기원, 기세진야, 금목상등, 격위착륜, 약향추생, 반위상부, 시추생기금중야.

[일람*Scanning]

1. 木은 거침없이 솟아오르는 성질이 있다.

2. 氣가 重하면 金으로 다스리는데, 金을 얻으면 지위가 높아지고 棟梁의 材木이 된다.

3. 뿌리를 견고하게 내리려면 土가 두터워야 한다. 土가 적다면 가지만 무성하고 뿌리가 약해지니 위태로운 근심이 있다.

4. 대개 水를 기뻐하고, 水가 적으면 滋潤하나 지나치면 漂流하게 된다.

5. 甲戌, 乙亥는 木의 근源이며, 甲寅, 乙卯는 木의 고鄕이고 甲辰, 乙巳는 木의 生이 되므로 活木이라 한다.

6. 甲申, 乙酉는 木을 剋하고, 甲午, 乙未는 木을 死하며 甲子, 乙丑은 金이 木을 剋하므로 死木이라 한다.

7. 生木이 火를 얻으면 빼어나니 丙丁이 마찬가지다.

8. 死木이 金을 얻어 다듬어지니 庚辛이 필시 이롭다.

9. 生木이 金을 보면 스스로 傷한다.

10. 死木이 火를 만나면 스스로 타버리고, 바람이 없으면 그치지만 그 세력이 어지럽다.

11. 水를 만나면 근원이 변하는데 이는 세력이 다했기 때문이다.

12. 金木의 세력이 비슷하면 나무를 쪼개 수레바퀴를 만드는 것과 같으나, 만약 秋月生이면 오히려 도끼에 상하는 격이니 金이 重함을 꺼리게 된다.

[숙달*Mastery]

원시(原詩)는 木을 납음(納音)으로 활목(活木)과 사목(死木)을 구분한다. 후대에 납음은 자평(子平)의 오행(五行) 이법(理法)에 맞지 않다 해서 '甲寅, 甲辰, 甲子, 乙亥, 乙卯, 乙丑' 을 활목이라 하고 '甲午, 甲申, 甲戌, 乙巳, 乙未, 乙酉' 를 사목으로 정리한 경우가 많았다. 하지만 일단은 '난강망' 의 스펙트럼을 쉬 부정하지 않는 게 좋다고 생각한다. 예컨대 甲申, 乙酉와 甲午, 乙未의 사목을 두고 금극목(金剋木)의 오행 이법이나 십이운성(十二運星)의 사궁(死宮)으로만 이해하는 식이라면 원문의 원향생(源鄕生) 등이 의미하는 바를 간과하기 쉽다. 활목으로 분류되는 '甲戌, 乙亥, 甲寅, 乙卯, 甲辰, 乙巳' 의 납음은 보통 火와 水에 해당된다. 반면 사목으로 구분되는 조합은 납음 金에 속한다.

이중 甲申과 乙酉는 천중수(泉中水)로 얼핏 사목으로 분류하기엔 쉬 납득이 가지 않을 수 있다. 이를테면 甲申과 乙酉를 절각(截脚)으로 간단하게 이해해서 활목과 사목으로 나누면 이치가 명료하기 그지없어 보인다. 그러나 이런 식으로 접근하면 甲戌이 활목이 되는 이치는 설명할 수 없게 된다. 결론적으로 甲申과 乙酉는 金이 생왕(生旺)하여 자연 로기생수(露氣生水)하므로 방생지제(方生之際)는 되지만, 천중수(泉中水)는 샘솟는 힘이 미급하여 생목(生木)하는 힘에 미치지 못하고 금극(金剋)을 피할 수 없게 된다. 반면 甲寅과 乙卯의 대계수(大溪水)는 수류정동(水流正東)하여, 천윤지소(天潤之沼)하는 이치가 있으므로 능히 서출동류(西出東流)의 영귀(榮貴)를 보게 되니 생목(生木)하는 것이다. 그런데 이 같이 일주(日柱)의 간지(干支)별로 활목과 사목을 구분해 봤자 팔자술(八字術) 실전(實戰)에서는 별반 의미가 없다. 따라서 심각하게 개의(介意)할 필요는 없다.

대체로 중요한 내용은 ⑦ 번 이후부터다. 특히 마지막 구절인 "金木相等, 格謂斲輪. 若向秋生, 反為傷斧, 是秋生忌金重也."의 내용은 유념해 둘 필요가 있다. 보통 金木이 상제(相濟)하여 격(格)을 이루면 착륜(斲輪)이라 해서 일격(一格)으로 손색이 없다. 만일 사목사금(四木四金)으로 상극(相剋)의 양신성상(兩神成象)을 이루면 대귀(大貴)할 것인데, 이때 추월(秋月)이라면 비록 천지(天地)가 상등(相等)해도 金이 木을 상(傷)하게 하므로 필시 火의 제(制)를 요하는 것이다. 이것은 비단 추목(秋木)에만 해당되는 게 아니다. 무릇 상극(相剋)의 양신성상격(兩神成象格)은 반드시 월령(月令)의 기(氣)를 살펴 귀천(貴賤)을 가려야 한다.

春木

[원시*TEXT]

木生於春, 餘寒猶存. 喜火溫暖, 則無盤屈之患. 藉水資扶, 而有舒暢之美. 春初不宜水盛, 陰濃則根損枝枯. 春木陽氣煩燥, 無水則葉槁根枯. 是以水火二物, 既濟方佳. 土多而損力, 土薄則財豐. 忌逢金重傷殘剋伐, 一生不閑. 設使木旺, 得金則良, 終生獲福.

목생어춘, 여한유존. 희화온난, 즉무반굴지환. 자수자부, 이유서창지미. 춘초불의수성, 음농즉근손지고. 춘목양기번조, 무수즉엽고근고. 시이수화이물, 기제방가. 토다이손력, 토박즉재풍. 기봉금중상잔극벌, 일생불한. 설사목왕, 득금즉량, 종생획복.

[일람*Scanning]

1. 春木(춘목)은 寒氣(한기)가 남아 있다.

2. 그러므로 火(화)를 기뻐하고, 火(화)로써 따뜻하게 하면 나무가 굽을 염려가 없다.

3. 더해서 水(수)로 도우면 가지가 뻗어 나가는 아름다움이 있다.

4. 그러나 이른 봄에는 陰濃(음농)하여 습기가 많으므로 水(수)가 왕성하면 뿌리가 썩고 잎이 마르므로 흉하다.

5. 水(수)가 없어도 잎과 뿌리가 마르므로 春木(춘목)은 水火(수화)가 旣濟(기제)되어야 아름답다.

6. 土(토)가 많으면 기운이 손상되고, 土(토)가 엷어야 재물이 풍부해진다.

7. 金(금)이 重(중)하면 剋伐(극벌)이 심해 傷害(상해)가 염려되고 일생이 한가롭지 못하다.

8. 木(목)이 旺(왕)하면, 金(금)을 얻어야 좋고 평생토록 福(복)이 많다.

[숙달*Mastery]

춘목(春木)의 핵심은 수화기제(水火既濟)에 있다. 춘목에서 최적 유형은 丙火가 투간(透干)하고, 지지(地支)에서 한 두 개의 水가 배합된 것을 의미한다. 춘목은 통상 丙火 하나만 갖추면 발전이 따르는 귀명(貴命)으로 분류된다. 대개 록겁격(祿劫格)은 식상(食傷)의 설기(洩氣)만으로는 비록 수기(秀氣)라 해도 양에 차지 않으나 봄의 木 일주와 가을의 金 일주에 한해서는 식상(食傷)의 글자만 출간(出干)해도 목화통명(木火通明), 금수상함(金水相涵)의 귀격(貴格)이 성립되는 것이다.

'난강망' 은 춘월(春月)을 초춘(初春)과 중춘(仲春), 모춘(暮春)의 3단계로 구분하여 보다 정밀한 기후 관계를 설정해서 설명하고 있고, '조화원약평주' 는 엄격한 절기(節氣)의 구분으로 기(氣)의 진퇴(進退)를 매우 치밀하게 다루고 있다. '서락오' 는 입춘(立春)부터 우수(雨水)까지의 초춘(初春)에는 한습(寒濕)한 기운이 남아 있으므로 오직 丙火만이 유용하다고 설명했다. 양기(陽氣)가 성한 우수(雨水)부터 곡우(穀雨)에 이르는 중춘(仲春)에는 초춘(初春)과 달리 水의 중요성을 부각된다. '조화원약평주' 에 이르길, "중춘(仲春)에 水가 없는 火는 무용지물(無用之物)과 같다." 고 설명됐을 정도다. 특히 모춘(暮春)에 이르면 木이 메말라 필시 癸

水로 자부(資扶)할 것을 요하고, 이 같은 요건을 충족시키지 못하면 귀격(貴格)을 이루지 못한다고 했다. **지금 수기(水氣)의 유무(有無)와 관련해서 중요성을 논하는 것은 火와의 관계에 국한된다. 즉 火, 식상(食傷)을 용(用)하여 격(格)을 이룰 때 水의 존재가 부각되는 것이지, 金 관살(官殺)을 용(用)하는 경우라면 水의 의미는 자연 퇴색된다.** 십간론(十干論)은 이점을 간략하게 정리하고 있다. "甲木이 신강(身强)하면 丙火나 庚金 둘 중 하나를 써서 격(格)을 이룰 때가 좋다. 팔자(八字)가 水가 있으면 丙火, 水가 없으면 庚金을 용(用)하는 유형이 상격(上格)이다."

춘목과 土의 관계는 특별하다. 원래 나무가 뿌리를 견고하게 내리려면 土가 두터운 게 좋다. 그런데 춘목은 어리므로 극토(剋土)할 힘이 약하다는 것이다. 원문에서는 "土多而損力, 土薄則財豐"라 해서 土가 적을수록 재물이 풍부해진다고 했다. 학습자들은 앞으로 '土의 많고(多), 적음(薄)' 과 같은 계량 차이를 끊임없이 궁리하는 과정을 겪게 되고 애로를 실감하기 쉽다. 먼저 '난강망' 을 학습할 때는 비단 일간(日干)과 월령(月令)의 관계에만 주목할 게 아니라 타간(他干)과 월령(月令)과의 관계도 살펴 기세(氣勢)를 논해야 한다. 이를테면 寅月의 戊土와 卯月의 戊土는 '두텁고(厚), 엷음(薄)' 의 차이가 분명하다. 寅月에는 戊土가 월령(月令)을 득(得)하여 힘이 있지만, 卯月 戊土는 박(薄)하다. 이때 寅月 戊土는 생기(生氣)를 얻었지만, 중(重)하거나 다(多)하다고 볼 수는 없다. 그러나 己土가 공히 출간(出干)하면 토다(土多)한 것이다. 경중다소(輕重多少) 중에 후중(厚重)이나 다(多)는 대개 지지(地支)의 회국(會局)이나 천간(天干)에 양투(兩透)하는 상황이고, 경박(輕薄)이나 소(少)는 무근(無根)한 천간(天干)이나 상(傷)한 지지(地支)의 형태로 존재하는 개념으로 이해하면 된다. 따라서 이상의 구분에 속하지 않는 한 적당한 세력으로 간주하면 무난하다.

'적천수' 에 이르길 춘불용금(春不容金)이라 했다. 이를 단순히 사유하면 "춘목은 어린 나무로 팔자(八字)에 金을 보면 위태해질 우려가 있다."는 식으로만 정리하기 쉽다. 그런데 실상 춘목이 庚金을 보아 귀격(貴格)을 이루는 사례는 庚金을 보지 않고 성격(成格)되는 유형보다 훨씬 많다. '난강망' 은 초춘(初春)의 木과 중춘(仲春)의 木으로 구분해서 金과의 관계를 설명했다. 초춘(初春)의 木이 金을 보면 목기(木氣)가 여지없이 꺾이고 상하며 팔자의 배합이 좋아야만 겨우 요절(夭折)을 면할 뿐, 평생 안락을 기대하기는 어렵다고 했다. 그리고 중춘(仲春)에 비록 金을 꺼리지 않는다고는 하나, 춘금(春金)의 기(氣)가 약해서 木이 단단하면 金이 상하므로 土로 金을 생해야만 귀격(貴格)이 된다고 설명한다. **춘불용금(春不容金)이란 한 마디로 목화통명(木火通明)이 金의 관성(官)을 꺼리는 경우에 국한되는 얘기다.** 따라서 비록 초춘(初春)이라 해도 丙火를 용(用)하는 팔자가 아닌 한, 庚金으로 격(格)을 이룰 수가 있다. 寅月에는 庚金도 기세(氣勢)를 얻지 못해 약하기는 마찬가지다.

[연습*Exercise]

庚 甲 甲 戊

午 午 寅 子

'과학 모험 소설의 아버지' 로 평생을 존경 받으며, 77세의 나이로 세상을 떠난 쥘 베르느(Jules Verne)의 팔자다. 양(兩) 甲木이 월령(月令)을 얻어 기세(氣勢)가 몹시 강하다. 용신(用神) 庚金은 기(氣)를 얻지 못하고 무근(無根)하여 허약하기 짝이 없다. 戊土가 庚金을 생조(生助)하여 재왕생살(財旺生殺)의 귀격(貴格)을 이뤘다. 차명(此命)을 통해 두 가지의 요점을 간추릴 수 있다. 첫째는 寅月 甲木에도 戊土와 庚金을 용(用)할 수 있다는 점이다. '난강망' 의 각론을 잘못 이해하면 오직 卯月 甲木의 양인격(陽刃格)에만 戊庚의 조합이 유효한 것으로 착각할 여지가 있다. 둘째는 甲木과 庚金의 관계로 십간론(十干論)에서는 庚金을 관(官)으로 辛金을 살(殺)로 분류할 정도로 좋은 십간(十干)의 관계를 이룬다는 점이다. 혹 지지(地支) 寅午 화국(火局)으로 인해 상관견관(傷官見官)를 거론할 수 있는데, 甲木이 투(透)하여 상관격(傷官格)이 성립되지 않으므로 파격(破格)되지 않는다.

夏木

[원시*TEXT]

夏月之木, 根乾葉燥, 盤而且直, 屈而能伸. 欲得水盛而成滋潤之力, 誠不可少. 切忌火旺而招焚化之憂, 故以為凶. 土宜在薄, 不可厚重, 厚則反為災咎. 惡金在多, 不可欠缺, 缺則不能琢削. 重重見木, 徒以成林, 疊疊逢華, 終無結果.

하월지목, 근건엽조, 반이차직, 굴이능신. 욕득수성이성자윤지력, 성불가소. 절기화왕이초분화지우, 고이위흉. 토의재박, 불가후중, 후즉반위재구. 악금재다, 불가흠결, 결즉불능탁삭. 중중견목, 도이성림, 첩첩봉화, 종무결과.

[일람*Scanning]

1. 夏木(하목)은 木(목)이 메마르니 굽었다가 다시 곧아진다.

2. 水(수)가 많아 滋潤(자윤)함이 마땅하므로 실로 水(수)가 적으면 안 된다.

3. 火(화)가 많으면 스스로 불사를 우려가 있으므로 매우 흉하다.

4. 土(토)는 마땅히 약해야 하고, 두터우면 재앙의 근심을 피할 수 없다.

5. 金(금)이 많으면 불길하지만, 없어도 곤란하니 이는 木(목)을 다듬고 깎을 수 없기 때문이다.

6. 木(목)이 중(重)하면 숲을 이루고 영화가 거듭되지만 종국에는 결실이 없다.

[숙달*Mastery]

'자평진전' 에 목화상관희견수(木火傷官喜見水)라 했다. 하목(夏木)은 水의 배합이 있어야만 최상격(最上格)을 이루고, 일단 水가 없으면 흉한 것이다. 목화식상(木火食傷)은 좀체 水의 탈식(奪食)을 논하는 법이 없다. 하목은 인수(印綬) 수기(水氣)를 보는 상관패인격(傷官佩印格)이 일격(一格)임을 뜻하는 것이다. 목화식상(木火食傷)은 재(財)를 보아 식상용재격(食傷用財格)을 이루어도 귀(貴)를 논하지 않는다. 일말의 부(富)는 기대할 수 있으나 재(財)가 인수(印綬)를 파(破)하여 종래 재앙의 원천이 되기 때문이다. 팔자(八字)에 비겁(比劫)마저 없으면 아우생아(兒又生兒)로 명주(命主)가 몹시 약해져 위태해지기 쉽다. 하목(夏木)에 金은 두 가지 역할을 수행한다. 첫째는 水의 원천이 되고, 둘째는 사오미월(巳午未月)의 木이 병사묘지(病死墓地)에 해당하는 사목(死木)이므로 이것을 쳐내는 효용(效用)을 지닌다. 어쨌든 하목은 水를 보아야 한다. 水만 보면 하목의 수기(秀氣)는 백배에 달하니 자연 수화기제(水火旣濟)를 이루는 것이다.

[연습*Exercise]

丙 甲 戊 戊

寅 申 午 辰

세계 최고의 화상(華商) 기업인이자 아시아 최고 갑부로 손꼽히는 홍콩 창장(長江)그룹 리자청(李嘉誠) 회장의 명(命)이다. 상신(商神)으로도 불리는 그는 중학 1년 중퇴 학력. 14세때 찻집 종업원으로 시작, 맨주먹으로 시작해서 지금 총 자산규모 600억 달러의 그룹 오너가 되었다. 하목(夏木)이 식신생재격(食神生財格)을 이루고 수기(水氣)가 미약해도 눈부신 성공을 일궈낸 현실은 이론과의 갭을 드러내는 측면이 있다. 어쩌면 '난강망' 의 망(網), 그물이 기대만큼 촘촘하게 짜여있지 않아 실망할지도 모르겠는데, 아직은 이르다. **팔자(八字)의 귀천(貴賤)을 가늠할 때는 먼저 상신(相神)의 세력을 살펴 귀(貴)의 정도를 헤아린다. 상신(相神) 戊土는 월령(月令)을 얻어 용(用)이 진신(眞神)으로 대부대귀(大富大貴)를 논할 만하다. 다음으로 수기(水氣)의 존재 여부로 기후(氣候)의 적합성을 판단한다. 조후용신(調候用神)은 장간(藏干)으로 존재해도 용(用)할 수 있다.** 만일 팔자(八字)에 수기(水氣)가 존재하지 않았다면 애초에 현실과 같은 발신(發身)을 기대하기 어려운 것이다. 특히 대운(大運)이 서북향(西北向)으로 진행하는 바를 유념한다면 그동안의 인생역정과 어긋나지 않음을 인지하게 된다. 기후(氣候) 이전에 차명(此命)의 거부(巨富) 실현 가능성은 어렵지 않게 짐작할 수 있다. 팔자(八字)를 성격(成格)시키는 글자인 재(財) 戊土가 월령(月令)의 기세(氣勢)를 득(得)한 것에 주목하는 것이다. 이렇게 용(用), 상신(相神)이 진신(眞神)이면 명진사해(名振四海)한다. 차명(此命)을 통해 요약할 수 있는 중요한 지식은 한두 가지를 넘는다. 먼저 격국(格局)의 성패(成敗)를 좌우하는 비중 있는 요소는 드러난 천간(天干)의 글자지만, 조후(調候)를 살필 때는 장간(藏干)의 기(氣) 또한 중시한다는 점이다. 예컨대 이법(理法)을 위주로 논하는 격국(格局)의 겉모습은 천간(天干)의 글자와 지지(地支)의 회국(會局) 여부가 관건이 된다. 반면 **기후(氣候)는 합화오행(合化五行)이나 장간(藏干)의 기(氣) 또한 무시할 수 없는 작용력을 행사하고, 타간(他干)에 의해 훼손될 염려가 없다는 특징이 있다. 대운(大運)의 추이 역시 운간(運干)은 격국(格局)의 성격(成格)과 변격(變格) 여부에 주목해서 살피지만, 조후(調候)는 운지(運支)의 향방(向方)을 위주로 희기(喜忌)를 가늠하게 된다.**

秋木

[원시*TEXT]

秋月之木, 氣漸凄凉, 形漸凋敗. 初秋之時, 火氣未除, 尤喜水土以相滋. 中秋之令, 果以成實, 欲得剛金而修削. 霜降後不宜水盛, 水盛則木漂. 寒露節又喜火炎, 火炎則木實. 木多有多材之美, 土厚無自任之能.

추월지목, 기점처량, 형점조패. 초추지시, 화기미제, 우희수토이상자. 중추지령, 과이성실, 욕득강금이수삭. 상강후불의수성, 수성즉목표. 한로절우희화염, 화염즉목실. 목다유다재지미, 토후무자임지능.

[일람*Scanning]

1. 秋木은 기운이 점차 냉해지니 형태가 점차 시들어 간다.

2. 初秋에는 火氣가 남아 있으니 水土로 돕고 滋潤함을 기뻐한다.

3. 仲秋에는 과실이 무르익는 때니 강한 金으로 다듬어야 한다.

4. 霜降 이후에 水가 盛하면 표류하게 된다.

5. 寒露에는 火가 타올라야 木이 實해 진다.

6. 木이 많으면 재능이 많으나, 土가 많으면 스스로 감당할 힘이 없다.

[숙달*Mastery]

신월(申月)에는 木이 절지(絕地)에 이르나 신중(申中) 壬水가 있어 절처봉생(絕處逢生)한다. 그러나 추수(秋水)는 차가워 木을 도와도 빼어나지 못하니 온토(溫土)로 배양해야 木의 뿌리가 튼실해진다. 이것은 음양간(陰陽干)의 기질(氣質) 차이를 구분하지 않고 일반을 논한 것이다. 예컨대 甲木과 乙木은 귀격(貴格)을 이루는 구조가 판이하게 다르고 여타의 간(干)도 대개 마찬가지다. 초추(初秋)에는 화기(火氣)도 남아 있지만 조기(燥氣)가 가세하므로 수기(水氣)를 요한다. 그런데 甲木은 水가 없어도 얼마든지 庚金으로 귀격(貴格)을 이룰 수 있고 癸水로 인해 귀(貴)가 훼손될 우려가 있다. 반면 추월(秋月) 乙木은 癸水가 유력할수록 귀(貴)가 두터워진다.

중추(中秋)는 처서(處暑)부터 상강(霜降)에 이르는 기간을 말하는데, 이때는 과실이 익으니 강금(剛金)으로 다듬는 게 마땅하다고 했다. 그러나 乙木과 같이 음간(陰干)의 경우에는 계절을 불문하고 좀체 庚辛金을 용(用)하는 법이 없다. 庚金으로써 귀격(貴格)을 이루는 경우는 있으나 辛金은 무조건 피하고 보는 게 상책이고, 칠살(七殺)이 제복(制伏)되지 않으면 몹시 흉해진다. 따라서 부근착삭(斧斤斲削)으로 동량(棟樑)의 재목을 얻는다는 말은 甲木에 한정되는 얘기다. 고서(古書)에 "사목(死木)이 金을 얻어 기물(器物)을 이루려면 필시 庚辛金이 필요하다." 고 했는데 이것은 곧 중추(仲秋) 甲木을 가리키는 말이다.

절기 상강(霜降)이나 한로(寒露)에 이르면 가을이 깊었음을 뜻하는데, 원문은 이때 화염(火炎)하면 木이 실(實)해지는 것으로 비유하고 있다. 추월(秋月)에는 금신(金神)이 사령(司令)하여 사주에 木의 비겁(比劫)이 많고, 火의 식상(食傷)이 있다면 신왕살고유제(身旺殺高有制)의 상격(上格)이 성립되기 쉽다. 土가 많아 자립심이 허약해짐은 재다신약(財多身弱), 부옥빈인(富屋貧人)의 명(命)을 뜻하는 것이다. 木이 쇠퇴(衰退)하는 가운데 재왕(財旺)하면 소토(疏土)할 힘이 없으므로 스스로의 짐을 감당할 능력이 없다는 얘기다.

[연습*Exercise]

庚 甲 壬 己

午 午 申 丑

나폴레옹 보나파르트(Napoleon Bonaparte)의 팔자다. 살격용인(殺格用印)으로 성격(成格)되었다. **팔자(八字)를 볼 때는 먼저 격국(格局)의**

성패(成敗)를 가리고, 동시에 기후(氣候)와 제강(提綱)의 희신(喜神) 경중(輕重)을 가려 귀천(貴賤)의 정도를 논하는데 壬水 용(用)이 진신(眞神)이고, 庚金 조후용신(調候用神) 또한 진신(眞神)으로 대귀(大貴)하다. 庚金에 午中 丁火가 배합되어 큰 기물(器物)을 이루었다. 申月 甲木은 월령(月令)에서 살인상생(殺人相生)하므로 대운(大運)이 금수운(金水運)으로 흐르면 용신(用神)이 득지(得地)하여 필시 대귀격(大貴格)을 이룬다고 했다.

冬木

[원시*TEXT]

冬月之木, 盤屈在地, 欲土多而培養. 惡水盛而忘形. 金總多不能剋伐. 火重見溫暖有功. 歸根復命之時. 木病安能輔助, 須忌死絶之地, 只宜生旺之方.

동월지목, 반굴재지, 욕토다이배양. 악수성이망형. 금총다불능극벌. 화중견온난유공. 귀근복명지시. 목병안능보조, 수기사절지지, 지의생왕지방.

[일람*Scanning]

1. 冬木(동목)은 얽혀 꼬부라지지만 土(토)가 많으면 培養(배양)의 욕심을 낸다.

2. 水(수)가 盛(성)하면 형체를 잃게 된다.

3. 金(금)이 많아도 剋伐(극벌)하기 어렵다.

4. 火(화)가 重(중)하면 따뜻해져 좋다.

5. 冬木(동목)은 뿌리로 돌아가는 때에 속한다.

6. 木(목)의 病(병)은 도움을 받아야 치유되니 필시 死絕地(사절지)를 피하고, 다만 生旺(생왕)하는 방위를 향해야 한다.

[숙달*Mastery]

동목(冬木)은 火土로 따뜻하게 해 주어야 한다. 수성(水盛)하므로 土가 없다면 가지는 꼬부라지고, 뿌리는 썩게 된다. 응당 辰丑의 습토(濕土)보다는 戌未의 조토(燥土)가 합당하다. 오행(五行)의 일반적 이법(理法)으로 보자면 水는 木을 생(生)해야 하지만, 동수(冬水)는 木을 얼게 하므로 생(生)이 아니라 극(剋)이 된다. 이 외에도 기학(氣學)의 측면에서 오행을 고찰하면 생극제화(生剋制化)의 일반적 법칙이 통하지 않는 경우가 적지 않다. 따라서 동목(冬木)은 火가 아무리 많아도 그것을 반긴다. 한목향양(寒木向陽)이라, 예컨대 겨울철의 木 은 인수봉관(印綬逢官)으로 성격(成格)된 명(命)이라도 火의 식상(食傷)을 보아 격국(格局)이 파괴되는 법이 없다. 기후(氣候)가 적합해지므로 특히 수기(秀氣)가 빼어난 명(命)이 된다. 따라서 동목의 생왕방(生旺方)은 동남운(東南運)을 가리키고 운(運)이 이곳으로 향해야 안태(安泰)해진다.

[연습*Exercise]

己 甲 乙 甲

巳 戌 亥 午

미국 부시 행정부 1기 백악관 국가안보 보좌관이자 2기 행정부에서

국무장관을 맡게 된 흑인여성, 콘돌리자 라이스(Condoleezza Rice)의 팔자다. 차명(此命)은 인수격(印綬格)에 인수(印綬)가 재(財)에 의해 파괴되었다가 겁재(劫財) 乙木이 있어 이를 해소한 경우로 인경봉재(印輕逢財)의 파격(破格)이 구응(救應)으로 패중유성(敗中有成)되었다. 지금 이 여성은 객관적으로 귀(貴)가 극품(極品)에 이른 것으로 보아야 한다. 그렇다면 극귀(極貴)의 현상을 팔자의 어느 점에 주안해서 귀납해 낼 수 있을까. 이미 설명한대로 **귀천(貴賤)의 정도는 격국(格局)의 겉모습 성패(成敗)의 유형을 가린 후에, 상신(相神) 용(用)을 제강(提綱)에 견주어 경중(輕重)으로 구분하는 동시에 기후(氣候)를 살핀다고 했다.** '라이스'의 경우 팔자를 성격(成格)시킨 상신(相神)의 글자는 乙木으로 亥月 월령(月令)을 득(得)한 진신(眞神)으로 대귀(大貴)를 논할 만하다. 기후(氣候)를 살피면 亥月 甲木은 庚金과 丁火를 가용(可用)하여 상격(上格)을 이루되, 戊土로 水를 제(制)해야 한다. 일지(日支) 戊土로 극수(剋水)하고 巳中 庚金과 午中 丁火의 구비로 조후(調候)의 요소를 갖추고 있으므로 상격(上格)의 요건을 갖추고 있다.

■ 論火(논화)

[원시*TEXT]

炎炎真火, 位鎮南方, 故火無不明之理, 輝光不久. 全要伏藏, 故明無不滅之象. 火以木為體. 無木, 則火不長焰. 火以水為用, 無水, 則火太酷烈. 故火多則不實, 火烈則傷物. 木能藏火, 到寅卯方而生火, 不利於西, 遇申酉而必死. 生居離位, 木斷有為,若居坎宮, 謹畏守禮.

염염진화, 위진남방, 고화무불명지리, 휘광불구. 전요복장, 고명무불멸지상. 화이목위체. 무목, 즉화불장염. 화이수위용, 무수, 즉화태혹렬. 고화다즉불실, 화렬즉상물. 목능장화, 도인묘방이생화, 불리어서, 우신유이필사. 생거리위, 목단유위, 약거감궁, 근외수례.

[일람*Scanning]

1. 불길이 세차게 타오르는 것이 진정한 火(화)고, 방위는 南方(남방)으로 밝지 않을 이유가 없되, 빛을 발하면 오래 가지는 않는다.

2. 완전하게 숨기고 감추어지면 밝지는 않으나 不滅(불멸)의 象(상)이 된다.

3. 木(목)을 體(체)로 삼으니, 木(목)이 없다면 불꽃이 길지 못하다.

4. 水(수)로 用(용)을 삼으니, 水(수)가 없다면 심하게 작렬한다.

5. 火(화)가 많으면 不實(부실)해지고, 烈(열)하면 만물을 傷(상)하게 한다.

6. 木(목)은 능히 火(화)를 품으니 寅卯方(인묘방)에 이르면 火(화)를 生(생)하나, 西(서)에서 불리한즉 申酉(신유)를 만나면 필시 꺼진다.

7. 離(이)의 자리에 居(거)해 生(생)하면 果斷性(과단성)이 있고, 만약 坎宮(감궁)에 자리하면 조심하는 마음으로 禮(예)를 지킨다.

[숙달*Mastery]

火의 본질은 열(熱)과 광(光)인데 이 모두는 기본적으로 木에 의지하여 광휘(光輝)의 덕을 나타낸다. 火는 염상(炎上)이라, 타올라야 진정한 모습을 실현하는 것이므로 동남(東南)으로 흐르면 영화(榮華)을 보게 되지만, 서북(西北)을 향하면 거스르게 되니 점차 소멸되는 것이다. 火가 남방(南方)에 있으면 그 위세가 높아 용맹심을 떨치고 과단성을 보이나, 북방(北方)에 있으면 두려움을 알아 예의를 지킨다. 대운(大運)을 보는 이치도 이와 같다. 까닭에 염상격(炎上格)이 서북운(西北運)으로 흐른다면 귀(貴)는 소멸되기 마련이다. **火의 기질(氣質)을 논하자면, 木을 체(體)로 삼는 바는 일치하나 水를 마주해 증발되어 기제(旣濟)의 공(功)을 이루는 측면에서는 오행(五行) 생극제화(生剋制化) 이법(理法)이 잘 통하지 않는다.** 가령 丙火는 壬水에 의해 좀체 극(剋)을 당하는 법이 없다. 丙火에게 있어 壬水는 사수(死水)에 불과하므로 丙과 壬은 단짝이 되어 수화기제(水火旣濟)를 이루게 된다. 한편 丁火는 속성 자체가 쇠갈(衰竭)하므로 오월(午月)을 제외하고는 甲木을 떠나 상격(上格)을 이루는 법이 없다. 丙火는 생왕(生旺)하여 壬水를 떠나지 않고, 丁火는 쇠갈(衰竭)하여 甲木을 떠나지 않는 것은 바로 십간(十干)의 기질(氣質)이 다르기 때문이다.

[원시*TEXT]

金得火和, 而能鎔鑄. 水得火和, 則成既濟. 遇土不明, 多主蹇塞. 逢木旺處, 決定為榮. 木死火虛, 難得永久, 縱有功名, 必不久長. 春忌見木, 惡其焚也. 夏忌見土, 惡其暗也. 秋忌見金.金難剋制. 冬忌見水, 水旺則滅. 故春火欲明, 不欲炎. 炎則不實. 秋火欲藏, 不欲明. 明則太燥, 冬火欲生, 不欲殺, 殺則歇滅.

금득화화, 이능용주. 수득화화, 즉성기제. 우토불명, 다주건새. 봉목왕처, 결정위영. 목사화허, 난득영구, 종유공명, 필불구장. 춘기견목, 오기분야. 하기견토, 오기암야. 추기견금. 금난극제. 동기견수, 수왕즉멸.

고춘화욕명, 불욕염. 염즉불실. 추화욕장, 불욕명. 명즉태조, 동화욕생, 불욕살, 살즉헐멸.

[일람*Scanning]

1. 金(금)을 얻어 조화되면 능히 鎔鑄(용주)한다.

2. 水(수)를 얻어 조화되면 旣濟(기제)의 功(공)을 이룬다.

3. 土(토)를 만나면 흐려지니 주로 막히는 일이 많다.

4. 木(목)이 旺(왕)한 곳에 달하면 榮華(영화)가 보증된다.

5. 木(목)이 죽으면 火(화)는 虛(허)해지고, 오래 가지 못하니 功名(공명)이 있어 그것을 쫓아도 長久(장구)하지 못하다.

6. 봄에는 木(목)을 만나 불사르게 됨을 꺼린다.

7. 여름에는 土(토)를 만나 어둡게 됨을 꺼린다.

8. 가을에 金(금)을 만나면 녹이기가 어렵다.

9. 겨울에 水(수)를 만나면 꺼지게 된다.

10. 봄철의 火(화)는 밝은 것을 좋아하며, 뜨거워지는 것을 바라지 않는다.

11. 여름철에 火(화)가 타오르면 부실해진다.

12. 가을철의 火(화)는 감추어지길 바라고, 밝으면 메마르게 된다.

13. 겨울철의 火는 殺을 기피하며 水로 인해 꺼진다.

[숙달*Mastery]

火는 金水木金을 보아 다음과 같이 중화(中和)되는 현상으로 요약된다. 金을 보아 연금(煉金)하고, 水를 보아 기제(旣濟)되며, 木을 보아 통명(通明)을 이루고, 土를 만나 회광(晦光)의 공을 실현하게 된다. 자평(子平)의 핵심은 균형으로 쉽게 이루어지지 않는다. 이를테면 木火의 관계는 서로 상련(相連)하니 그 자체로 조화롭지만 봄과 여름철의 火는 木이 많아 열이 지나쳐 스스로 불사를 우려가 있다. 그러나 木이 부족하면 火가 꺼지니 이것은 더 열악한 환경을 뜻하는 것이다. 그런데 봄철과 여름철의 火가 다 같이 木이 많은 것을 꺼리지만, 봄에는 木을 특히 꺼리고, 여름에는 土를 특히 꺼리므로 木을 유용하게 활용할 수 있다. 가을철에는 火가 허(虛)하므로 金이 많으면 제극(制剋)이 불가해진다. 또한 겨울철에는 수왕(水旺)하니 土와 木으로 火를 구하는 일이 시급하게 된다.

주목할 바는 먼저 火와 土의 관계다. 봄철의 火가 목성(木盛)하여 스스로 불살라지는 바를 극히 두려워하는 바에 여름철의 火는 土의 회광(晦光)을 더욱 기피한다. 이것은 차라리 염상(炎上)으로 비록 장구하지는 못하되, 火의 참모습을 한번 보이는 게 차라리 낫다는 의미와 무관치 않다. 그곳에는 '짧고 굵게' 로만 비유되기에는 모자란 상상 이상의 영화(榮華)가 있기 때문이다. 그런데 이 土는 火의 수명을 길게 하는 몹시 긍정적인 역할을 수행하기도 한다. 원시(原詩)의 '全要伏藏, 故明無不滅之象' 에서 말하는 말하는 불멸(不滅)의 공(功)은 지지(地支)의 土가 담

당하는 것이고, '夏忌見土, 惡其晦也' 가 뜻하는 회광(晦光)의 부정적 의미는 주로 십간(十干)의 戊己土와 관련되는 내용이다. 까닭에 **여름철의 火라 해도 戊己土가 아닌 辰戌丑未를 보는 것으로 그친다면 곡식을 심고 거두는 가색(稼穡)을 이루게 된다.**

마찬가지로 火와 金의 관계도 다양한 접근 방법을 통해 긍정과 부정의 함수 관계를 살펴야 한다. 가을철에 火가 金이 많은 것을 꺼리는 바는 오행(五行)의 개수, 즉 세(勢)와 관련되는 문제다. 그렇다고 해서 火가 많아져서 곧 귀격(貴格)이 성립되는 게 아니다. 이때의 火는 차라리 암장(暗藏)되는 게 바람직하다. 격국(格局)의 외관은 甲木의 조력을 받아 살인격(殺印格)을 이루는 게 최선이고, 상격(上格)이 되는 제한된 조건이라 할 수 있다. 火는 실상 庚辛金보다는 申酉金을 더욱 두려워한다. **기후(氣候)는 종래의 동정설(動靜說)이 논한 간지(干支)의 경계를 넘어 고찰되는 영역이라 할 수 있다.** 火와 水의 관계는 다소 특별하다. 丙火는 계절을 막론하고 壬水와 잘 배합되어 귀격(貴格)을 이루지 않는 경우가 거의 없지만, 丁火는 壬水와 배합되어 귀격(貴格)을 이루는 법이 매우 드물다.

春火

[원시*TEXT]

生於春月, 母旺子相, 勢力並行, 喜木生扶, 不宜過旺, 旺則火炎. 欲水既濟, 不愁興盛, 盛則沾恩. 土多則蹇塞埋光. 火盛則傷多烈燥. 見金可以施功, 縱重見用才尤遂.

생어춘월, 모왕자상, 세력병행, 희목생부, 불의과왕, 왕즉화염. 욕수기제, 불수흥성, 성즉첨은. 토다즉건새매광. 화성즉상다렬조. 견금가이시공, 종중견용재우수.

[일람*Scanning]

1. 春火는 母旺子相하니 세력이 병행하고, 木의 生扶를 기뻐하나 지나치게 불타오르면 마땅치 않다.

2. 水로써 旣濟됨을 바라고, 이로써 興盛함을 염려치 않으니 盛한즉 은혜를 입게 된다.

3. 土가 많으면 멈추어 빛이 묻히며, 火가 盛하면 傷함이 많고 극히 조열해진다.

4. 金을 보면 가히 베푸는 功이 있으니, 여러 개 있어도 財를 用하므로 더욱 좇아간다.

[숙달*Mastery]

자평(子平)에서 상(相)이란 원래 '돕는다' 는 의미가 있다. 여기 모왕자상(母旺子相)이란 木火의 상련(相連)을 뜻하는 것인데, 춘화(春火)는 木의 부조(扶助)를 기뻐하지만 지나치면 좋지 않다고 했다. 태왕(太旺)이란 곧 화염(火炎)을 뜻하니 水로 적절히 제어해야 마땅하다. 춘화(春火)는 土의 설(洩)을 기피한다. 火가 土를 조열(燥熱)하게 하면 가물어 땅을 갈라지게 하므로 화토상관(火土傷官)은 수기(秀氣)가 없다고 했다.

[연습*Exercise]

丁 丙 癸 丁

酉 辰 卯 丑

60년대 '헐리우드' 의 섹스 심벌이자, 현재도 여전히 영향력을 발휘하며 건재함을 과시하는 워렌 비티(Warren Beatty)의 팔자(八字)다. 卯月 丙火는 양기(陽氣)가 펼쳐 오르는 때로 壬水를 용(用)하여 관인격(官印格)을 이루면 상격(上格)의 전형이라 할 수 있다. 그러나 丁火 겁재(劫財)가 투(透)한 경우에는 壬水는 효율적이지 못하고, 목기(木氣)로 화(化)해 부정적인 영향을 미칠 수도 있다. 이때는 癸水가 최선이다. 癸水 관(官)을 보아서일까, 올해 주지사 출마 가능성이 점점 높아지고 있다. 만일 壬癸水가 없고, 戊己土를 용(用)하는 인용식상(印用食傷)의 경우, 비록 성격(成格)은 되지만 전자에 비해서는 기후(氣候)가 적절치 못하므로 크게 명성을 얻지는 못한다. 그러나 차명(此命)과 같이 장간(藏干)의 수기(水氣)가 나타난 이상 능히 귀격(貴格)을 이룰 수 있다.

夏火

[원시*TEXT]

夏月之火, 秉令乘權. 逢水制則免自焚之咎, 見木助必招夭折之患, 遇金必作良工, 得土遂成稼穡. 金土雖為美利, 無水則金燥土焦, 再加木助, 太過傾危.

하월지화, 병령승권. 봉수제즉면자분지구, 견목조필초요절지환, 우금필작량공, 득토수성가색. 금토수위미리, 무수즉금조토초, 재가목조, 태과경위.

[일람*Scanning]

1. 夏火(하화)는 司令(사령)하여 권리를 잡아 오른다.

2. 水(수)를 만나 制(제)하면 스스로 焚火(분화)하는 재앙을 면하나, 木(목)을 보면 夭折(요절)할 염려가 있고, 金(금)을 만나면 필시 좋은 器物(기물)을 이루며, 土(토)를 얻어 稼穡(가색)을 이룬다.

3. 비록 金土(금토)가 아름답고 利(이)로우나 水(수)가 없으면 金土(금토)가 마르고 갈라지니, 재차 木(목)을 본다면 지나쳐 위태로운 지경에 이를 것이다.

[숙달*Mastery]

일반적으로 하화(夏火)는 조후(調候)가 시급하여 살(殺)을 기뻐하고 인수(印綬)를 꺼리게 된다. 양화(陽火)은 水로 기제(旣濟)의 공(功)을 살리고, 음화(陰火)는 金으로 기물(器物)을 만드는 격국이 최상이다. 이를 두고 화장하천금첩첩(火長夏天金疊疊)이라 해서 거부(巨富)의 팔자로 구성되는 사례를 드물지 않게 본다. 土金을 같이 쓰면 식상생재(食傷生財)의 부격(富格)을 이룰 수 있는데, 이 대목은 미묘한 사안이다. **여름철의 火는 지지(地支)의 습토(濕土)를 기뻐한다. 이로써 가색(稼穡)의 요건을 이루기 때문이다.**

일반적으로 하화(夏火)는 재(財)를 취하든, 식상(食傷)을 취하든 반드시 水가 배합되어야 한다. 水가 없이 화염토조(火炎土燥)의 팔자가 되면 남환여과(男鰥女寡: 홀아비와 과부)의 고(孤)를 면키 어렵다. 비를 만나지 못하면 농사가 잘 될 리 만무하니 가색(稼穡)의 의미를 잃게 된다.

또한 조토불능생금(燥土不能生金)이라, 습토(濕土)가 재(財), 金을 더욱 윤택하게 만드는 것은 자명한 이치다.

[연습*Exercise]

癸 丁 丁 癸

卯 巳 巳 巳

토니 블레어(Tony Blair), 영국 총리의 팔자(八字)다. 1997년 5월 1일 총선에서 집권 보수당에 압승을 거둠으로써 그는 1979년 보수당에게 정권을 내준 지 18년 만에 노동당 출신의 20세기 최연소 총리가 되었다. 록겁용살격(祿劫用殺格)의 귀명(貴命)이다. 조후(調候)로는 甲木과 庚金의 벽갑인정(劈甲引丁)으로 귀(貴)를 이룬다. 卯 중의 甲木과 巳 중 庚金으로 조후(調候)의 요건을 갖췄으므로 상격(上格)으로 손색이 없는 것이다. 다만 癸水 상신(相神)이 뿌리가 없어 귀(貴)가 낮아질 가능성의 의문을 제기할 수 있다. **십간(十干)의 특성상, 丙火와 癸水의 조합을 볼 때는 특별히 통근(通根) 상황에 구애되지 않는다.** 이것은 물형(物形)상 '태양과 구름 혹은 이슬' 에 비유되어 대체로 땅의 상황과 무관하고, 최양최음(最陽最陰)의 속성 기질을 함유하여 타간(他干)의 작용에 거의 영향을 받지 않는 특성을 지니기 때문이다.

秋火

[원시*TEXT]

秋月之火, 性息體和, 得木生則有復明之慶. 遇水剋難免隕滅之災. 土重而掩息其光. 金多而損傷其勢. 火見火以光輝, 縱疊見而必利.

추월지화, 성식체화, 득목생즉유부명지경. 우수극난면운멸지재. 토중이엄식기광. 금다이손상기세. 화견화이광휘, 종첩견이필리.

[일람*Scanning]

1. 秋火는 성질이 쇠락하여 휴지기에 접어드니, 木을 얻으면 다시 밝아지는 경사가 있다.

2. 水의 剋을 만나면 소멸되어 患難을 免키 어렵다.

3. 土가 重하면 그 빛이 가려져 어둡게 된다.

4. 金이 많으면 그 세력이 손상을 입는다.

5. 火를 보면 빛이 나게 되니 비록 중첩되어도 필시 이롭다.

[숙달*Mastery]

추화(秋火)는 인수(印綬) 木이나 비겁(比劫)의 중첩(重疊)을 기뻐한다. 다만 오양간(陽干) 중에 가장 양(陽)의 성질이 극성(極盛)한 **丙火의 경우, 인비(印比)의 조력이 별 영향을 미치지 못하므로 차라리 寅巳의 지지(地支)가 더욱 효율적인 부억(扶抑) 처리가 된다**. 아무튼 가을철의 火가 칠살(七殺) 壬水에 무방비로 노출되면 건강에 타격을 입을 우려가 있다. 까닭에 이 시기에는 아무리 양일간(陽日干)이라 해도 여타의 계절 용법과 달리 재투칠살(財透七殺)로 상격(上格)을 이루지 못할 때가 있다. 까닭에 식상(食傷)이나 인수(印綬)로 제복(制伏)하거나, 화살(化殺)하게 되면 온전한 귀명(貴命)을 이루기 쉽다.

보통 초추(初秋)의 火는 염열(炎烈)한 위력이 남아 있어 식신제살(食神制殺)을 이루면 귀격(貴格)이 된다. 반면 인비(印比)가 지나치면 부귀(富貴)가 오래 가지 못하고, 종재(從財)나 식상생재(食傷生財)가 되면 부귀격(富貴格)을 이루어도 호탕함이 지나쳐 문제가 될 소지가 있다. 金이 지나치면 인(仁)과 의(義)를 상실하게 된다. 이때 인수(印綬)로 재인쌍청(財印雙淸)을 이루지 못하면 처첩(妻妾)이 다투고, 재색(財色)으로 인한 화(禍)를 부른다.

[연습*Exercise]

癸 丙 己 壬

巳 戌 酉 辰

블라디미르 푸틴(Vladimir Putin), 러시아 대통령의 팔자(八字)다. 2000년 3월 26일 실시된 대통령 선거에서 투표자의 과반수 이상 지지를 얻어 러시아 대통령에 당선. 2004년 3월 14일 실시된 대통령 선거에서는 71.3%의 지지율을 얻어 재선되었다. 재격투살(財格透殺)로 파격(破格)되었다가, 재차 상관제살(傷官制殺)로 성격(成格)된 패중유성(敗中有成)의 유형이다. 酉月 丙火는 태양이 서산으로 기우는 것과 같으니 남은 빛이 강호(江湖)를 비추면 광휘(光輝)를 발(發)한다. 즉 壬水가 투(透)하면 부귀(富貴)가 무궁(無窮)하다. 따라서 먼저 壬水를 용신(用神)으로 삼고, 다음에 계수(癸水)를 취한다. **오행(五行) 생극제화(生剋制化)의 이법(理法)으로 성격(成格)되고, 조후용신(調候用神) 마저 투(透)하면 대부귀(大富貴)를 의심할 여지가 없다.**

冬火

[원시*TEXT]

冬月之火, 體絕形亡, 喜木生而有救, 遇水剋以為殃. 欲土制為榮, 愛火比為利. 見金為難任財, 無金而不遭害, 天地雖傾, 火水難成.

동월지화, 체절형망, 희목생이유구, 우수극이위앙. 욕토제위영, 애화비위리. 견금위난임재, 무금이불조해, 천지수경, 화수난성.

[일람*Scanning]

1. 冬火는 형체를 상실하니 木의 生을 기뻐하여 救濟됨이 있고, 水의 剋을 당하면 災殃이 따른다.

2. 土로 制하면 榮華롭고, 火의 比肩과 친밀하니 利롭게 작용한다.

3. 金을 만나면 財를 감당하기 어려우니 해롭고, 金이 없다면 害를 입지 않으나 天地가 한편으로 치우치면 水火로는 이룰 수 없게 된다.

[숙달*Mastery]

동화(冬火)는 칠살봉재(七殺逢財)로 자칫 파격(破格)되기 쉽다. 동화(冬火)는 신약(身弱)한데 관살(官殺)은 왕(旺)한 때니 결과적으로 庚辛金은 火를 핍박하는 역할을 하게 되어 해롭다. 특히 해월(亥月)은 火의 절지(絕地)로 비록 병화(丙火)라 할지라도, 壬水를 써서 상격(上格)을 이루는 경우가 드물다. '난강망' 이론의 특징으로 '기(氣)의 진퇴(進退)'를 들지 않을 수 없는데, 동지(冬至: 양력 12월 22일경)를 기점으로 일양(一陽)의 기운이 생(生)하니 火는 다시 생기(生氣)를 회복한다. 따라서 해월(亥月)과 달리 자월(子月)의 후반에 이르면 능히 壬水를 써서 상격(上格)을 이룬다. 이때는 주로 戊土를 용(用)하는 식신제살(食神制殺)을 일격(一格)으로 삼고, 축월(丑月)에 이양(二陽)으로 기진(氣進)하면 壬甲을 용(用)해 살격용인(殺格用印)의 격국을 최상(最上)으로 간주하게 된다.

동화(冬火)에 金은 보통 해롭게 작용하나 겨울철의 丁火는 거의 예외없이 甲庚으로 벽갑인정(劈甲引丁)되는 바를 귀격(貴格)의 전형으로 삼게 된다. 이때 庚金의 존재는 기본적으로 살격(殺格)의 파격(破格) 요인으로 작용하게 되므로 일부는 성중유패(成中有敗), 혹은 패중유성(敗中有成)을 가리는 테크닉을 수반해야 하는 것으로 이해하는 경우가 있는데 더러 이 같은 이법(理法)이 잘 통하지 않을 때가 있다. 원문(原文)에는 甲庚이 양투(兩透)하면 과갑(科甲)이 분명하다고 했다. 이는 곧 **격국(格局)의 겉모습이 성격(成格)되지 않아도 조후지신(調候之神)이 모두 투(透)하면 능히 상격(上格)을 이루는 바를 뜻한다. 이점에 착안하여 탄생된 논리가 종래의 격국성패(格局成敗) 이법(理法)을 벗어난 십간론(十干論)이라 할 수 있다.** '진소암' 의 '적천수집요' 가 기준을 제시했다.

[연습*Exercise]

丁 丙 乙 癸
酉 戌 丑 亥

김대중(金大中), 대한민국 제15대 대통령의 팔자(八字)다. 2000년 노벨평화상을 수상했다. 丑月 丙火에 癸水가 투출(透出)하면 상관격(傷官格)

이 정관격(正官格)으로 격(格)이 좋게 변한 것이다. 차명(此命)은 관인상생(官印相生)으로 성격(成格)된 귀명(貴命)이다. 다만 살상겁(殺傷劫)의 흉신(凶神)이 모두 형지(刑地)에 임(臨)했으니 이들은 삶의 파란(波瀾)을 예고하는 요소다. 亥 중 甲木과 酉 중 庚金으로 조후(調候)를 완성시켜 대귀(大貴)를 논할 수 있다.

■ 論土

[원시*TEXT]

五行之土, 散冠四維, 故金木水火, 依而成象, 是四時皆有用有忌者. 火, 死酉也. 水, 旺子也. 蓋土賴火運, 火死則土囚. 土喜水才, 水旺則土虛. 土得金火, 方成大器. 土高無貴, 空惹灰塵. 土聚則滯, 土散則輕.

오행지토, 산관사유, 고금목수화, 의이성상, 시사시개유용유기자. 화, 사유야. 수, 왕자야. 개토뢰화운, 화사즉토수. 토희수재, 수왕즉토허. 토득금화, 방성대기. 토고무귀, 공야회진. 토취즉체, 토산즉경.

[일람*Scanning]

1. 土는 四維의 매개로 흩어져 있으며 까닭에 金木水火는 이에 의지하여 相을 이루며 四時에 따라 길흉이 달리 한다.

2. 火는 酉에서 死하고, 水는 子에서 旺하다.

3 대개 土는 火運에 의지하니 火가 死하면 休囚된다.

4. 土는 水의 財를 기뻐하나 水旺하면 虛해진다.

5. 土가 金과 火를 얻으면 바야흐로 큰 그릇이 된다.

6. 土가 지나치면 貴가 없고 재와 먼지만 일으킨다.

7. 土가 모이면 막히고, 土가 흩어지면 가볍다.

[숙달*Mastery]

사유(四維)란 간궁(艮宮)의 축인(丑寅), 손궁(巽宮)의 진사(辰巳), 곤궁(坤宮)의 미신(未申), 건궁(乾宮)의 술해(戌亥)로 사궁(四宮)에 매임을 뜻한다. 木火金水는 土에 의지해서 상(象)을 이루니 사물(事物)의 시작과 끝이라 할 수 있고, 춘하추동(春夏秋冬)의 기후에 따라 길흉을 달리 한다. 土는 그 자체로 보면 寅申에서 기생(寄生)하므로 午와 子에서 왕(旺)한다. 그러나 土는 火를 보아야 귀격(貴格)을 이루므로 화운(火運)에 의지한다는 것이다. 土는 水를 얻으면 수재(水財)를 기뻐하지만 수왕(水旺)하면 무너지고 흩어지게 된다. 그러므로 土는 寅申巳亥에서 기생(寄生), 기왕(寄旺)하지만 水의 생왕지(生旺地)에서는 진흙이 되고 얼어붙으므로 土가 水와 마찬가지로 申에서 생(生)하고 해(亥)에서 록(祿)이 된다는 설은 통하지 않는 것이다. 즉 **간지(干支)의 관계를 논하자면, 戊己土는 火와 마찬가지로 寅과 巳에서는 생록(生祿)이 성립되므로 이 두 글자에 한해서만 '통근(通根)의 유력(有力)'으로 간주하게 된다.**

土가 金火를 얻어 큰 기물(器物)을 이룬다는 것은 추월(秋月)의 土가 당왕(當旺)한 金의 설기(洩氣)를 火로 원신(元神)을 보(補)하여 감당함을 의미하는 것인데 이로써 으뜸가는 명(命)이 되기 쉽다. 이 대목을 평범하게 사유하면 식다용인(食多用印)의 성격(成格) 정도로 이해하고 지나칠 수 있으나 실은 그리 간단한 문제가 아니다. 엄밀히 따져 식다용인격(食多用印格)은 겉으로는 대귀(大貴)를 논할만한 유형에 속하지 않고, 자칫 추월(秋月)의 土 일간(日干)인 식신격(食神格)은 식신봉효(食神逢梟)로 파격(破格)의 공산이 될 가능성을 배제할 수 없는 것이다. 따라서 원문이 대기(大器)로 거론하는 土金火의 조합은 첫째 상관패인격(傷官佩印格)과 다음으로는 식신(食神)이 편인(偏印)을 만났는데 재(財)가 편인을 파괴하여 식신(食神)을 보호하는 패중유성(敗中有成), 즉 구응(救應)의 유형을 의미한다. 이를테면 추월(秋月)의 戊己土가 丙火를 보는 것은 매우 상서로운 상황인데, 이때 재(財)인 癸水로 丙火를 견제하는 격국(格局)의 형태는 일품(一品), 일격(一格)으로 손색이 없다.

土가 辰戌丑未 월에 태어나면 두터움이 지나쳐 필시 甲木으로 소벽(疏闢)해야 마땅하다. 土가 내외(內外)로 왕성하면 火를 어둡게 하고, 水를 오염시켜 먼지와 흙탕물로 천지(天地)를 어둡게 한다. 만일 土가 적은데 木이 극(剋)하면 흩어지니 이 모두 근심이 따르고, 괴멸되는 화근(禍根)이 되는 것이다.

[원시*TEXT]

辰戌丑未, 壹心正也. 分陰分陽, 主則不同. 辰有伏水；未有匿木, 滋養萬物, 春夏為功；戌有藏火；丑有隱金. 秋火冬金, 肅殺萬物. 土聚辰未為貴, 聚丑戌不為貴. 是土愛辰未, 而不愛丑戌也明矣. 若更五行有氣, 人命逢之, 田產無比. 晚年富貴悠悠.

진술축미, 일심정야. 분음분양, 주즉불동. 진유복수 ; 미유닉목, 자양만물, 춘하위공 ; 술유장화 ; 축유은금. 추화동금, 숙살만물. 토취진미위귀, 취축술불위귀. 시토애진미, 이불애축술야명의. 약경오행유기, 인명봉지, 전산무비. 만년부귀유유.

[일람*Scanning]

1. 辰戌丑未는 土의 한결같은 기운이다.

2. 이는 陰과 陽으로 나누어지며 주관하는 바가 같지 않다.

3. 辰은 水를 숨기고, 未는 木을 감추어 만물을 滋養하니 春夏의 功이 있으며, 戌은 火를 품고, 丑은 金을 감추고 있다.

4. 秋火와 冬金은 만물을 肅殺한다.

5. 따라서 土가 辰未에 모이면 貴가 있고, 丑戌에 모이면 貴가 없다.

6. 이것은 土가 辰未를 좋아하고, 丑戌을 꺼림이 분명한 것이다.

7. 만일 五行이 有氣한데 人命에서 이를 본다면 전답과 재산이 견줄 바가 없게 된다.

8. 晩年 富貴가 오래토록 유지될 것이다.

[숙달*Mastery]

원시(原詩)에서 논한 辰未와 丑戌의 차이는 팔자술(八字術) 실전에서 '마스터' 들이 즐겨 구사하는 대목인데, 그 용법은 대개 두 가지로 함축

된다. 첫째는 단순하게 명(命) 중에 속한 辰未의 양생(養生)을 丑戌이 지닌 수장(收藏)의 의미보다 우위에 두고 귀(貴)를 조율하는 식이다. 가령 오행이 유기한 상태에서 辰이나 未를 더하게 되면 부귀격(富貴格)을 의심치 않게 된다. 둘째는 土가 丑이나 戌에 모인 경우, 火로 보온하고 水로 윤택하게 구성되었는지의 여부를 살펴 영묘(靈妙), 귀천(貴賤)의 차별을 논하는 기법이 있다.

[원시*TEXT]

若土太實無水, 燥則不和；無木則不疏通；土見火則焦, 女命多不生長.

약토태실무수, 즉불화 ; 무목즉불소통 ; 토견화즉초, 명다불생장.

[일람*Scanning]

만약 土(토)가 너무 實(실)하고 水(수)가 없으면 조열해서 조화되지 못하고, 木(목)이 없으면 소통되지 못하며, 火(화)를 보면 불타 상하니 女命(여명)에 火土(화토)가 많으면 生長(생장)하지 못한다.

[숙달*Mastery]

여자의 운명이 화다토초(火多土焦)로 생장(生長)이 어렵다는 말은 글자 그대로 발육(發育)이 부진하고 나아나 과부(寡婦)의 고(孤)함을 암시하는 얘기다. 남자 역시 마찬가지로 홀아비의 신세를 면키 어려우며 관도(官途)에 걸림이 무수하다. 이를테면 午月 戊土 생이 팔자(八字)에 水가 없고, 甲木을 보면 얼핏 양인로살(陽刃露殺)로 성격(成格)된 것으로 판단하기 쉽지만, 실은 甲木이 소토(疏土)하기 전에 오히려 火를 왕(旺)하게 하여 양인도과(陽刃倒戈)의 흉조를 면키 어렵다는 것이다. 즉 **격국(格局)이 성격(成格)되어도 조후(調候)가 결여되면 참다운 부귀(富貴)를 논할 수 없다는 것이다.** 한때의 영화(榮華)는 기대할 수 있으나 그 수명이 길지 않다. 반면 조후(調候)가 갖추어졌다고 해서 바로 귀격(貴格)을 논할 순 없다. 대개 격국(格局)의 성격(成格)을 바탕으로 조후(調候)가 적합한 경우가 귀명(貴命)의 전형이기 때문이다. 다만 조후용신(調候用神)이 모두 투(透)하면 격(格)이 다소 훼손되어도 귀격(貴格)일 가능성이 높다.

[원시*TEXT]

土旺四季, 惟戊土困弱. 戊多為人好鬥, 多瞌睡. 辰未人好食, 丑人清省. 丑為艮土, 有癸水能潤而膏, 人命遇此, 主能卓立.

토왕사계, 유술토곤약. 술다위인호두, 다갑수. 진미인호식, 축인청성. 축위간토, 유계수능윤이고, 인명우차, 주능탁립.

[일람*Scanning]

1. 土(토)는 四季(사계)에 旺(왕)하나 유독 戊土(술토)만 困弱(곤약)하다.

2. 戊(술)이 많으면 싸우기를 즐기고, 잠이 많다.

3. 辰未(진미)가 있는 사람은 음식을 좋아하고, 丑(축)이 있으면 탐욕이 없고 사리가 분명하다.

4. 丑(축)은 艮土(간토)로 癸水(계수)로 윤택하게 하면 능히 높은 지위에 오른다.

[숙달*Mastery]

土의 다양성을 말하자면 끝이 없을 것이다. 이는 매우 흥미로운 내용을 담고 있는데, 대강을 말하자면 다음과 같다. 사계절의 土에서 가장 생기(生氣)가 없기로는 戌土라 할 수 있다. 辰土는 水木을 모두 함유하여 번성의 기세가 가장 강하고, 未土 또한 암장(暗藏)된 乙木의 생명력이 쇠(衰)하지 않는다. 丑土는 동토(凍土)로 한기(寒氣)가 있지만, 癸水의 윤택함이 있어 발전의 가능성이 있다. 간토(艮土)는 이양(二陽)이 진기(進氣)하므로 결코 죽은 땅으로 볼 수 없다. 더해서 丙火로 따뜻하게 비춘다면 만물이 생장하게 된다. 그런데 戌土는 추월(秋月)과 동월(冬月) 사이에 갇혀 기후가 숙살(肅殺)할 때이고 암장(暗藏)된 丁火는 土를 메마르게 하니 생장(生長)를 의미를 퇴색시킨다. 까닭에 辰은 근면(勤勉)의 속성을 함유하지만, 戌이 많으면 잠이 많고 시비를 가리며 어리석은 성질을 품게 된다.

春土

[원시*TEXT]

生於春月, 其勢虛浮, 喜火生扶, 惡木太過, 忌水泛濫. 喜土比助, 得金而制木為祥. 金太多仍盜土氣.

생어춘월, 기세허부, 희화생부, 악목태과, 기수범람. 희토비조, 득금이제목위상. 금태다잉도토기.

[일람*Scanning]

1. 春土(춘토)는 기세가 부실하니 火(화)의 조력을 기뻐하고, 木(목)이 지나침을 기피하며 水(수)의 범람을 기피한다.

2. 土(토)의 比劫(비겁)으로 돕고 金(금)을 얻어 木(목)을 制(제)하면 좋다.

3. 金(금)이 지나치게 많으면 거듭 土氣(토기)가 상실되어 좋지 않다.

[숙달*Mastery]

원론적으로 춘토(春土)는 춘목(春木)이 영(令)을 잡아 木의 극(剋)을 火로 생(生)으로 변화시키면 살인상생격(殺印相生格)이 된다. 그러나 쇠토(衰土)를 火로 생부(生扶)하지 못하면 왕목(旺木)에 의해 필시 기울고 허물어진다. 이러한 이법(理法) 논리는 실로 간단해서 읽는 즉시 이해가 가하다. 가령 寅月 戊土는 살격(殺格)인데, 丙火를 보면 그 자체로 살격(殺格)이 인수격(印綬格)으로 바람직한 '용신(격국)의 변화' 가 나타난 격이다. 반면 丙甲이 동시에 출현했다면 격(格)은 원래의 살격(殺格)으로 회귀되고, 살격용인(殺格用印)으로 성격(成格)되는 것이다. 두 가지 경우 모두 살인상생(殺印相生)의 묘(妙)를 이룬 공통점이 있지만, 전자에 비해 후자는 두 글자가 상호간에 작용하여 서로 득(得)이 되었으므로 이를 순(純)이라 하고, 상득(相得)이라 해서 더욱 귀(貴)하게 여긴다.

반면 火의 생부(生扶)로 성격(成格)시키는 유형과 달리 "土의 비겁(比劫)으로 돕고 金을 얻어 木을 제(制)하면 좋다" 는 논리의 의미는 무엇일까. '조화원약평주' 에는 허약한 土가 수왕(水旺)하면 土가 허물어지므로 비겁의 부조(扶助)를 기뻐한다고 설명하는데, 동토(冬土)가 아닌 춘토(春土)를 논하는 이 대목에서는 썩 적절한 내용으로 보긴 어렵다. 土가 비겁을 기뻐한다는 논리는 기본적으로 춘토(春土)는 허(虛)하므로 음양간(陰陽干)을 막론하고, 인수(印綬)와 비겁(比劫)의 조력을 바람직하게 여긴다는 뜻이고, 특히 음토(陰土)인 己土의 경우에는 인수(印綬)보다 비겁(比劫)의 조력을 더욱 기뻐하는 경우가 많음을 뜻하는 것이다. **'적천수' 에 이르길 己土는 돕고 막으라고 했다. 돕는 것은 丙火다.** 또 庚을 얻어 木을 제(制)해야 좋다고 한 대목은 특별히 사유할 필요가 없이 쉽게 이해가 가는 부분이다.

[연습*Exercise]

壬 戊 庚 辛
子 申 寅 亥

로널드 레이건(Ronald Reagan), 미국 제 40대 대통령으로 역대 최고의 대통령으로 손꼽히는 인물의 팔자(八字)다. 2004년 甲申年, 93세를 일기로 타계했다. 그는 냉전에서 소련을 이겼지만, 재임 기간 중 재정 적자와 경상 적자 등 쌍둥이 적자가 급증해, 미국 경제의 '펀더멘탈'을 결정적으로 악화시켰다. 차명(此命)은 살용식제(殺用食制)로 성격(成格)된 명(命)이다. 시간(時干)의 壬水로 인해 칠살봉재(七殺逢財)의 파격(破格)으로 간주할 여지가 있지만, **양간(陽干)이 월령(月令)을 득(得)한 이상 재살(財殺)로 격(格)이 파괴되는 경우는 거의 없다.** 정작 차명(此命)의 참다운 부귀(富貴)를 논할 수 있는 요인은 寅月 戊土의 조후용신(調候用神)인 丙火와 甲木, 癸水를 지지(地支)에서 품고 있다는 점에 있다.

夏土

[원시*TEXT]

夏月之土, 其勢燥烈, 得盛水滋潤成功, 忌旺火煆煉焦坼. 木助火炎, 水剋無礙。金生水泛, 妻才有益, 見比肩蹇滯不通. 如太過又宜木剋.

하월지토, 기세조렬, 득성수자윤성공, 기왕화하련초탁. 목조화염, 수극무애. 금생수범, 처재유익, 견비견건체불통. 여태과우의목극.

[일람*Scanning]

1. 夏土는 燥烈하니 水가 盛하여 滋潤하면 성공하고, 火가 旺해 煆煉되면 땅이 메말라 갈라지므로 꺼리게 된다.

2. 木은 火를 타오르게 하나 水의 剋이 있으면 거리낌이 없다.

3. 金이 水를 도우면 妻福과 財福이 좋고, 比肩을 보면 막혀 通하지 않게 된다.

4. 土가 지나치면 재차 木으로 剋해야 마땅하다.

[숙달*Mastery]

하토(夏土)는 메말랐으므로 水의 자윤(滋潤)을 얻는 게 관건이다. 최상의 유형은 인다용재격(印多用財格)이다. 또한 하월(夏月)에는 土가 가장 왕(旺)한 때이니 비겁(比劫)이 도움이 되지 않고, 토왕(土旺)하면 이를 木으로 소토(疏土)해야 귀(貴)를 논할 수 있게 된다. 이것은 대개 양인로살(陽刃露殺) 내지 록겁용관(祿劫用官)의 성격(成格) 포맷을 뜻한다.

[연습*Exercise]

庚 己 丙 壬

午 丑 午 辰

펄 벅(Pearl Buck)의 팔자(八字)다. 미국의 여류 작가 최초로 노벨문학상이 '대지' 3부작에 수여되었다. 펄 벅 재단을 설립하여 전쟁 중 미군으로 인해 아시아 여러 국가에서 태어난 사생아 입양 알선 사업을 벌였다. 인용상관(印用傷官)의 귀명(貴命)이자, 壬水 재(財)로 조후(調候)를 완비(完備)하여 부귀격(富貴格)으로 손색이 없다. 이때 壬水 재(財)로 인해 파격(破格)된 것으로 판단하기 쉬운데, 년간(年干)의 壬水는 시간(時干)의 상신(相神) 庚金에 작용하지 못한다. 삼하(三夏) 己土는 조후(調候)가 시급하므로 먼저 癸水를 용신(用神)으로 삼아야 화염토조(火炎土燥)를 면하게 된다. **癸水로 화기(火氣)를 막고 丙火로 도우면 최선의 기후(氣候)를 완성한다.** 따라서 조후(調候)의 측면으로 보자면 지지(地支)는 이상적인 글자로 구성된 셈이다. 이것은 격국(格局)의 성격(成格) 이상의 의미를 지닌다.

★ 귀천(貴賤)과 성패고저(成敗高低)

격국(格局)의 성패(成敗), 귀천(貴賤)과 고저(高低)는 모두 비슷한 의미로 쓰인다. 각각은 공통적인 의미를 담는 동시에 차별되는 내용이 있다. 차이를 분별하자면 팔자(八字)를 그릇에 비유해서 설명해 볼 수 있다. 성패(成敗)는 그릇의 모양(shape)과 같은 것으로 온전한 형태이거나, 흠이 있거나 깨진 모습으로 구분되는 개념이다. 반면 고저(高低)는 그릇의 용량을 의미하므로 일종의 '커패서티(capacity)' 내지 '잠재력(potentiality)' 으로 이해하면 무난하다. 귀천(貴賤)은 포괄적인 개념으로 성패(成敗)나 고저(高低)의 구분에 모두 적용될 수 있다. **결론적으로 부귀(富貴)의 정도를 가늠할 때는 그릇의 외형과 용량을 모두 살펴 정한다. 외형은 생극제화(生剋制化)의 이법(理法)에 가깝고, 용량은 기후(氣候)와 밀접하다.** 다만 이 두 가지 요소가 완전하게 분리되는 개념은 아니다.

<table>
<tr><td rowspan="3">貴(귀)</td><td>高(고)</td><td>成格(성격)</td><td>調候(조후) 완성</td><td rowspan="4">用神(용신)의 勢力(세력) 輕重(경중)으로 높낮이를 세분화</td></tr>
<tr><td rowspan="2">低(저)</td><td>破格(파격)</td><td>調候(조후) 완성</td></tr>
<tr><td>成格(성격)</td><td>調候(조후) 불비</td></tr>
<tr><td>賤(천)</td><td>低(저)</td><td>破格(파격)</td><td>調候(조후) 불비</td></tr>
</table>

秋土

[원시*TEXT]

秋月之土, 子旺母衰, 金多而耗盜其氣, 木盛須制伏純良. 火重重而不厭, 水泛泛而不祥, 得比肩則能助力, 至霜降不比無妨.

추월지토, 자왕모쇠, 금다이모도기기, 목성수제복순량. 화중중이불염, 수범범이불상, 득비견즉능조력, 지상강불비무방.

[일람*Scanning]

1. 秋土는 食傷 자식이 旺한 반면 그 어머니는 衰한 격이니, 金이 많으면 氣가 몹시 소모되고, 木이 盛하면 制伏되어 순하며 어질게 된다.

2. 火는 아무리 많아도 꺼리지 않고, 水가 범람하면 상서롭지 못하며 比肩을 얻으면 능히 도움이 되지만 이 또한 霜降이 지나면 比劫이 있어도 소용이 없다.

[숙달*Mastery]

자왕모쇠(子旺母衰)의 추토(秋土)는 힘이 빠진 형국으로, 금왕(金旺)한 때에 火의 조력을 기피할 리 만무하다. 가을철의 土, 식상격(食傷格)이 인수(印綬) 丙火를 보아 상관패인(傷官佩印)으로 성격(成格)된다면 매우 길하다. 추토(秋土)는 먼저 丙을 쓰고, 癸로 보좌(補佐)하여 조토불능생금(燥土不能生金)의 불령(不靈)함을 면해야만, 식상(食傷)의 수기(秀氣)를 살려 과갑(科甲)에 이르는 최상격(最上格)을 이룬다.

보통 일원(日元)이 약(弱)한데 식신(食神)이 태과(太過)한 중에 인성(印星)이 있다면 식다용인(食多用印)의 성격(成格)으로 판단하기 쉽다. 그러나 식신격(食神格)이 편인(偏印)를 보게 되면 식신봉효(食神逢梟)로 파격(破格)이 되는 수가 있다. 식신격(食神格)이 효신(梟神)을 보아 식신봉효(食神逢梟)로 파격(破格)되는 것과 인수격(印綬格)이 식상(食傷)을 보아 인용식상(印用食傷)으로 성격(成格)되는 유형의 차이조차 분별하지 못한다면 아직 '난강망' 을 읽을 수준에 달하지 못한 것이다. 이때는 '자평진전' 으로 '피드백' 해야만 한다. **기후(氣候)가 완성된 다 같은 상격(上格)이라도 격국(格局)의 성패(成敗) 여부로 귀(貴)의 고저(高低)를 구분할 수 있다.**

[연습*Exercise]

壬 戊 壬 甲

戌 子 申 辰

덩샤오핑(鄧小平)의 명(命)이다. 신장 150cm를 겨우 넘는 중국 공산당의 지도자로 그는 중국 변화의 상징이 되었다. 차명(此命)은 기명종재격(棄命從財格)으로 甲木이 투(透)하여 재왕생관(財旺生官)의 가명(佳命)이 되었다. 이와 같이 대개 **방국(方局)과 기세(氣勢)로 온전한 진종(眞從)의 팔자(八字)는 그 자체로 귀격(貴格)을 논한다. 이때는 丙火의 조후(調候)를 굳이 거론할 필요가 없다. 반면 가종격(假從格)은 기후(氣候)와의 상관 관계에서 자유롭지 못하다.** 이때는 필시 조후용신(調候用神)의 분포 여부를 가려 귀천(貴賤)을 논해야 한다.

'난강망' 이나 '조화원약평주' 의 내용은 이런 점을 명백하게 설명하지 않고 있으므로 독자들이 혼선을 빚기 쉽다. 이것은 격국(格局)의 분할이 완전하지 못한 시점에 탄생된 명서(命書)이기도 하고, 후대의 인사들이 더욱 정교하게 다듬지 못한 해설로 마감한 바에 연유한다.

★ 외격(外格)의 귀천(貴賤)

貴	眞	기본적으로 調候와 무관하며, 月別 十干에 따라 간혹 예외적인 경우가 있다
	假	調候 겸비
賤	假	調候 불비

冬土

[원시*TEXT]

冬月之土, 外寒內溫, 水旺才豐, 金多子秀, 火盛有榮, 木多無咎. 再加比肩扶助為佳, 更喜身主康強足壽.

동월지토, 외한내온, 수왕재풍, 금다자수, 화성유영, 목다무구. 재가비견부조위최, 갱희신주강강족수.

[일람*Scanning]

1. 冬土는 겉으로 추워도 안으로 따스한 기운이 있어 水가 旺해도 재물이 풍족하고, 金이 많아 자식이 뛰어나며, 火가 盛하면 영화롭고 木이 많아도 허물이 없다.

2. 재차 比肩이 더해지면 최고의 命이 되고, 편안하고 튼튼한 命主로 壽가 足할 것이다.

[숙달*Mastery]

원문의 내온(內溫)이 의미하는 바를 이해하기가 수월치 않다. 일단 자연 현상을 있는 그대로 사유해 보자면, 비록 동토(凍土)라 해도 땅속 깊은 곳은 온기(溫氣)를 품게 마련이다. 또한 동화(冬火)와 마찬가지로 동지(冬至) 이후에 진기(進氣)하는 양(陽)의 기세에 편승하는 용법을 구사할 수도 있다. 특히 亥月 戊土는 소양(小陽)에 있으니 미약하나마 양기(陽氣)가 있다. 그러나 이보다는 **戊土와 壬水의 십간(十干) 관계의 이로운 현상에서 답을 찾는 것도 용이한 방편이 될 수 있다.** 丙火와 壬水, 戊土와 壬水, 庚金과 壬水는 희기신(喜忌神) 여부를 떠나 대개 좋은 상호작용을 한다.

동토(冬土)는 무엇보다 火로 따뜻하게 해 주는 것을 가장 기뻐한다. 까닭에 겨울철의 土가 일단 丙火만 보면 부자(富者)로 살아간다고 보면 무리가 없다. 이에다 土의 비견(比肩)까지 더해지면 금상첨화(錦上添花)가 된다. 동토(冬土)는 여타의 계절과 달리 꽤 긍정적인 의미를 담고 있다. 이것은 기본적으로 재격(財格)이 되기 때문이다. 대지(大地)는 만물을 품는 어머니에 비유되므로 丙火로 조후(調候)되어 재격투인(財格透印)으로 성격(成格)되기만 하면 매우 풍요로운 명(命)이 된다. 그러나 火가 없는 겨울철의 土는 水金木土가 다 부담이 된다. 수왕(水旺)하면 파산하고, 금왕(金旺)하면 허약하며, 목다(木多)는 구설(口舌)이 분분해진다. 비견(比肩) 또한 쓸모 없는 土를 중(重)하게 만들어 흉해진다.

[연습*Exercise]

壬 戊 己 庚

戌 寅 丑 辰

딕 체니(Dick Cheney), 미국 부통령의 팔자(八字)다. 戊土와 壬水가 조합된 록겁용재(祿劫用財)의 귀명(貴命)은 부(富)한 가운데 귀(貴)를 취한다. 子月과 丑月은 매우 추운 계절이므로 이때는 土가 얼어붙으니 조후(調候)가 시급하다. 응당 丙火를 용신(用神)으로 삼게 되고 丙火가 없으면 귀(貴)를 이루기 어렵다. '난강망' 에 이르길 丙火가 암장(暗藏)되면 생원(生員)에 지나지 않는다고 했지만 실상은 그렇지 않다. **격국(格局)이 성격(成格)되고, 조후용신(調候用神)을 갖추면 능히 부귀격(富貴格)을 이룬다. 즉 조후용신(調候用神)은 장간(藏干)으로 구비되어도 기후(氣候)의 완성에 기여한다는 얘기다.** 차명(此命)은 寅木에 丙火와 甲木의 조후용신(調候用神)을 구비하여 부귀격(富貴格)을 이루었다. 특히 寅에서는 火木의 생록지(生祿地)로 용신(用神)이 힘을 얻어 귀(貴)가 한층 높아진 셈이다.

2006년 丙戌年, 형충(刑沖)이 교차하며 개고(開庫)된 乙丁이 庚壬을 합거(合去)하여 기반을 상실케 하므로 매우 불리한 한해 상황이 예견된다. 이것은 수(壽)와도 관련이 있다.

論四季月之土

[원시*TEXT]

辰戌丑未, 四土之神. 惟未土為極旺, 何也? 辰土帶木氣剋之, 戌丑之土, 帶金氣洩之, 此三土雖旺而不旺, 故土臨此三位, 金多作稼穡格, 不失中和. 若未月土則帶火氣也, 帶火氣以生之, 所以為極旺也. 若土臨此旺未月, 見四柱土重, 多作火炎土燥, 不可作稼穡看. 但臨此月之土, 見金結局者, 不貴即富也. 書曰 : 土逢季月見金多, 終為貴論, 而在未月尤甚.

진술축미, 사토지신. 유미토위극왕, 하야? 진토대목기극지, 술축지토, 대금기설지, 차삼토수왕이불왕, 고토림차삼위, 금다작가색격, 불실중화. 약미월토칙대화기야, 대화기이생지, 소이위극왕야. 약토림차왕미월, 견사주토중, 다작화염토조, 불가작가색간. 단림차월지토, 견금결국자, 불귀즉부야. 서왈 : 토봉계월견금다, 종위귀론, 이재미월우심.

[일람*Scanning]

1. 辰戌丑未(진술축미)는 四土(사토)의 神(신)으로 土(토)가 가장 왕성할 때다.

2. 이중 가장 極旺(극왕)한 것은 未土(미토)다.

3. 辰土(진토)는 木氣(목기)를 띠어 剋(극)함이 있고, 戌丑土(술축토)는 金氣(금기)를 띠어 洩(설)하므로 이 세 가지는 비록 旺盛(왕성)한 때나 실은 旺(왕)하지 않으며, 따라서 土(토)가 辰戌丑(진술축)에 이르면 中和(중화)를 잃지 않으므로 金(금)이 많으면 稼穡格(가색격)을 이룬다.

4. 만약 未月(미월) 土(토)가 火氣(화기)를 띠면 火가 生(생)하여 土(토)는 極旺(극왕)하게 된다.

5. 만일 土旺(토왕)한 未月(미월)에 重(중)한 土(토)를 또 만나면 火炎土燥(화염토조)가 지나쳐 稼穡格(가색격)을 이루지 못한다.

6. 다만 이 未月(미월)의 土(토)도 金局(금국)을 이루면 貴(귀)는 아니나 富格(부격)은 이룬다.

7. 古書(고서)에 이르길, 四季(사계)의 土(토)가 金多(금다)하면 貴格(귀격)을 이룬다고 했는데 未月(미월)은 특히 그것을 요한다.

[숙달*Mastery]

지지(地支) 土의 네 글자 중 가장 토기(土氣)가 왕성하고 두터운 것은 未土다. 土는 金으로 설기(洩氣)되므로 丑戌은 지나치게 왕(旺)하지 않다. 다만 원문에서 辰은 乙木의 극(剋)을 받아 불왕(不旺)하다고 했는데 그렇다면 未土 또한 乙木의 극(剋)을 받기는 매한가지다. 辰이 불왕(不旺)한 것은 乙木의 극(剋)보다는 癸水가 戊土를 자합(自合)하는 까닭이다. 반면 未土는 火土가 같이 성(盛)하여 木은 분화(焚火)되므로 극왕(極旺)에 이르는 것이다. 이 대목에서 주목할 점은 **외형이 온전한 가색격(稼穡格)을 이루어도 未月에 한해서는 화염토조(火炎土燥)가 지나쳐 귀격(貴格)을 짓지 못한다고 설명한 부분이다.** 이를 두고 내, 외격(外格)을 막론하고 기후(氣候)는 팔자(八字)의 귀천(貴賤)을 가리는 절대 요소로 이해하기 쉬운데 실은 그렇지 않다. **외격(外格)에서 격국(格局)의 귀천(貴賤)을 가리는 요소로 기후(氣候)가 작용하는 경우는 제한적이다. 보통 방국(方局)을 이루는 글자에 암암리의 조후(調候) 요소가 내재되어 중화(中和)의 의미를 완전하게 상실하는 경우가 드물고, 여타의 지지(地支) 글자로도 보완될 수 있으므로 특별히 언급하는 경우가 아닌 한 그다지 기후(氣候)를 고려하지 않아도 문제가 나타나지 않는다.**

辰戌丑月의 土가 가색격(稼穡格)을 이루면 이미 월지(月支)에 암장(暗藏)된 오행(五行) 작용으로 중화(中和)의 요소를 잃지 않기에 팔자(八字)에 金을 보면 귀격(貴格)으로 하자가 없다. 반면 未月은 하왕토조(火旺土燥)하여 金을 생(生)하기 어려워, 귀격(貴格)을 단정하기 어렵다. 다만 이때도 대서(大暑) 이후라면 金水가 진기(進氣)하는 때로 金을 생(生)할 수 있다고 판단해서 귀(貴)를 논할 수 있다.

■ 論金

[원시*TEXT]

金以至陰為體, 中含至陽之精, 乃能堅剛, 獨異衆物, 若獨陰而不堅, 冰雪是也, 遇火則消矣. 故金無火煉, 不能成器, 金重火輕, 執事繁難. 金輕火重, 煆煉消亡. 金極火盛, 為格最精. 金火全, 名曰鑄印. 犯丑字, 即為損模. 金火多名為乘軒, 遇死衰, 反為不利.

금이지음위체, 중함지양지정, 내능견강, 독이중물, 약독음이불견, 빙설시야, 우화즉소의. 고금무화련, 불능성기, 금중화경, 집사번난. 금경화중, 하련소망. 금극화성, 위격최정. 금화전, 명왈주인. 범축자, 즉위손모. 금화다명위승헌, 우사쇠, 반위불리.

[일람*Scanning]

1. 金은 陰을 體로 삼으나 그 가운데 陽의 精을 내포하여 堅剛하고, 여러 물질과 달리 독특한 즉, 만일 陰으로만 되어 있다면 굳세지 않아 火를 보면 얼음과 눈처럼 소멸될 것이다.

2. 그러므로 火의 제련이 없는 金은 그릇을 이루지 못하며, 金이 重하고 火가 輕하면 일을 도모하기가 번거롭고 어렵다.

3. 金이 輕하고 火가 重하면 녹아 사라지게 된다.

4. 金(금)이 極旺(극왕)하고, 火(화)가 盛(성)하면 최고의 格(격)이 된다.

5. 金火(금화)가 모두 온전하면 鑄印(주인)이라 한다.

6. 이를 丑(축)의 글자가 氾(범)하면 模範(모범)이 훼손된다.

7. 金火(금화)가 많으면 乘軒(승헌)이라 하나, 死衰地(사쇠지)를 만나면 오히려 불리해진다.

[숙달*Mastery]

金은 음(陰)인 동시에 양(陽)의 강성(剛性)을 갖추고 있다. 여기에서 견강(堅强)하다는 것은 火의 공격을 받아도 그 형체를 잃지 않는다는 의미다. 따라서 庚金이 이에 해당한다. 음(陰)의 체(體)는 辛金을 가리키는 말로 이해하면 팔자술(八字戌) 실전에서 어렵지 않게 응용할 수 있다. 火金이 공히 강한 세력을 구축하고 온전하다면 金火가 양정(兩停)한 최상격(最上格)을 이루어 인사권을 갖고 좋은 차를 타게 되지만, 亥子丑의 세 글자가 火를 흐리면 불리해질 우려가 있다. 주인(鑄印)과 승헌(乘軒)은 곧 권세와 품위를 뜻하는데 金과 火로 귀격(貴格)을 이루었을 때 丑을 보게 되면 金이 입묘(入墓)되어 힘의 균형을 상실케 된다. 이것을 손모(損摸)라 하는 것이다. 즉 金이나 火가 사쇠지(死衰地)에 이른다면 둘 중 하나가 왕(旺)하게 되어 金火 주인(鑄印)의 권세를 잃게 되는 것이다.

[원시*TEXT]

木火煉金, 成名銳而退速. 純金遇水, 逢富顯以贏餘.

목화련금, 성명예이퇴속. 순금우수, 봉부현이영여.

[일람*Scanning]

1. 木火(목화)가 金(금)을 단련하면 예리함이 나타나 名(명)利(리)의 進退(진퇴)가 빠르다.

2. 純粹(순수)한 金(금)이 水(수)를 만나면 부유하고 현달하며 풍요로워 남아 넘친다.

[숙달*Mastery]

木이 火를 생(生)하고 이로써 金을 제련(製鍊)하면 예리함을 뽐내지만, 운(運)이 막히면 물러남이 빠르다. **순금(純金)이란 辛金을 뜻하는 것으로 水를 보면 수기(秀氣)를 발(發)한다.**

[원시*TEXT]

金能生水, 水旺則金沉； 土能生金, 金多則土賤. 金無水乾枯； 水重, 則沉淪無用. 金無土則死絕； 土重, 則埋沒不顯. 兩金兩火, 最上. 兩金兩木, 才足, 一金生三水, 力弱難勝； 一金得三木, 頑鈍自損. 金成則火滅, 故金未成器, 欲得見火； 金已成器, 不欲見火. 金到申酉巳丑, 亦可謂之成也, 運喜西北, 不利東南.

금능생수, 수왕즉금침 ; 토능생금, 금다즉토천. 금무수건고 ; 수중, 즉침륜무용. 금무토즉사절 ; 토중, 즉매몰불현. 량금량화, 최상. 량금량목, 재족. 일금생삼수, 력약난승 ; 일금득삼목, 완둔자손. 금성즉화멸, 고금미성기, 욕득견화 ; 금이성기, 불욕견화. 금도신유사축, 역가위지성야, 운희서북, 불리동남.

[일람*Scanning]

1. 金은 능히 水를 生하나 水旺한즉 金이 가라앉고, 土는 능히 金을 生하나 金多한즉 土는 賤해진다.

2. 金은 水가 없으면 乾枯하고, 水가 重하면 가라 앉아 잠기니 쓸모가 없다.

3. 金은 土가 없으면 死絕되고, 土가 重하면 매몰되어 드러나지 않게 된다.

4. 兩金兩火, 즉 金火가 두 개씩 있으면 最上이다.

5. 兩金兩木, 즉 金木이 두 개씩 있으면 재물이 足하다.

6. 하나의 金이 세 개의 水를 生하면 힘이 약해 승리하기 어렵고, 하나의 金이 세 개의 木을 얻으면 金이 물러져 손상을 입는다.

7. 金이 盛하면 火가 滅하므로 그릇을 이루지 못하고, 火를 얻기 바라지만 이미 器物을 이루었다면 火를 꺼린다.

8. 申酉巳丑에 이르면 가히 크게 이루므로, 西北運은 길하나 東南은 불리하다.

[숙달*Mastery]

금성(金盛)하면 화멸(火滅)한다는 것은 金이 申酉의 자리에 이르기 때문인데, 이때 火는 병사지(病死地)에 임한 게 되어 평범해지므로 火를 기뻐하게 된다. 그러나 이미 성기(成器)했음은 지지(地支)에 방국(方局)을 이루어 종혁격(從革格)이 되었음을 뜻하므로 이 경우에는 火를 꺼리고 서북운(西北運)이 길(吉)하다는 뜻이다.

春金

[원시*TEXT]

生於春月, 餘寒未盡, 貴乎火氣為榮；性柔體弱, 欲得厚土為助；水盛增寒, 難施鋒銳之勢；木旺損力, 有挫鈍之危, 金來比助, 扶持最妙. 比而無火, 失類非良.

생어춘월, 여한미진, 귀호화기위영；성유체약, 욕득후토위조；수성증한, 난시봉예지세；목왕손력, 유좌둔지위, 금래비조, 부지최묘. 비이무화, 실류비량.

[일람*Scanning]

1. 春金(춘금)은 寒氣(한기)가 다하지 않고 남았으니 貴(귀)는 火(화)로 영화롭게 함에 있다.

2. 性(성)이 柔(유)할 때이므로 두터운 土(토)로써 助(조)해야 한다.

3. 水(수)가 盛(성)하면 寒氣(한기)를 더하므로 칼끝이 예리해져 베푸는 미덕이 없다.

4. 木(목)이 旺(왕)하면 힘이 손상되어 金(금)이 이지러질 염려가 있으니, 金(금)의 比劫(비겁)이 도우면 가장 빼어남을 유지할 수 있다.

5. 다만 比劫(비겁)도 火가 없으면 장점을 잃어 어질지 못하게 된다.

[숙달*Mastery]

춘금(春金)을 두터운 土로 보좌해야 한다는 것은 춘월(春月)이 목왕(木旺)하여 토기(土氣)가 허약하기 때문이다. 먼저 재격투인(財格透印)의 격국을 떠올려 볼 수 있다. 다음으로 춘금(春金)이 수성목왕(水盛木旺)하면 반드시 비겁(比劫)으로 도와야 일단의 위태로움을 면한다. 재왕생관(財旺生官)이나 재살격(財殺格)은 반드시 신강(身强)해야만 격(格)을 이루기 때문이다. 또한 火가 없으면 완둔(頑鈍)함을 면치 못하여 불령(不靈)하므로, 火가 있어야 상제(相濟)가 가능한 것이다.

[연습*Exercise]

戊 庚 甲 丁

寅 辰 辰 卯

2005년 4월 콘클라베(교황선출 비밀회의)에서 4차례 투표 끝에 84표를 얻어 교황에 선출된 베네딕토 16세(Benedictus X VI)의 팔자(八字)다. 관인쌍전(官印雙全)하고, 辰月 庚金에 조후용신(調候用神) 甲木과 丁火가 공히 투(透)하고 월령(月令)을 얻어 진신(眞神)이므로 대귀격(大貴格)을 이루었다.

★ 오양간(五陽干)의 귀(貴)

대개 양일간(陽日干)은 양간(陽干)으로 극제(剋制)하는 것을 기뻐한다. 즉 칠살(七殺)로써 귀(貴)를 조율하는 경우가 많다. 甲木은 庚金을 기뻐하고, 丙火는 壬水를, 壬水는 戊土를 기뻐한다. 다만 庚金은 丁火 정관(正官)으로 단련(鍛鍊)됨을 기뻐한다. 戊土는 보통의 양간(陽干)과 달리 너무 강한 경우에는 극(剋)보다 설(洩)을 더욱 반기는 특징이 있다. 또한 사계절을 막론하고 丙火는 戊土의 귀(貴)를 돕는 역할을 수행한다.

십간 十干	성어 成語	비고 備考
甲◀庚	흔목위재 欣木爲材	직업에 충실하고 매우 굳건한 능력의 소유자로 회자된다.
丙◀壬	강휘상영 江暉相映	충성심과 복종심이 두터워 상당한 지위에까지 오른다.
戊◀丙	일출동산 日出東山	처음에는 다소간 고생하지만, 후일 대성하게 된다.
庚◀丁	화련진금 火煉眞金	기물을 이루어 관청이나 직장 근무에서 좋은 운을 만난다.
壬◀戊	산명수수 山明水秀	조직 생활에 잘 적응하고, 리더십을 갖추어 출세한다.

夏金

[원시*TEXT]

夏月之金, 尤為柔弱, 形質未備, 尤嫌死絕. 火多而卻為不厭；水盛而滋潤呈祥；見木而助鬼傷身；遇金而扶持精壯；土薄而最為有用；土厚而埋沒無光.

하월지금, 우위유약, 형질미비, 우혐사절. 화다이각위불염；수성이자윤정상；견목이조귀상신；우금이부지정장；토박이최위유용；토후이매몰무광.

[일람*Scanning]

1. 夏金은 더욱 유약하여 형태조차 완전하지 않으므로 死絕됨을 특히 꺼린다.

2. 火가 많음을 오히려 싫어하지 않고, 水가 盛하면 滋潤하여 상서로움을 띤다.

3. 木을 보면 鬼를 도와 몸을 傷하게 하고, 金을 만나면 도움을 얻어 뛰어나고 건장해진다.

4. 土가 엷으면 가장 유용하게 쓰이나 두터우면 매몰되어 빛을 잃는다.

[숙달*Mastery]

하월(夏月)의 金은 유약하여 형태조차 갖추지 못하니 사절(死絕)되면 흉하다. 火金 사이에는 대개 土가 기왕(寄旺)하니, 조토(燥土)는 金을 생(生)하기 어렵기 때문에 춘금(春金)보다 더 유약한 것이다. 까닭에 년일시지(年日時支)에서 재차 亥子의 사절지(死絕地)에 이르면 구제하기 어렵게 된다. 또 하금(夏金)은 유약해도 화다(火多)함을 두려워하지 않는다고 했다. 이것은 巳午未月에 모두 土가 암장(暗藏)되어 있기 때문이다. 암장(暗藏)된 土가 金을 생(生)하기는 어렵지만, 火 역시 土로 인해 金을 녹이기 어렵다는 얘기다. 이때는 水가 필요하다. 고서(古書)에 이르길 "하월(夏月) 군금(群金)은 원무(元武)가 있어야 묘(妙)해진다." 고 했다. 水는 火를 제(制)하여 土를 윤택하게 하므로 金을 생(生)한다는 것인데 '난강망' 논리의 절묘함은 바로 이런 점에 있다고 볼 수 있다.

土가 金을 낳는 것은 습(濕)과 조(燥)의 작용에 의하므로 여름철의 유약한 金을 생(生)하려면 수기(水氣)가 배합되어야 한다. 즉 壬癸水와 未土의 배합 혹은 丑土가 필요하다는 뜻이다. 여름철의 金이 木을 보면, 몹시 불리해질 수 있다. 木은 火를 생(生)하여 살(殺)의 공신(攻身)과 木을 파(破)하여 土의 인(印)을 상실케 하므로 귀(鬼)라 한 것이다. 이때는 金의 비겁(比劫)을 써서 신살양정(身殺兩停)이나 일시(日時)의 인(刃)으로 살(殺)에 대적하는 살격봉인(殺格逢刃)의 격국으로 성격(成格)되어야만 귀(貴)를 논할 수 있게 된다.

[연습*Exercise]

己 庚 丁 癸

卯 子 巳 亥

헨리 키신저(Henry Kissinger)의 팔자(八字)다. 1969년 R.M.닉슨 행정부 발족과 '키신저외교'를 전개하고 세계평화를 위한 노력으로 1973년 노벨평화상을 수상했다. 차명(此命)은 살격봉인(殺格逢印)으로 己土 인수(印綬)가 상신(相神)이다. 己土는 월령(月令)을 득(得)한 진신(眞神)으로 상격(上格)이다. 또한 子 중 壬水와 巳 중 戊土, 丙火와 월간(月干)의 丁火로 조후용신(調候用神)을 모두 다 갖추어 일격(一格)으로 분류하기에 모자람이 없다.

秋金

[원시*TEXT]

秋月之金, 當權得令, 火來煆煉, 遂成鍾鼎之材. 土多培養, 反惹頑濁之氣. 見水則精神越秀; 逢木則琢削施威; 金助愈剛, 剛過則決. 氣重愈旺, 旺極則衰.

추월지금, 당권득령, 화래하련, 수성종정지재. 토다배양, 반야완탁지기. 견수즉정신월수; 봉목즉탁삭시위; 금조유강, 강과즉결, 기중유왕, 왕극즉쇠.

[일람*Scanning]

1. 秋金은 當權, 得令하는 때니 火로 단련하면 鍾鼎의 재목을 이룬다.

2. 土가 많아 배양하면 오히려 완고하고 탁한 기운이 나타난다.

3. 水를 보면 정신이 월등히 뛰어나고, 木을 만나면 琢削의 위력을 떨치며 金이 도우면 더욱 강해지므로 과함이 지나치면 파괴된다.

4. 氣가 重한데 더욱 旺해지니 極旺에 다다르면 쇠약해진다.

[숙달*Mastery]

통상 추금(秋金)은 木火를 기뻐하여 록겁용관격(祿劫用官格)에 재(財)가 관(官)을 상수(相隨)함이 좋은 것이다. 水를 보아 정신월수(精神越秀)해짐은 辛金이 壬水를 만난 격으로 이를 금청수수(金清水秀)라 해서 매우 총명한 명(命)으로 판단하게 된다. 춘금(春金)과 추금(秋金)에 한해서는 록겁용식상(祿劫用食傷)이 귀격(貴格)을 이룬다. 水木을 같이 본다면 식상생재(食傷生財)가 되어 귀격(貴格)을 이룰 것이다.

[연습*Exercise]

丙 庚 乙 乙

戌 子 酉 亥

한국의 유명한 패션디자이너, '앙드레 김' 의 팔자(八字)다. **양인로살(陽刃露殺)로 재(財)의 보좌를 받아 상격(上格)을 이루었다.** 酉月 庚金은 월령(月令)의 양인(陽刃)이 영(令)을 잡았으니 살(殺)이 절지(絕地)에 이른다. 따라서 이때는 재(財)로 살(殺)을 생(生)해야 귀격(貴格)을 이룬다. 이 시기는 금기(金氣)가 가장 강하고 예리하며 추기(秋氣)가 깊어지는 때로 한기(寒氣)가 심하니 火로 조후(調候)해야 한다.

'적천수' 격국론(格局論)에 '官殺相混來問我, 有可有不可'(관살상혼래문아 유가유불가) 라는 구절이 있다. 보통 관살(官殺)이 섞이면 격(格)의 외형은 불순(不純)해지지만, 추월(秋月)의 庚金이 丙丁火를 함께 보면 귀격(貴格)을 이룬다. 이때 丁은 연금(鍊金)하기 위해, 丙은 조후(調候)로써 각각의 역할을 수행하는 것이다.

冬金

[원시*TEXT]

冬月之金, 形寒性冷；木多則難施琢削之功；水盛未免沉潛之患. 土能制水, 金體不寒, 火來助土, 子母成功, 喜比肩聚氣相扶, 欲官印溫養為利.

동월지금, 형한성랭 ; 목다즉난시탁삭지공 ; 수성미면침잠지환. 토능제수, 금체불한, 화래조토, 자모성공, 희비견취기상부, 욕관인온양위리.

[일람*Scanning]

1. 冬金은 寒冷하니 약하므로 木이 많은 즉 琢削하기 어려우며, 水가 盛하면 가라앉아 우환을 免키 어렵다.

2. 土는 능히 水를 制하니 金의 體를 차갑지 않게 하고 火가 와서 도우면 子母의 功을 이룬다.

3. 比肩이 모여 서로 부축함이 기쁘고, 官印으로 溫養하는 이로움이 있다.

[숙달*Mastery]

추금(秋金)은 水를 보아 능히 금수상함(金水相涵)이 되지만, 동금(冬金)은 금침수탕(金沈水蕩)이 되어 해롭다. 이때는 상관용재(傷官用財)로 성격(成格)된 명이라도 금수상관(金水傷官)은 귀격(貴格)이 되지 못한다. 따라서 동금(冬金)이 木을 보면 식상생재(食傷生財)로 성격(成格)된다 해도 상격(上格)의 범주에 속하지 않는 경우가 많고 오히려 재다신약(財多身弱)의 하격(下格)이 될 가능성이 높다. 土로 도우면 식다용인(食多用印)으로 성격(成格)되겠지만, 우선은 겨울철의 金이 火를 보아 상관대살(傷官帶殺)이나 기식취살(棄食就殺)로 격(格)을 이루어야만 격국(格局)이 더욱 높아지는 것이다. 이를 두고 금수상관희견관(金水傷官喜見官)이라 했다.

금수식상(金水食傷)은 火를 보아도 상관견관(傷官見官)으로 파격(破格) 되지 않으며, 상관대살(傷官帶殺) 중에서도 특히 금수상관(金水傷官)이 칠살(七殺) 화기(火氣)를 보는 바를 최상격(最上格)으로 본다. ‘적천수’ 격국론(格局論)에 ‘傷官見官果難弁(상관견관과난변), 可見不可見(가견불가견)’ 이라는 구절은 이러한 경우를 말한 것이다.

[연습*Exercise]

戊 辛 辛 辛

戌 酉 丑 巳

고이즈미 준이치로(小泉純一郎), 일본 수상(首相)의 팔자(八字)다. 지지(地支) 금국(金局)을 지어 종혁격(從革格)이다. 차명(此命)은 乙未 대운(大運) 중인 2001년에 일본 제87대 내각 총리대신으로 권좌에 오른 이래, 지금까지 88대, 89대에 이르기까지 건재함을 과시하고 있다. 이와 같이 온전한 외격(外格)이 성립되면 그 자체로 귀(貴)를 논하고, 대운(大運)과 세월(歲月)의 희기(喜忌)를 보는 법이 같다. 보통 **외격(外格)은 조후(調候)에 구애됨이 없는 것으로 판단하기 쉬운데, 실제로는 귀(貴)를 결정짓는 조후용신(調候用神)이 암장(暗藏)되어야 명리쌍전(名利雙全)하게 된다.**

■ 論水

[원시*TEXT]

天傾西北, 亥為出水之方, 地陷東南, 辰為納水之庫, 逆流到申而作聲, 故水不西流. 水性潤下, 順則有容, 順行十二神, 順也, 主有度量, 有吉神扶助, 乃貴格. 逆則有聲, 逆行十二神, 逆也. 入格者, 主清貴, 有聲譽. 忌刑剋, 則橫流, 愛自死自絕則吉.

천경서북, 해위출수지방, 지함동남, 진위납수지고, 역류도신이작성, 고수불서류. 수성윤하, 순즉유용, 순행십이신, 순야, 주유도량, 유길신부조, 내귀격. 역즉유성, 역행십이신, 역야. 입격자, 주청귀, 유성예. 기형극, 즉횡류, 애자사자절즉길.

[일람*Scanning]

1. 하늘은 西北으로 기울어 亥에서 水가 나는 방위고, 땅은 東南으로 앉아 辰이 納水하는 곳이니 물이 逆流하여 申에 이르면 소리를 내므로 西로 흐르지 않는다.

2. 水의 성질은 아래로 적셔 순리대로 가면 관용심이 있고, 十二神을 순행하면 順이라 하니 도량이 있으며 吉神이 도와주면 貴格이 된다.

3. 逆하면 소리가 나니 十二神을 역행하면 거역함이 된다.

4. 格에 드는 자는 주로 清貴하며 명예와 명성이 있다.

5. 刑剋을 꺼려 橫流하게 되고 自死, 自絕을 사랑하는 바 吉하다.

[숙달*Mastery]

사시(四時)의 기(氣)는 水火로 생성되는데, 水는 申에서 생(生)하여 亥子에서 녹왕(祿旺)을 얻고, 辰에 이르러 그치게 귀납(歸納)된다. 辰은 水의 묘(墓)다. 대운(大運)이 순행(順行)하면 대개 무난하나 역행(逆行)하면 사나워져 소리가 나므로 애로(隘路)가 나타나기 쉽다. 순행(順行)이란 申酉戌亥子丑寅卯辰巳午未 순으로 흐르는 것을 말하고, 역행(逆行)이란 申未午巳辰卯寅丑子亥戌酉로 흐르는 것을 말한다. 순행하든, 역행하든 모두 입격(入格)하면 귀(貴)가 따르고 명성이 나지만, 형충(刑沖)되면 사나워져 제방을 무너뜨리므로 경계(境界)를 일탈(逸脫)하는 위태로움이 있다. 자사(自死)는 癸卯이고, 자절(自絕)은 癸巳로 일귀격(日貴格)을 이루어 길함이 있다.

서출동류(西出東流)의 수성(水性)을 대운(大運)의 순행과 역행으로 설명한 대목은 멋진 설명이다. 유독 水에 한해서는 대운이 역행하면 인생의 변화와 기복에 노출될 우려가 있음을 시사한 것이다. 물은 한 마디로 역류(逆流)됨과 횡류(橫流)됨을 꺼리는데 전자는 대운의 순역(順逆)으로, 후자는 형충(刑沖)으로 화액(禍厄)의 조짐을 논했던 것이다.

[원시*TEXT]

水不絕源, 仗金生而流遠, 水流泛濫, 賴土剋以堤防. 水火均, 則合旣濟之美. 水土混, 則有濁源之凶. 四時皆忌火多, 則水受渴. 忌見土重, 則水不流. 忌見金死, 金死則水困. 忌見木旺, 木旺則水死. 沈芝云 : 水命動搖, 多主濁濫, 女人尤忌之. 口訣云

: 陽水身弱, 窮, 陰水身弱, 主貴.

수불절원, 장금생이류원, 수류범람, 뢰토극이제방. 수화균, 즉합기제지미. 수토혼, 즉유탁원지흉. 사시개기화다, 즉수수갈. 기견토중, 즉수불류. 기견금사, 금사즉수곤. 기견목왕, 목왕즉수사. 심지운 : 수명동요, 다주탁람, 녀인우기지. 구결운 : 양수신약, 궁, 음수신약, 주귀.

[일람*Scanning]

1. 水의 원천이 끊이지 않음은 金이 生하여 遠流하는 것에 의지한다.

2. 水가 泛濫하면 土를 剋하므로 提防을 쌓아 막아야 한다.

3. 水火가 均等하면 旣濟의 美를 이룬다.

4. 水土가 混雜하면 근원이 탁해지는 凶이 있다.

5. 사계절 모두 火가 많음을 꺼리는 바, 이는 水가 枯渴되기 때문이다.

6. 土가 重함을 꺼리는바, 이는 水가 흐르지 못하기 때문이다.

7. 金이 死함을 꺼리는바, 이는 水가 부족해지기 때문이다.

8. 木이 旺함을 꺼리는바, 이는 水가 死하기 때문이다.

9. 沁芝에 이르길, 水가 動搖하고 많아 濁하고 泛濫하는 바를 女命의 경우에는 특히 꺼린다고 했다.

10. 口訣에는 陽水가 身弱하면 窮하고, 陰水가 身弱하면 貴하다고 했다.

[숙달*Mastery]

십간론(十干論)의 견지에서 살피면, 水가 추동(秋冬)에 태어나면 수왕(水旺)하여 범람할 우려가 있으므로 일단은 戊土로 막는 용법을 구사한다. 水火가 균등함은 壬水와 丙火가 조합된 수보양광(水輔陽光)을 의미하고, 水土의 혼탁은 壬水가 己土로 인해 타니대수(陀泥帶水)가 됨을 말한다. 이때는 甲木으로 제복(制伏)하지 않으면 수원(水源)이 탁하여 흉하다. 까닭에 壬水는 관(官) 己土를 취하여 상격(上格)을 이루는 바가 없다. 이와 같은 **십간(十干)의 희기(喜忌) 용법은 팔자(八字)의 격(格)에 국한되는 체신(體神)의 범주에서 응용되는 것이지, 세월(歲月)의 성패희기(成敗喜忌)를 논하는 재료로 활용되어서는 곤란하다.**

화왕(火旺)하면 金水로 도와야 하므로 재격투인(財格透印), 토중(土重)하면 木으로 水의 흐름을 소통시켜 주는 살용식제(殺用食制)로 성격(成格)되어야 대부귀(大富貴)를 논할 수 있다. 金은 수원(水源)이니 金水가 상생(相生)하면 물의 흐름이 끊기는 법이 없는데, 庚金이 子에 이르면 사지(死地)에 들어 마치 자식이 어머니를 잃은 고독한 형상이 된다. 그러나 壬水가 子月에 부족할 리 만무하고, 이는 癸水에 해당되는 이야기다. 따라서 子月 癸水는 辛金으로 수생(水生)해야 한다. 그러나 동수불능생목(凍水不能生木)이라, 丙火의 해동(解凍)을 요하므로 丙辛이 양투(兩透)해야 상격(上格)을 이루는 근거가 된다. 寅卯月에는 壬水의 병사지(病死地)가 되어 양수(陽水)는 목왕(木旺)의 신약(身弱)을 꺼리지만, 癸水는 해당 사항이 없다.

春水

[원시*TEXT]

生於春月, 性濫滔淫, 再逢水助, 必有崩提之勢. 若加土盛, 則無泛漲之憂. 喜金生扶, 不宜金盛, 欲火既濟, 不要火多, 見木而可施功, 無土仍愁散漫.

생어춘월, 성람도음, 재봉수조, 필유붕제지세. 약가토성, 즉무범창지우. 희금생부, 불의금성, 욕화기제, 불요화다, 견목이가시공, 무토잉수산만.

[일람*Scanning]

1. 春水는 물이 세차게 넘쳐흐르는 淫한 성질이 있어 水가 도우면 필시 제방을 무너뜨리는 세력을 지니게 된다.

2. 만약 土가 盛하면 물이 범람할 근심이 사라진다.

3. 金의 生扶를 기뻐하나, 金이 盛함은 좋지 않다.

4. 火로써 旣濟됨을 바라지만, 火가 많을 필요는 없다.

5. 木을 보면 가히 공덕을 베푸나, 土가 없으면 흩어지고 넘쳐흘러 근심이 따른다.

[숙달*Mastery]

춘수(春水)는 음기(淫氣)를 내포하지만, 양수(陽水)의 경우에는 병사묘지(病死墓地)가 되어 왕기(旺氣)는 물러간다. 그러나 비겁(比劫)이 가세하면 水의 본성상 왕양(汪洋)하여 범람하게 되므로 戊土로 막아야 하는데 보통 식신대살(食神帶殺)의 유형이다. 그러나 봄철의 水가 겁인(劫刃)이 없으면 내성(內性)이 유약하므로 오히려 戊土를 甲木으로 제(制)하여 水의 흐름을 소통시켜야 한다. 이때는 살용식제(殺用食制)로 격(格)을 이룰 때가 최선의 유형이라 할 수 있다. 金의 조력을 기뻐함은 춘월(春月)이 목왕화상(木旺火相)하여 수기(水氣)가 고갈되는 경우에 해당된다. 대개 수목상관(水木傷官)은 재관(財官)을 기뻐하여 火로써 청화(淸華)한 상(象)을 이루게 하고, 土로 木의 뿌리를 배양(培養)함이 좋다.

[연습*Exercise]

乙 壬 戊 甲

巳 子 辰 戌

마르코니(Guglielmo Marconi), 이탈리아의 발명가이자 기업가의 팔자(八字)다. 1896년 무선전신에 관한 영국 특허를 취득하여 런던 체신청에서 최초의 공개 실험에 성공. 이후 런던 마르코니 무선전신사(社)를 창립하고, 도버해협에서 영국, 프랑스 간의 통신을 실현시켰다. 1909년 K.F.브라운과 공동으로 노벨물리학상을 수상했고, 1919년에는 파리평화회의의 이탈리아 전권대표(全權代表)가 되었다. 차명(此命)은 살용식제(殺用食制)로 성격(成格)되었다. '난강망' 은 甲庚이 동시에 투(透)하여 이 두 글자가 서로 떨어져 있으면 최상격(最上格)을 이룬다고 했다. 이때 甲이 투(透)하고 庚이 암장(暗藏)되어도 수재(秀才)의 명(命)으로 명성이 작지 않다는 것이다. 그러나 **대개 격국(格局)이 성격(成格)되면 조후용신(調候用神)이 모두 암장(暗藏)되어도 귀격(貴格)으로 손색이 없다.**

夏水

[원시*TEXT]

夏月之水, 執性歸源, 時當涸際, 欲得比肩, 喜金生而助體. 忌火旺而焙乾. 木盛則盜其氣. 土旺則制其流.

하월지수, 집성귀원, 시당학제, 욕득비견, 희금생이조체. 기화왕이배건. 목성즉도기기. 토왕즉제기류.

[일람*Scanning]

1. 夏水는 근원으로 회귀하는 성질을 가져 물이 마르는 때이니 比肩을 얻으려 하고, 金이 體를 돕는 것을 기뻐한다.

2. 火가 旺하여 메말라짐을 기피하며, 木이 盛하면 盜氣한다.

3. 土가 旺하면 물의 흐름이 멈추게 된다.

[숙달*Mastery]

하수(夏水)는 영(令)을 잃었으므로 화성토조(火盛土燥)하면 반드시 메말라 흉하다. 火로 탐재파인(貪財破印)하게 되면 재물로 인한 화액(禍厄)이 있고, 토왕(土旺)하면 식신제살(食神制殺)이 되어야 길격(吉格)을 이룬다. 결론적으로 쇠절(衰絕)한 수기(水氣)는 생조(生助)해야 하고, 극설(剋洩)은 불리한 것이다.

[연습*Exercise]

甲 癸 壬 乙

寅 未 午 亥

달라이 라마(The Dalai Lama), 티벳의 종교 지도자 명(命)이다. 1989년 노벨평화상을 수상했다. 차명(此命)은 재(財)가 겁재(劫財) 壬水를 만났으나 식상(食傷)이 투출(透出)하여 겁재를 화(化)하여 패중유성(敗中有成)이 되었다. 壬水는 격(格)을 파괴하는 글자지만, 조후(調候)로는 매우 긴요한 글자로 생극제화(生剋制化)의 이법(理法)과 기학(氣學) 간에는 용(用) 일치하지 않는 경우가 종종 나타난다. 아무튼 격국(格局)이 성격(成格)되고 壬水의 방신(幇身)으로 조후(調候)를 완성시켜 상격(上格)이다. 午月 癸水는 火土가 당왕(當旺)하여 癸水가 몹시 약하다. 따라서 인비(印比)를 동시에 쓰게 되는데, 보통 庚辛金을 일선(一線)에 두고 壬癸水를 이선(二線)에 두는 용법이 기본이다. **그러나 午月은 丁火가 권리를 잡았으므로 庚辛金이 癸水를 자양(慈養)해도 丁火를 대적하기 어렵다. 따라서 이때는 壬水가 보좌(補佐) 이상의 의미를 지니게 된다. 십간론(十干論)의 관점으로 보면 庚金보다 壬水가 훨씬 유용하다**

秋水

[원시*TEXT]

秋月之水, 母旺子相, 表裏晶瑩, 得金助則澄清. 逢土旺而混濁. 火多而財盛, 木重而子榮, 重重見水, 增其泛濫之憂. 疊疊逢土, 始得清平之意.

추월지수, 모왕자상, 표리정형, 득금조즉징청. 봉토왕이혼탁. 화다이

재성, 목중이자영, 중중견수, 증기범람지우. 첩첩봉토, 시득청평지의.

[일람*Scanning]

1. 秋水는 母旺子相하니 겉과 속이 창성하고 투명하여 金으로 도우면 더욱 맑고 선명해진다.

2. 土가 旺하면 혼탁해진다.

3. 火가 많으면 財盛하고, 木이 重하면 자식에게 영화가 따르며 水가 重重한즉 泛濫할 우려가 있다.

4. 土를 겹겹이 만나면 淸平의 뜻을 얻는다.

[숙달*Mastery]

추월(秋月)에는 金이 영(令)을 잡고, 壬水가 장생(長生)되어 모왕자상(母旺子相)한 것이다. 따라서 세력이 병행하여 金水가 청(淸)하니 물이 맑은 것이다. 추수(秋水)는 물이 맑을수록 귀격(貴格)을 이루므로 金으로 생(生)하면 금백수청(金白水淸)의 수기(秀氣)를 발(發)하게 된다. 추수(秋水)와 土의 관계는 상치(相馳)되는 두 가지 의미를 지니고 있다. 하나는 水가 土를 보면 혼탁해진다는 것이고, 또 다른 하나는 土를 보아 맑고 평온해진다는 것이다. **전자는 壬水와 己土의 관계고, 후자는 戊土와의 관계를 뜻하는 말이다.** 혹 癸水라 해도 壬水의 비겁(比劫)을 만나면 壬水와 마찬가지로 여겨 동일한 용법을 구사하면 무리가 없다.

[연습*Exercise]

庚 壬 丙 乙

戌 戌 戌 未

빌 게이츠(Bill Gates), 마이크로소프트사의 회장의 팔자(八字)다. 그는 현재 세계 제일의 부호(富豪)로 알려졌다. **인수용재격(印綬用財格)으로 성격(成格)되고 상신(相神) 丙火가 월령(月令)을 얻어 상격(上格)을 이뤘다.** 戌月 壬水는 甲木을 용신(用神)으로 삼아 제살(制殺)하게 된다. 또한 이때는 亥月을 앞두고 壬水가 진기(進氣)하여 丙火로 조후(調候)한다. 이로 인해 일단의 중국(中國) 술사(術士)들은 亥時生을 유추하기도 한다. 亥中 甲木을 구비해야 지금과 같은 현상에 보다 부합된다는 얘기다. 그러나 대운(大運) 동남운(東南運)을 감안한다면 지금과 같이 **용신(用神) 진신(眞神)의 상황만으로도 자연스럽게 거부(巨富)를 짐작할 수 있는 것이다.**

冬水

[원시*TEXT]

冬月之水, 司令當權, 遇火, 則增暖除寒, 見土, 則形藏歸化. 金多, 反曰無義. 木盛, 是謂有情. 土太過, 勢成涸轍. 水泛濫, 喜土堤防.

동월지수, 사령당권, 우화, 즉증난제한, 견토, 즉형장귀화. 금다, 반왈무의. 목성, 시위유정. 토태과, 세성학철. 수범람, 희토제방

[일람*Scanning]

1. 冬水(동수)는 司令(사령)하여 권리를 잡으니 火(화)를 만나면 따스해지고 寒氣(한기)를 제거하며 土(토)를 만나면 모습을 감추고 歸化(귀화)한다.

2. 金(금)이 많으면 반대로 義(의)가 없고, 木(목)이 盛(성)하면 有情(유정)하다.

3. 土(토)가 太過(태과)하면 흔적이 사라진다.

4. 水(수)가 泛濫(범람)하면 土(토)의 堤防(제방)이 필요하다.

[숙달*Mastery]

동수(冬水)는 극왕(極旺)하여 金의 생(生)이 필요 없으며 金水가 한냉(寒冷)하면 의리(義理)가 없어진다. 왕수(旺水)가 木으로 설기(洩氣)되면 유정(有情)하나, 동수(凍水)는 생의(生意)가 없으므로 겨울철의 水 핵심은 화기(火氣)에 있다. 따라서 식신생재(食神生財)로 귀격(貴格)을 이루거나, 대개 록겁용살(祿劫用殺)로 성격(成格)됨이 가장 좋은 것이다.

[연습*Exercise]

壬 癸 癸 戊

戌 卯 亥 子

영국의 찰스(Prince Charles) 황태자의 팔자(八字)다. 亥卯 회지(會支)로 상관격(傷官格)으로 변했다. 亥月 癸水가 지지(地支) 목국(木局)을 보면 원신(元神)이 설(洩)되어 흩어지므로 매우 흉(凶)하다. 그러나 차명(此命)은 壬水를 보아 구제(救濟)되었다. 亥月 壬水로 기후(氣候)를 살펴야 한다. 이때는 한기(寒氣)가 주관하므로 丙火로 조후(調候)해야 하고 戊土로 막아야 한다. 팔자(八字)에서 민감한 부분은 戊癸의 합(合)이다. 오행(五行)의 세력(勢力)을 살피는 관점에서는 戊土가 癸水와 합(合)하여 제 구실을 하지 못한다. 그러나 **기상(氣象)을 살필 때면 戊土와 癸水, 합화오행(合化五行) 모두를 다 용(用)한다.** 따라서 卯戌 합화(合火)의 화기(火氣)와 戊癸 합화(合火)의 온기(溫氣)를 다 취하므로 기후(氣候)가 완성된 명(命)으로 판단하는 것이다.

삼춘갑목총론
■ 三春甲木總論

[원시*TEXT]

春月之木, 漸有生長之象. 初春猶有餘寒, 當以火溫暖, 則有舒暢之美, 水多變剋, 有損精神. 重見生旺, 必用庚金斲鑿, 可成棟樑. 春末陽壯水渴, 藉水資扶, 則花繁葉茂. 初春無火. 增之以水, 則陰濃氣弱, 根損枝枯, 不能華秀. 春末失水, 增之以火, 則陽氣太盛, 燥渴相加, 枝枯葉乾, 亦不華秀. 是以水火二物, 要得時相濟為美.

춘월지목, 점유생장지상. 초춘유유여한, 당이화온난, 즉유서창지미, 수다변극, 유손정신. 중견생왕, 필용경금착착, 가성련량. 춘말양장수갈, 자수자부, 즉화번엽무. 초춘무화, 증지이수, 즉음농기약, 근손지고, 불능화수. 춘말실수, 증지이화, 즉양기태성, 조갈상가, 지고엽건, 역불화수. 시이수화이물, 요득시상제위미.

[일람*Scanning]

1. 춘월(春月)의 木은 점차 생장하는 상(象)이다.

2. 초춘(初春)에는 한기(寒氣)가 남아 있으니 火로써 온난(溫暖)하게 해야 여유 있게 아량을 지니는 아름다움이 있고, 水가 많으면 극(剋)으로 변해 정신이 손상된다.

3. 木을 거듭 보면 생왕(生旺)해지는데 이때는 필시 庚金을 용(用)하여 깎고 뚫으면 가히 동량(棟樑)을 이룬다.

4. 모춘(暮春)에는 양장(養壯)하여 水가 메마르니 水로써 자부(資扶)하면 꽃잎과 가지가 무성해진다.

5. 초춘(初春)에 火가 없이 水가 더해지면 음농(陰濃)하여 기(氣)가 약해지므로 뿌리는 손상되고 가지는 말라 화려하거나 빼어나지 않게 된다.

6. 모춘(暮春)에 火가 더해지면 양기(陽氣)가 지나쳐 조갈(燥渴)함이 배가되니 가지와 잎이 메말라 마찬가지로 화려함과 빼어남을 보기 어렵다.

7. 그러므로 水火 두 가지가 적절한 때를 만나 상제(相濟)를 이루어야 아름답게 된다.

[숙달*Mastery]

춘월(春月)은 초춘(初春), 중춘(仲春), 모춘(暮春)의 삼절(三節)로 나눈다. 우수(雨水)에서 곡우(穀雨)에 이르는 기간을 중춘(仲春)으로 구분하고, 우수(雨水) 전은 초춘(初春), 곡우(穀雨) 후는 모춘(暮春)으로 본다.

원시(原詩)는 초춘(初春)의 丙火, 중춘(仲春)의 庚金, 모춘(暮春)의 壬癸水 용법(用法)을 위주로 설명하고 있다.

■ 三春甲木 (삼춘갑목)

[원시*TEXT]

正月甲木, 初春尙有餘寒, 得丙癸逢, 富貴雙全. 癸藏丙透, 名寒木向陽, 主大富貴. 倘風水不及, 亦不失儒林俊秀. 如無丙癸, 平常人也.

정월갑목, 초춘상유여한, 득병계봉, 부귀쌍전. 계장병투, 명한목향양, 주대부귀. 당풍수불급, 역불실유림준수. 여무병계, 평상인야.

[일람*Scanning]

1. 寅月 甲木의 초춘(初春)에는 한기(寒氣)가 남아 있으니 丙을 얻고 癸를 만나면 부귀(富貴)를 쌍전(雙全)한다.

2. 癸는 암장(暗藏)되고 丙이 투간(透干)하면 이를 한목향양(寒木向陽)이라 하고 대부귀(大富貴)의 주체가 된다.

3. 혹 풍수(風水)가 불급(不及)해도 유림(儒林)의 준수(俊秀)함을 잃지 않는다.

4. 만일 丙癸가 없다면 평상인에 불과하다.

[숙달*Mastery]

寅月 甲木은 록겁격(祿劫格)이다.

□ 甲 □ □

□ □ 寅 □

丙火가 출간(出干)하고 훼손됨이 없다면 록겁용식상(祿劫用食傷)으로 성격(成格)된다.

□ 甲 丙 □

□ □ 寅 □

춘목(春木)과 추금(秋金)의 록겁격(祿劫格) 한해서만 식상(食傷)의 수기(秀氣)로 성격(成格)된다. 즉 목화통명(木火通明)이나 금수상함(金水相涵)의 영특함은 춘목(春木)과 추금(秋金)의 경우에만 한정되는 수식이다. 따라서 하목(夏木)이나 추금(秋金)에는 해당 사항이 없다. 춘목(春木)은 火를 보아 능히 목화통명(木火通明)이 되지만, 하목(夏木)은 목분화열(木焚火熱)이 된다. 추금(秋金)은 水를 보아 능히 금수상함(金水相涵)이 되지만, 동금(冬金)은 금침수탕(金沈水蕩)이 되어 해롭다. 이들은 상관용재(傷官用財)로 성격(成格)되어도 별 쓸모가 없다. 이렇게 寅月 甲木이 丙火만 보면 준수함은 보증되는 것이다. 이때 지지(地支)의 장간(藏干)에 癸水를 구비(具備)하면 대부대귀격(大富大貴格)을 이룬다. 丙癸가 동시에 투간(透干)해도 부귀쌍전(富貴雙全)하게 된다.

癸 甲 丙 □

□ □ 寅 □

목화식상(木火食傷)은 좀체 水의 탈식(奪食)을 논하는 법이 없으나, 癸水가 아닌 壬水가 투(透)하면 식신봉효(食神逢梟)가 되어 격국(格局)은 파격(破格)된다. 壬水가 투(透)해도 지지(地支)에 癸水가 암장(暗藏)되어 있다면 능히 귀격(貴格)으로 간주한다.

壬 甲 丙 □

□ 辰 寅 □

이때 庚辛金의 관살(官殺)을 보게 되면 불리해진다. 대개 목화통명(木火通明)은 관(官)을 꺼리고, 금수상함(金水相涵)은 관(官)이 있어도 해롭지 않기 때문이다. 또 丁火로는 **庚金을 능히 상대하지만, 丙火로 제(制)하기는 어렵다.**

목화통명 불리견관 금수상함 견관무애
木火通明, 不利見官, 金水相涵, 見官無碍

원시(原詩)에서 풍수(風水)를 거론한 바는 명운(命運)에 미치는 환경의 중대함을 설명한 것이다. 몹시 빈곤한 가문의 태생이거나, 상대적으로 척박한 지역에서 출생하면 그만큼 출세의 기회를 얻기 힘들기 때문이다.

[원시*TEXT]

正二月甲木, 素無取從才從殺從化之理. 或一派庚辛, 主一生勞苦, 剋子刑妻, 再支會金局, 非貧即夭. 如無丙丁, 一派壬癸, 又無戊己制之, 名水泛木浮, 死無棺槨. 如一派戊己, 支會金局, 為財多身弱, 富屋貧人, 終生勞苦, 妻晚子遲. 或無庚金, 有丁透, 亦屬文星, 為木火通明之象, 又名傷官生財格, 主聰明雅秀. 一見癸水傷丁, 但作厚道迂儒. 或柱中多癸, 滋助木神, 傷滅丁火, 其人奸雄梟險, 曹操之徒, 言清行濁, 笑裏藏刀.

정이월갑목, 소무취종재종살종화지리. 혹일파경신, 주일생로고, 극자형처, 재지회금국, 비빈즉요. 여무병정, 일파임계, 우무무기제지, 명수범목부, 사무관곽. 여일파무기, 지회금국, 위재다신약, 부옥빈인, 종생로고, 처만자지. 혹무경금, 유정투, 역속문성, 위목화통명지상, 우명상관생재격, 주총명아수. 일견계수상정, 단작후도우유. 혹주중다계, 자조목신, 상멸정화, 기인간웅효험, 조조지도, 언청행탁, 소리장도.

[일람*Scanning]

1. 寅月과 卯月 甲木은 종재(從財), 종살(從殺), 종화(從化)의 이치를 취하는 법이 없다.

2. 혹 한 무리의 庚辛을 만나면 일생 노고(勞苦)하며 처자(妻子)를 형극(刑剋)하고, 재차 지지(地支)에 금국(金局)을 보면 가난하거나 요절한다.

3. 만일 丙丁이 없는데 한 무리의 壬癸가 있고 이를 戊己로 제지(制止)하지 않으면 수범목부(水泛木浮)라, 죽어서도 들어갈 관이 없게 된다.

4. 만일 한 무리의 戊己가 있고 회지(會支)하여 금국(金局)을 이루면 재다신약(財多身弱)이라, 부옥빈인(富屋貧人)으로 평생 고생하며 처자식의 인연을 늦게 맺는다.

5. 혹 庚金이 없고 丁이 투(透)하면 역시 문성(文星)에 속하니 목화통명(木火通明)의 상(象)에 이르고, 또 상관생재격(傷官生財格)이 되면 인물이 총명, 청아하고 준수하다.

6. 하나의 癸水가 丁을 상(傷)하면 다만 도(道)가 두터우나 유림(儒林)의 선비와는 거리가 멀다.

7. 혹 사주(四柱)에 癸가 많아 木을 자윤(滋潤)하나, 丁火를 상멸(傷滅)하게 만들면 그 인물이 올빼미와 같은 간사한 영웅이 되어 조조(曹操)와 같이 말은 청산유수나 행동은 바르지 않고, 웃음 속에 칼을 감추는

것과 같다.

[숙달*Mastery]

寅月과 卯月 甲木은 월령(月令)에서 녹왕(祿旺)하여 종(從)하는 법이 없다. 또한 록겁격(祿劫格)에 관살(官煞)이 모두 투(透)하고 제복(制伏)됨이 없으면 응당 파격(破格)이 된다. 이 같이 金이 木을 흠집 내게 되면 잔병이 많거나 요절하는 것이다.

辛 甲 庚 □

□ □ 寅 □

춘목(春木)은 당왕(當旺)하여 인수(印綬)의 생(生)을 필요로 하지 않는다. 음농습중(陰濃濕重)하면 오히려 생기(生氣)를 손상당하므로 불리하고, 초춘(初春)의 한기(寒氣)가 남은 시점에 壬癸水가 戊己土의 제지(制止)를 당하지 않는다면 죽어서도 들어갈 관(棺)이 없을 정도로 불리하다. 이때 土의 제(制)가 이루어져 재격투인(財格透印)으로 성격(成格)시키려 해도 재인(財印)이 첩(貼)하여 재인쌍청(財印雙淸)의 구조는 되지 못하므로 귀격(貴格)을 이루기 어렵다.

癸 甲 壬 戊

□ □ 寅 □

록겁용재격(祿劫用財格)이 칠살(七殺)을 보게 되면 재다신약(財多身弱)으로 파격(破格)되어 평생 노고를 면키 어렵다.

己 甲 庚 戊

□ □ 寅 □

丁火가 투(透)하고, 상관생재격(傷官生財格)을 이루면 귀명(貴命)이 된다. 이때 庚金을 보면 목화통명(木火通明)을 논할 수 없다. 상관(傷官)이 재살(財殺)을 동시에 보면 격국(格局)은 파격(破格)되기 마련이다.

丁 甲 戊 □

□ □ 寅 □

'조화원약평주' 에서는 寅卯月의 甲木이 金을 보지 않으면 필시 재앙이 따르므로 이때는 庚金을 먼저 취하고, 다음으로 丁火를 쓰는 상관가살(傷官駕殺)의 격국(格局)을 높이 평가하고 있다.

갑목 유경 목능성기 유정 목화통명 경정양투 과갑정허 즉풍수불급
甲木, 有庚, 木能成器, 有丁, 木火通明, 庚丁兩透, 科甲定許, 卽風水不及,

역부실부귀
亦不失富貴

丁 甲 庚 □

□ □ 寅 □

이 같은 상관대살격(傷官帶殺格)도 충분히 귀격(貴格)을 이룬다. '적천수' 에 이르길 '춘불용금(春不容金)' 이라고 했는데, 이것은 한 마디로 칠살 庚金으로 인해 파격(破格)되는 상황을 일컫는 말이다. 즉 **이미 투(透)한 丙火로 목화통명(木火通明)이 성립되면 庚辛金의 관살(官殺)을 보는 상황을 꺼린다는 얘기다.**

목화통명 불리견관
木火通明, 不利見官

목화식상(木火食傷)은 좀체 水의 탈식(奪食)을 논하는 법이 없지만, 癸水가 丁火를 상(傷)하면 목화통명(木火通明)의 귀(貴)를 훼손시키는 작용

을 하게 된다. '난강망' 은 춘목(春木)의 상관패인격(傷官佩印格)을 두고 간웅(奸雄)의 명(命)에 비유했다.

丁 甲 □ 癸

□ □ 寅 □

寅月 甲木은 이미 月支에 丙火가 임(臨)하므로, 장간(藏干)을 포함한 여타의 글자에서 癸水만 보면 격국(格局)이 성격(成格)될 때 참다운 부귀(富貴)를 논할 수 있다.

[원시*TEXT]

若庚申, 戊寅, 甲寅, 丙寅. 一行金水運, 發進士. 或甲午日庚午時, 此人必貴. 但要好運相催, 不宜制了庚丁.

약경신, 무인, 갑인, 병인. 일행금수운, 발진사. 혹갑오일경오시, 차인필귀. 단요호운상최, 불의제료경정.

[일람*Scanning]

1. 만약 '경신년 무인월 갑인일 병인시' 생이 金水 운(運)을 만나면 진사(進士)로 파견된다.
2. 혹 '갑오일 경오시' 생이면 필시 귀격(貴格)을 이룬다.
3. 단 호운(好運)이 도와야 하고 庚丁을 제극(制剋)하면 좋지 않다.

[숙달*Mastery]

丙 甲 戊 庚

寅 寅 寅 申

원시(原詩)에서 예로 든 팔자(八字)는 財透七殺에서 逢殺而食神制殺以生財된 패중유성(敗中有成)의 유형으로 볼 수 있다. 庚申 생이 대운(大運)에서 金水를 보아야 진사(進士)에 오른다고 한 것은 丙火가 왕성하여 木이 메마르므로 水로 배합할 필요가 있기 때문이다. 庚辰 대운(大運)에 癸水를 취해 귀(貴)를 이룬다.

庚 甲 戊 庚
午 午 寅 申

원시에서 차명(此命)을 두고 귀격(貴格)을 짓는다고 했다. 甲木의 귀(貴)는 庚金이 주관하기 때문이다. 십간론(十干論)에서는 甲과 庚의 십간(十干) 관계가 좋으므로 庚金이 관(官)이고 辛金을 살(殺)로 구분하기도 한다. 甲午日 역시 위의 甲寅日과 마찬가지로 財透七殺이 逢殺而食神制殺以生財된 귀격(貴格)이다. 寅午 화국(火局)이 중(重)한 살(殺)을 제(制)했다. 호운(好運)이 도와야 한다는 것은 寅月 甲木이 수기(水氣)를 요(要)하기 때문이다. 대운(大運)에서 간지(干支)를 막론하고 癸水를 보게 되면 부귀(富貴)가 자연스럽다.

[원시*TEXT]

或支成金局, 多透庚辛, 此又不吉, 號曰木被金傷, 若無丙丁破金, 必主殘疾. 或支成火局, 洩露太過, 定主愚懦, 常有啾唧災病纏身, 終有暗疾. 支成木局, 得庚為貴, 無庚必凶, 若非僧道, 男主鰥孤, 女主寡獨. 支成水局, 戊透為貴, 如無戊制, 不但貧賤, 且死無棺木. 故書曰：甲木若無根, 全賴申子辰, 干得才殺透, 平步上青雲.

혹지성금국, 다투경신, 차우불길, 호왈목피금상, 약무병정파금, 필주잔질. 혹지성화국, 설로태과, 정주우나, 상유추즐재병전신, 종유암질. 지성목국, 득경위귀, 무경필흉, 약비승도, 남주환고, 녀주과독. 지성수국, 무투위귀, 여무무제, 불단빈천, 차사무관목. 고서왈 : 갑목약무근, 전뢰신자진, 간득재살투, 평보상청운.

[일람*Scanning]

1. 지지(地支) 금국(金局)을 이루었는데 庚辛이 투출(透出)하면 또한 불길한데 이를 목피금상(木被金傷)이라 해서 만약 이때 丙丁으로 金을 파(破)하지 않으면 잔병이 많게 된다.

2. 지지(地支) 화국(火局)을 이루면 설기(洩氣)가 태과(太過)하여 어리석거나, 겁이 많지는 않아도 항상 재앙과 질병이 따르며 결국 남이 알지 못하는 병이 있다.

3. 지지(地支) 목국(木局)을 이루면 庚金을 보아야 귀격(貴格)을 이루고, 庚이 없으면 필시 흉(凶)하니 승도(僧徒)가 아니라면 홀아비, 과부의 팔자(八字)가 된다.

4. 지지(地支) 수국(水局)에 戊土가 투간(透干)하면 귀격(貴格)을 이루고, 戊土의 제지(制止)가 없으면 빈천(貧賤)해지고, 죽어서도 들어갈 관이 없다.

5. 고서(古書)에 이르길, 뿌리가 없는 甲木은 오로지 申子辰 인수에 의지하니 이때 재살(財殺)이 투간(透干)하면 평보(平步)로 청운(靑雲)에 오른다고 했다.

[숙달*Mastery]

寅月과 卯月의 甲木은 종살(從殺)이 성립되지 않는다. 따라서 金이 지나쳐 살왕무제(殺旺無制)의 칠살전창격(七殺全彰格)이 되면 필시 잔병이 많고 심하면 요절(夭折)하기도 하는 것이다. 목화상관(木火傷官)은 본래 총명하지만, 화국(火局)을 이루고 水의 배합이 없다면 목생화열격(木生火烈格)이 되니 재앙과 질병을 피할 수 없게 된다. 목국(木局)을 이루고 곡직격(曲直格)이 되면 길흉(吉凶)을 신중하게 판단해야 하지만, 대개는 오행편경격(五行偏傾格)에 지나지 않으니 庚金이 출간(出干)해야 귀명(貴命)이 된다. 이때 庚이 없다면 남환여과(男鰥女寡)의 고독함을 면키 어렵다. 수국(水局)을 이루고 戊土의 제지(制止)가 없다면 인다용재(印多用財)로 성격(成格)되지 못하고 수범목부(水多木泛)가 되니 사무관곽(死無棺槨)이라 했을 정도로 불리하다.

뿌리 없는 甲木에 土金의 재살(財殺)이 투간(透干)하면 재왕생살(財旺生殺)의 귀격(貴格)을 이루기 쉽지만, 甲木이 무근(無根)해 일원(日元)이 칠살(七殺)의 위협에 직접 노출되므로 이때는 인수(印綬)로 화살(化殺)함을 요한다. 그런데 인수(印綬)가 투간(透干)되지 않으면 申, 子, 辰 각각에 암장된 수기(水氣)가 절처봉생(絕處逢生)이 되므로 꺾이지는 않는다는 것이다. 따라서 비록 성격(成格)시켰지만, 인수(印綬)의 덕(德)이 노출되어 두터운 상태가 아니므로 평보(平步)로 청운(靑雲)에 오른다는 것이다. 이때 인수(印綬)의 글자가 투(透)하면 자칫 파격(破格)의 요인이 될 수도 있으므로 잘 가려 취해야 한다.

[원시*TEXT]

凡三春甲木, 用庚者, 土為妻, 金為子. 用丁者, 木為妻, 火為子. 總之正二月甲木, 有庚戊者上命. 如有丁透, 大富大貴之命也.

범삼춘갑목, 용경자, 토위처, 금위자. 용정자, 목위처, 화위자. 총지정이월갑목, 유경무자상명. 여유정투, 대부대귀지명야.

[일람*Scanning]

1. 무릇 삼춘(三春) 甲木이 庚을 용(用)하면 土가 아내요, 金이 자식이다.
2. 丁을 용(用)하면 木이 아내요 火가 자식이 된다.

[숙달*Mastery]

삼춘(三春) 甲木이 귀격(貴格)을 이루려면 庚金을 용(用)하여 土金의 재왕생살(財旺生殺)이 되거나, 丁火로 목화통명(木火通明)됨이 정법이다. 까닭에 지지(地支) 금국(金局)을 이루지 않는 한, 庚丁을 동시에 보아 귀격(貴格)이 되는 경우는 발견하기 어렵다.

흥미로운 점은 용(用)이 되는 글자의 오행(五行)은 자(子)로, 그것을 보좌하는 글자의 오행은 처(妻)로 육친(六親)에 비유해서 설명하는 점이다. '조화원약평주' 에서 '서락오' 는 간혹 '난강망' 의 용신(用神)은 아들이고, 희신(喜神)은 아내로 육친(六親)의 실제 상황으로 이해하고, 설명하는 경우가 있다. 그렇다면 해당 용신(用神)이나 희신(喜神)이 없을 경우, 처자(妻子) 중 하나가 없거나, 혹은 해당 육친궁(六親宮)의 불미(不美)한 상황으로 직결된단 말인가. 그렇지 않다. **'난강망' 은 팔자(八字)의 희용(喜用)을 단지 처자(妻子)의 육친(六親) 관계에 비유해서 중요성을**

논했을 뿐, 그것으로 실제 육친(六親)의 덕(德)을 시사한 게 아니다. 따라서 원시(原詩)의 금위자(金為子)는 土金을 쓰는 재왕생살격(財旺生殺格), 화위자(火為子)는 목화통명(木火通明)의 격국(格局) 유형을 뜻하는 것으로 받아들이면 그만이다.

[원시*TEXT]

二月甲木, 庚金得所, 名陽刃駕殺, 可云小貴, 異途顯達, 或主武職, 但要財資之. 柱中逢才, 英雄獨壓萬人. 若見癸水, 困了才殺, 主為光棍, 重刃必定遭凶. 性情凶暴. 書曰 : 木旺宜火之光輝, 秋闈可試. 木向春生, 處世安然有壽. 日主無依, 卻喜運行才地.

이월갑목, 경금득소, 명양인가살, 가운소귀, 이도현달, 혹주무직, 단요재자지. 주중봉재, 영웅독압만인. 약견계수, 곤료재살, 주위광곤, 중인필정조흉. 성정흉폭. 서왈 : 목왕의화지광휘, 추위가시. 목향춘생, 처세안연유수. 일주무의, 각희운행재지.

[일람*Scanning]

1. 卯月 甲木에 庚金이 득소(得所)하면 양인가살(陽刃駕殺)이 되어 소귀(小貴)가 있고, 이도(異道)로 현달(顯達)하는 바, 혹 무직(武職)을 갖는데 대저 재(財)로 도와야 한다.

2. 양인가살(陽刃駕殺)에 재(財)가 있으면 만인을 제압하는 영웅의 팔자가 된다.

3. 만약 이때 癸水가 있으면 재살(財殺)을 약하게 만들어 빛을 잃게 되고, 인(刃)이 중(重)하면 필시 흉액을 만나며 성정이 흉폭하다.

4. 서(書)에 이르길, 목왕(木旺)한데 火가 있으면 가을의 대문에서 시험에 합격하고, 木이 춘월(春月)에 나면 처세가 안연(安然)하며 수명이

길다고 했다.

5. 일주(日柱)가 무의(無依)하면 재운(財運)으로 흘러야 길하다.

[숙달*Mastery]

양인로살격(陽刃露殺格)은 보통 이도(異道)로 부귀(富貴)를 겸하는 명(命)의 유형이다. 봉건 시대에는 문직(文職)보다는 무직(武職)이 좋다고 했다. 귀(貴)가 적다는 것은 시대적 배경이 반영된 요소가 적지 않고, 또한 재(財)가 없으면 살(殺)이 휴수(休囚)되므로 인왕살약(刃旺殺弱)하기에 그렇다는 얘기다.

□ 甲 □ 庚

□ □ 卯 □

이때 재(財)가 가세해서 자살(資殺)하면 살인양정(殺刃兩停)을 이루어 격국(格局)이 크게 되므로 만인을 누르는 영웅의 상이 된다.

戊 甲 □ 庚

□ □ 卯 □

재살(財殺)을 쓰는 격국(格局)에서 癸水를 보면 빛을 잃기 쉽다. 관살(官殺)을 쓰는 격국에 재(財)와 인(印)은 그 위치가 중요하다. 가급적 재인(財印)이 서로 극(剋)하지 않도록 그 위치가 적절해야 좋다. 만일 戊癸가 합(合)이 되면 살(殺)만 남기므로 인왕살약(刃旺殺弱)해지는 불리함이 있다. 이것은 생극제화(生剋制化)의 이법(理法)을 논할 때 그렇다는 뜻이다.

庚 甲 癸 戊

□ □ 卯 □

살중인왕(殺重刃旺)이 나쁘지는 않으나, 인(刃)이 영(令)을 잡으면 대개 성격이 횡폭하며 형지(刑地)에 이를 때 형벌(刑罰)이 따르는 수가 있다. 목화통명(木火通明)은 수기(秀氣)가 뛰어나니 대개 시험에 강한 명(命)이다. 추위(秋闈)에 시험에 합격한다는 뜻은 추월(秋月)이라기보다 행운(大運)에서 식상대살(食傷帶殺)이 성립될 때 귀록(貴祿)를 득(得)한다는 의미로 받아들이는 게 좋다. 위(闈)란 명당(明堂)의 문으로 대문이 길방(吉方)으로 향한 것인바, 택향(宅向)은 투출(透出)한 간(干)에 의해 정해지기 때문이다. 또한 금기(金氣)가 충족되는 신유운(申酉運)을 뜻한다.

□ 甲 丁 □
□ □ 卯 □

木은 곧 인(仁)을 나타내니 춘목(春木)은 대개 어질고 수명이 길다. 일주(日柱)가 무의(無依)하다는 것은 卯月 甲木이 庚金이나 丁火가 없이 신왕무의(身旺無依)함을 뜻한다. 이때는 부득이 재운(財運)을 기뻐하는데, 이것은 삼하(三夏)로 진기(進氣)하는 시점에서 암암리에 火가 발생하니 재(財)를 보아 식상생재(食傷生財)의 의미를 내포한다는 얘기다. 그러나 양인격(陽刃格)에 재(財)를 쓰는 것은 부득이한 용법으로 귀격(貴格)으로 볼 수 없는 것이다.

[원시*TEXT]

三月甲木, 木氣相竭. 先取庚金, 次用壬水. 庚壬兩透, 一榜堪圖. 但要運用相生, 風水陰德, 方許富貴. 或見一二庚金, 獨取壬水. 壬透淸秀之人, 才學必富.

삼월갑목, 목기상갈. 선취경금, 차용임수. 경임량투, 일방감도. 단요운용상생, 풍수음덕, 방허부귀. 혹견일이경금, 독취임수. 임투청수지인,

재학필부.

[일람*Scanning]

1. 辰月 甲木은 목기(木氣)가 다하는 때다.

2. 먼저 庚金을 취(取)하고, 壬水를 다음으로 쓴다.

3. 庚壬이 양투(兩透)하면 과거(科擧)에 일방(一榜)을 이룬다.

4. 다만 대운(大運)과 용신(用神)이 상생(相生)해야 하고 풍수음덕(風水陰德)이 있으면 가히 부귀(富貴)를 허락한다.

5. 혹 한둘의 庚金을 보면 오로지 壬水만을 취하여 쓴다.

6. 壬이 투(透)하면 청수(淸秀)한 사람으로 재주와 학식이 있고 부명(富命)을 이룬다.

[숙달*Mastery]

辰月 甲木은 먼저 庚을 취하고, 다음으로 壬을 취해 격국(格局)을 성격(成格)하게 되면 가장 좋다. 壬水가 투(透)하면 이미 용신(用神)의 변화를 일으켜 재격(財格)이 인수격(印綬格)이 되었으므로 인경용살격(印輕用殺格)이 성격(成格)되는 것이다. 壬水는 辰土가 묘궁(墓宮)이므로 중(重)하지 않다.

庚 甲 壬 □

□ □ 辰 □

재격(財格)에 살인(殺印)이 투(透)하여 성격(成格)된 구조는 일방(一榜)을 허락한다고 했다. 이때 대운(大運)과 용신(用神)이 상생(相生)해야 한다는 뜻은 庚金이 세력을 얻어 身殺均停(신살균정)해짐을 말한다.

庚金이 가장 두려워하는 것은 丁火인데 庚壬이 동시에 투(透)하면 운(運)에서 壬을 합거(合去)해도 여전히 재왕생살(財旺生殺)이 되어 두렵지 않다. 이와 같이 양간(陽干)의 재격(財格)이 칠살(七殺)을 보면 무조건 재투칠살(財透七殺)의 파격(破格)으로 판단해선 곤란하다. 庚이 소멸되면 청수(淸秀)하고 재능은 있으나 귀(貴)는 다소 삭감된다. 다만 壬水가 건재한 이상 재격투인(財格透印)이 되어 의록(衣祿)은 보증되는 것이다.

庚 甲 壬 □ ← 丁

□ □ 辰 □

'조화원약평주' 에는 丁壬이 있으면 대귀격(大貴格)을 이룬다고 했다. '서락오' 는 木이 늙으면 庚을 써야 하는데, 이때 丁火의 극(剋)을 두려워하므로 이를 壬으로 합(合)하면 병(病)을 제거함과 동시에 화목(化木)으로 몰래 목기(木氣)를 도우니 더욱 좋다고 했다.

[원시*TEXT]

或天干透出二丙, 庚藏支下, 此鈍斧無鋼, 富貴難求. 若有壬癸破火, 堪作秀才.

혹천간투출이병, 경장지하, 차둔부무강, 부귀난구. 약유임계파화, 감작수재.

[일람*Scanning]

1.혹 천간에 丙 두 개가 투출(透出)하고, 庚이 암장되면 무딘 도끼와 같아 학문이 있어도 무용하고, 부귀를 얻어도 어렵게 얻는다.

2. 만일 壬癸가 火를 파하면 뛰어난 학문과 덕행이 뛰어난 선비가 된다.

[숙달*Mastery]

재격(財格)에 식상(食傷)이 중(重)하면 일원(日元)이 지나치게 약해질 우려가 있다. 또 辰月 甲木은 늙어 반드시 金이 필요한데, 모춘(暮春)의 金 또한 기운이 없으므로 무쇠 덩어리에 지나지 않으므로 암장(暗藏)된 庚金은 무용지물에 불과해진다. 따라서 이 경우 식상생재(食傷生財)로 성격(成格)되어도 참다운 부귀(富貴)를 논하기 어렵다.

丙 甲 丙 □

□ □ 辰 □

이때 인수(印綬)가 중(重)한 식상(食傷)을 제복하면 격국(格局)이 맑아진다. 이때는 인봉식상(印逢食傷)으로 성격(成格)되는 바, 식상생재(食傷生財)의 부(富)를 논하지 않고 수사(秀士)를 거론하는 것이다.

丙 甲 壬 丙

□ □ 辰 □

[원시*TEXT]

或柱中全無一水, 戊己透干, 支成土局, 又作棄命從才, 因人而致富貴, 妻子有能.

혹주중전무일수, 무기투간, 지성토국, 우작기명종재, 인인이치부귀, 처자유능.

[일람*Scanning]

혹 사주(四柱)에 水가 하나도 없는데 戊己土가 투간(透干)하고, 지지(地支)에 토국(土局)을 이루면 기명종재(棄命從財)가 되고 이러한 사주는 타

인의 도움으로 부귀를 누리며 처자가 유능하다.

[숙달*Mastery]

辰은 수고(水庫)며, 모춘(暮春)에도 목기(木氣)는 남아 있으므로 인수(印綬)가 투간(透干)하면 종재(從財)가 성립되지 않는다. 지지(地支) 토국(土局)으로 진종(眞從)을 이루면 자연 부귀(富貴)가 따르는 것이다.

[원시*TEXT]

或見戊己, 及比劫多者, 名為雜氣奪才, 此人勞碌到老, 無馭內之權. 女命合此, 女掌男權, 賢能內助, 若比劫重見, 淫惡不堪.

혹견무기, 급비겁다자, 명위잡기탈재, 차인로록도로, 무어내지권, 녀명합차, 녀장남권, 현능내조, 약비겁중견, 음악불감.

[일람*Scanning]

1. 혹 戊己土를 보고 비겁(比劫)이 많게 되면 잡기탈재(雜氣奪財)라, 이러한 사람은 늙도록 고생하고, 가정의 권리를 쥐지 못한다.

2. 여자는 남자의 권리를 가지고 내조를 잘하나, 비겁(比劫)이 많으면 음란하고 질이 나쁜 것을 감당키 어렵다.

[숙달*Mastery]

이 대목은 재경비중(財輕比重)의 파격(破格) 포맷을 거론하고 있다. 비겁(比劫)이 혼재(混在)하고 재(財)를 극(剋)하여 혼탈재신(混奪財神)이 되면 대개 무능하기 쉽다. 보통 재다신약(財多身弱)의 여명(女命)은 알뜰한 살림살이를 하지만, 재경비중(財輕比重)이 되면 인수(印綬)를 파(破)

하여 수치를 모르는 위인이 되기 쉽다.

乙 甲 戊 甲

□ □ 辰 □

[원시*TEXT]

或支成金局，方可用丁，不然，三月無用丁之法．唯有先庚後壬取用．

혹지성금국, 방가용정, 불연, 삼월무용정지법. 유유선경후임취용.

[일람*Scanning]

1. 혹 지지(地支) 금국(金局)을 이루면 丁火를 쓰는데 그렇지 않다면 진월(辰月)에 丁을 쓰는 용법이 없다

2. 辰月 甲木은 오직 먼저 庚을 쓰고 다음에 壬을 쓴다.

[숙달*Mastery]

辰月 甲木은 우선적으로 庚壬을 취하는 인경용살(印輕用殺)의 격국(格局)을 높게 평가하고, 혹 지지(地支)의 금국(金局)으로 재격(財格)이 칠살(七殺)로 인해 위협을 받을 경우, 丁火 상관으로 칠살(七殺)을 제복하는 용법을 취한다. 즉 辰月 甲木에 逢殺而食神制殺以生財[봉살이식신제살이생재]가 해당되는 경우 지지(地支) 금국(金局)에 한해서다. 그런데 辰月 甲木은 팔자(八字)의 원국(元局)에 금국(金局)을 짓기 어렵다. 이때는 대운(大運)까지 체신(體神)의 범주를 확장해서 이해하거나, 혹은 칠살(七殺)의 위력이 중(重)한 때에 한해 유효한 것으로 이해하면 무난하다.

丁 甲 庚 庚

□ 申 辰 □

[원시*TEXT]

書曰：甲乙生寅卯, 庚辛干上逢, 離南推富貴, 坎地卻為凶.

서왈 : 갑을생인묘, 경신간상봉, 리남추부귀, 감지각위흉.

[일람*Scanning]

서(書)에 이르길, 甲乙이 寅卯月에 나서 庚辛을 보게 되면, 운(運)이 남방에 이르면 부귀(富貴)하며 북방에 이르러 흉(凶)하다고 했다.

[숙달*Mastery]

삼춘(三春) 木은 초춘(初春)과 중춘(仲春)에는 대개 火를 기뻐하고, 모춘(暮春)에 水의 자윤(滋潤)을 바란다. 寅月과 卯月의 木은 일단 남방운(南方運)을 요하며, 북방운(北方運)에는 갑자기 흉해질 우려가 있다. 이미 팔자(八字)에서 火를 보고 상격(上格)을 이루었다면 비록 수운(水運)으로 흘러도 쉽게 영화(榮華)를 잃지 않는다. 춘목(春木)에 관살(官殺)이 혼잡되면 응당 火로 제(制)해야 한다.

삼 하 갑 목

三夏甲木

[원시*TEXT]

四月甲木退氣, 丙司權, 先癸後丁.

사월갑목퇴기, 병화사권, 선계후정.

[일람*Scanning]

巳月 甲木은 목기(木氣)가 물러나고, 丙火가 권리를 잡으니 먼저 癸水를 쓰고 다음으로 丁火를 쓴다.

[숙달*Mastery]

'자평진전' 에 "상관패인(傷官佩印) 중에서도 하목(夏木)은 그 수기(秀氣)가 백배에 달하니 이는 모두 수화기제(水火旣濟)를 이뤘기 때문이다." 라고 했다.

상 관 패 인 　 수 시 가 용 　 이 용 지 하 목 　 기 수 백 배 　 화 제 수 　 수 제 화 야

傷官佩印, 隨時可用, 而用之夏木, 其秀百倍, 火濟水, 水濟火也

목화상관(木火傷官)이 인수(印綬) 수기(水氣)를 보는 것을 최상격(最上格)으로 꼽는다.

丙 甲 癸 丙

□ 子 巳 □

그러나 癸水가 메마르면 하격(下格)에 지나지 않는다. 무릇 제복지신(制伏支神)을 세력을 갖추어야만 용(用)을 다하기 때문이다.

丙 甲 癸 丙

木 寅 巳 火

생극(生剋)의 선후(先後)에 따라 길흉(吉凶)이 달라지는 케이스를 연습해 보자. 가령 癸年, 丁巳月, 甲子日 생이라면 상관패인(傷官佩印)으로 성격(成格)되어 귀(貴)를 누리기에 부족함이 없을 것이다.

□ 甲 丁 癸

□ 子 巳 □

그러나 戊時 생이라면, 戊土가 인수(印綬)를 파괴하는 성중유패(成中有敗)로 귀결되므로 시상(時上) 戊土가 병(病)이 되니 만년의 불행을 예고하는 명(命)이 된다. 이렇게 선후 구별의 원리는 시(時)가 귀숙(歸宿)하는 것에 연유하는데 이를테면 상신(相神)이 시(時)에서 생왕(生旺)하면 만년(晩年)이 유복하고, 기신(忌神)이 시에서 생왕하면 만년이 처량하다고 보는 식이다. 이를테면 다음과 같은 재격투인격(財格透印格)에서

壬 甲 己 □

□ 子 巳 □

지지(地支) 수국(水局)을 이뤄 상신(相神)의 세력이 현저하게 강해지면 능히 만년에 대업(大業)을 이룰 가능성이 한층 높아진다.

壬 甲 己 □

辰 子 巳 □

[원시*TEXT]

庚金太多, 甲反受病. 若得壬水, 方配得中和, 此人性好清高, 假裝富貴. 即蔭襲顯達, 終日好作禍亂, 善辨巧談. 喜作詩文. 此理最驗.

경금태다, 갑반수병. 약득임수, 방배득중화, 차인성호청고, 가장부귀. 즉음습현달, 종일호작화란, 선변교담, 희작시문. 차리최험.

[일람*Scanning]

1. 庚이 태다(太多)하면 甲에게 오히려 병(病)을 주는 격이다.

2. 만약 壬을 얻으면 중화(中和)를 얻으니 성정이 청고(淸高)한 것을 좋아하고, 부귀(富貴)를 가장한다.

3. 곧 음덕(陰德)에 힘입어 현달(顯達)하고, 종일 공연히 화란만 일으키고 교묘한 말이나 글을 짓기 좋아하니 그 이치를 징험(徵驗)한다.

[숙달*Mastery]

巳月에 甲木은 기(氣)가 물러가는 때니 지나치게 제극(制剋)함이 좋지 않다. 이때 壬水로 중화(中和)하면 살인상생(殺印相生)이 되어 명예를 얻는다. 같은 인수(印綬)라도 그것이 편인(偏印)일 경우에는 그 사람이 청고(淸高)하나 있는 척을 잘 하고, 언변이 수려하나 문제를 잘 일으키는 특징이 있다.

壬 甲 □ 庚

申 □ 巳 □

[원시*TEXT]

如一庚二丙，稍有富貴. 金多火多，又為下格.

여일경이병, 초유부귀. 금다화다, 우위하격.

[일람*Scanning]

1. 만일 하나의 庚과 두 개의 丙이 있으면 약간의 부귀(富貴)는 있다.
2. 金도 많고 火도 많으면 하격(下格)이 된다.

[숙달*Mastery]

대개 상관대살(傷官帶殺)은 부귀(富貴)가 크지 않다. 巳月 甲木에 庚金이 투(透)하면 인수(印綬)로 화살(化殺)함이 최선이다. 또한 수기(水氣)가 없이 살상(殺傷)이 지나쳐 일원(日元)이 심각하게 힘을 잃는 극설교가(剋洩交加)의 명(命)이 되면 자연 하격(下格)으로 분류되기 마련이다.

[원시*TEXT]

或癸丁與庚齊透天干，此命可言科甲，即風水淺薄，亦有選拔之才. 癸水不出，雖有庚金丁火，不過富中取貴異途官職而已. 壬透可云一富，若全無點水，又無庚金丁火，一派丙戊，此無用之人也.

혹계정여경제투천간, 차명가언과갑, 즉풍수천박, 역유선발지재, 계수불출, 수유경금정화, 불과부중취귀이도관직이이. 임투가운일부, 약전무점수, 우무경금정화, 일파병무, 차무용지인야.

[일람*Scanning]

1. 혹 癸丁과 더불어 庚이 다 같이 천간에 투(透)하면 과갑(科甲)에 이

르고, 풍수(風水)가 천박해도 탁월한 재능이 있다.

2. 癸水가 투출(透出)하지 않고, 庚金과 丁火만 있어도 부중취귀(富中取貴)하고 이도(異途)로 관직이 있다.

3. 壬水가 투출(透出)해도 가히 부(富)가 있으나, 일점 水가 없고, 庚丁도 없이 한 무리의 丙戊만 있다면 무용지인(無用之人)이 된다.

[숙달*Mastery]

巳月 甲木에 癸丁庚 삼자(三者)가 투(透)하면 殺用食制逢印(살용식제봉인)으로 발군의 재능을 지니게 되고 고시(考試)에 합격하여 등용문(登龍門)에 오른다.

庚 甲 丁 癸

□ □ 巳 □

이때 癸水가 출간(出干)하지 않아도, 지지(地支)에 암장되면 상관대살(傷官帶殺)로 귀격(貴格)을 이룬다.

庚 甲 □ 丁

□ □ 巳 □

그러나 적수(滴水)가 없는 한, 좀체 귀(貴)를 누릴 수 없다. 목화상관희견수(木火傷官喜見水)라, 하목(夏木)은 상관용재(傷官生財)로 성격(成格)된 명이라도 水가 없는 한 귀격(貴格)이 될 수 없다. 조토불심령수(燥土不甚靈秀)하기 때문이다.

戊 甲 丁 戊

□ □ 巳 □

[원시*TEXT]

五六月甲木, 木性虛焦, 一理共推. 五月先癸後丁庚金次之. 六月三伏生寒, 丁火退氣. 先丁後庚, 無癸亦可. 或五月乏癸, 用丁亦可, 要運行北地為佳.

오륙월갑목, 목성허초, 일리공추. 오월선계후정경금차지. 륙월삼복생한, 정화퇴기. 선정후경, 무계역가. 혹오월핍계, 용정역가, 요운행북지위최.

[일람*Scanning]

1. 午月과 未月의 甲木은 목성(木性)이 허초(虛焦)하니 같은 이치로 추리하면 된다.

2. 午月에는 癸를 먼저 쓰고, 다음으로 丁庚을 쓴다.

3. 未月에는 삼복(三伏)이 생한(生寒)하고, 丁火는 퇴기(退氣)한다.

4. 먼저 丁을 쓰고 庚을 차용(次用)하며 癸는 없어도 무방하다.

5. 혹 午月에 癸가 모자라면 丁을 쓰는 것도 가(可)하나 운(運)이 북방으로 흘러야 지위가 높아진다.

[숙달*Mastery]

午月과 未月의 木은 허(虛)하고 마르므로 癸水의 자윤(滋潤)이 시급하다. 다음으로 丁을 써서 상관패인격(傷官佩印格)을 이루어도 좋고, 더하여 庚金으로 水를 생(生)하면 더욱 좋다. 未月에는 삼복생한(三伏生寒)하여 金水가 진기(進氣)하는 때에 이르니 癸水가 없어도 무방하다. 이때는 절기(節氣)로 대서(大暑) 후를 말한다. 혹 午月의 염조(炎燥)한 때에도 癸水가 없다면 부득이 丁火를 취하기도 한다. 다만 이때는 운로(運路)가 필시 북방수운(北方水運)으로 흘러야 귀명(貴命)이 된다. 따라서 핵심은

水氣의 조후(調候)에 있다. 비록 인수(印綬)가 투(透)하지 않아도 일시(日時)의 지지(地支)가 인수(印綬) 水의 글자면 목분화열(木焚火熱)을 면하고, 발전의 가능성이 높아진다. 가령 다음과 같은 명(命)은 목화통휘(木火通輝)라 해서 긍정적으로 판단하게 된다.

甲 甲 丙 丁

子 寅 午 □

그러나 이 경우 辰時 생이라면 진궁(辰宮) 입묘(入墓)한 미약한 癸水로는 조후(調候)의 기능을 수행하기 어려우므로 화토(火土)의 염조(炎燥)함을 면치 못한다. 하목(夏木)의 상관용재(傷官用財)는 귀격(貴格)이 될 수 없다. 다만 부(富)는 기대해 볼 수 있다.

戊 甲 丙 丁

辰 寅 午 □

午月 甲木이 비록 식신봉효(食神逢梟)라 해도 귀명(貴命)을 이루는 경우가 많다. 하목(夏木)에 수기(水氣)는 탈식(奪食)을 거론하지 않기 때문이다.

甲 甲 丙 壬

□ 申 午 □

未月 甲木에 癸水가 출간(出干)해서 격(格)을 이루면 재격투인(財格透印)으로 부귀(富貴)를 겸전하게 된다. 이때 癸水가 지지(地支)에서 녹(祿)을 얻는다면 금상첨화(錦上添花)다.

甲 甲 癸 乙

子 □ 未 □

[원시*TEXT]

總之五六月用丁火, 雖運行北地, 不致於死. 卻不利運行火地, 號曰木化成灰必死, 行西程又不吉, 號曰傷官遇殺, 不測災來, 惟東方則吉, 北方次之. 此五六月用丁之說也.

총지오륙월용정화, 수운행북지, 불치어사. 각불리운행화지, 호왈목화성회필사. 행서정우불길, 호왈상관우살, 불측재래, 유동방즉길, 북방차지. 차오륙월용정지설야.

[일람*Scanning]

1. 정리하자면, 午月과 未月의 甲木이 丁火를 용(用)하면 운(運)은 북방(北方)으로 향해야 죽음에 이르지 않는다.

2. 운(運)이 남방(南方)으로 흐르면 木이 재로 변해 필시 죽는다.

3. 운(運)이 서방(西方)으로 흘러도 불길하니 상관(傷官)이 살(殺)을 만나면 불측(不測)의 재앙이 따를 수 있고 동방(東方)으로 흘러야 길하며 북방은 차선(次善)이 된다.

4. 이상이 午月과 未月에 丁을 쓰는 법이다.

[숙달*Mastery]

기후론(氣候論)은 격국(格局)의 겉모습 이면에 내재된 참된 속성을 중시하여 팔자(八字)와 대운(大運)의 관계를 논한다. 하목(夏木)은 이미 말라붙었기 때문에 생왕(生旺)한 방위(方位)만이 길(吉)하며, 사절지(死絕

地)는 흉하다는 것이다. 午月과 未月의 甲木이 丁火를 용신(用神)으로 삼는다는 것은 곧 진상관(眞傷官)을 뜻함인데, 진상관(眞傷官)이 상관운(傷官運)을 만나면 목화성회(木火成灰)가 되어 죽음에 이른다는 것이다. 또 서방운(西方運)으로 흐르면 재앙을 예측하기 어려워진다. 다만 명중(命中)에 壬癸水가 투출(透出)해 있다면 화살(化殺)하여 무방할 것이다.

[원시*TEXT]

凡用神太多, 不宜剋制, 須洩之為妙.

범용신태다, 불의극제, 수설지위묘.

[일람*Scanning]

무릇 용신이 지나치게 많으면 극제(剋制)하는 것은 마땅치 않으니 모름지기 설(洩)하는 것이 묘(妙)하게 된다.

[숙달*Mastery]

대개 살상겁인(殺傷劫刃)의 격국(格局)은 우선 그것을 제복(制伏)함이 마땅하지만, 관살혼잡(官殺混雜)이나 식상혼재(食傷混在)하면 그것을 식상(食傷)이나 인수(印綬)로 제복(制伏)하기보다 인수(印綬)나 재(財)으로 설(洩)하는 용법이 타당할 때가 많다. 즉 제복지신(制伏之神)이 유력(有力), 유정(有情)하지 못하다면 설신(洩神)을 쓰는 게 낫다는 얘기다.

午月과 未月 甲木에 丙丁火가 겹치면, 유력(有力)한 인수(印綬)나 관살(官殺)로 성격(成格)되는 경우가 아니한 차라리 재(財)로 설(洩)하는 식상생재격(食傷生財格)이 좋다.

戊 甲 丙 丁

□ 辰 午 □

그러나 일점(一點) 미약한 관(官)을 보게 된다면 고목(枯木), 하격(下格)을 면할 수 없다.

辛 甲 丙 丁

未 木 午 火

인수(印綬) 水를 용신(用神)으로 삼을 경우에는 특히 잘 살펴 귀천(貴賤)을 가려야 한다. 자칫 한 수레의 장작이 불에 타는데 한 잔의 물로 끄는 격이니 오히려 불꽃을 더욱 부추기게 되어 흉해질 수가 있다. 다음과 같이 지지(地支)로만 水의 글자가 포진된 경우에는 크게 문제가 되지 않으나,

甲 甲 丙 丁

子 寅 午 □

미약한 수기(水氣)가 노출(露出)되면 파격(破格)되어 위태해진다.

癸 甲 丙 丁

酉 寅 午 □

그러나 인수(印綬)가 건재하다면 상관패인(傷官敗印)으로 성격(成格)되어 상격(上格)을 이룬다.

丁 甲 丙 壬

□ 寅 午 申

[원시*TEXT]

五六月甲木, 木盛先庚, 庚盛先丁. 五月癸庚兩透, 為上上之格. 六月庚丁兩透, 亦為上上之格. 用神既透, 木火通明, 自然大富大貴. 或丁火太多, 癸水亦多, 反作平人.

오륙월갑목, 목성선경, 경성선정. 오월계경량투, 위상상지격. 륙월경정량투, 역위상상지격. 용신기투, 목화통명, 자연대부대귀. 혹정화태다, 계수역다, 반작평인.

[일람*Scanning]

1. 午月과 未月의 甲木에 木이 성(盛)하면 먼저 庚을 쓰고, 庚이 성(盛)하면 먼저 丁을 쓴다.

2. 午月에 癸庚이 양투(兩透)하면 최상격(最上格)을 이룬다.

3. 未月에 庚丁이 양투(兩透)하면 최상격(最上格)을 이룬다.

4. 용신(用神)이 이미 투(透)했다면 목화통명(木火通明)이라, 자연 대부대귀(大富大貴)한다.

5. 혹 丁火가 태다(太多)하거나, 마찬가지로 癸水가 많으면 평인(平人)에 지나지 않는다.

[숙달*Mastery]

午月 甲木에 癸庚이 양투(兩透)하면 상관살인(傷官殺印)의 상격(上格)을 이룬다.

癸 甲 庚 甲

□ □ 午 □

未月 甲木에 庚丁이 양투(兩透)하면 상관대살(傷官帶殺)의 상격(上格)을

이룬다. 이때는 이미 금수(金水)가 진기(進氣)하므로 인수(印綬)의 성분이 녹아들기 때문에 격국(格局)이 더욱 높아진 것이다.

[원시*TEXT]

若柱中多金, 名曰殺重身輕, 先富後貧, 運不相扶, 非貧即夭. 或庚多, 有一二丙丁制伏, 又有壬癸透干, 泄金之氣, 此又為先貧後富. 或滿柱丙火, 又加丁火, 不見官殺, 謂之傷官傷盡最為奇, 反成清貴, 定主才學過人, 科甲有望, 但歲運不宜見水. 若柱中有壬水, 運又逢水, 必貧夭死.

약주중다금, 명왈살중신경, 선부후빈, 운불상부, 비빈즉요. 혹경다, 유일이병정제복, 우유임계투간, 설금지기, 차우위선빈후부. 혹만주병화, 우가정화, 불견관살, 위지상관상진최위기, 반성청귀, 정주재학과인, 과갑유망, 단세운불의견수. 약주중유임수, 운우봉수, 필빈요사.

[일람*Scanning]

1. 만약 사주(四柱) 중에 金이 많으면 살중신경(殺中身輕)이라, 선부후빈(先富後貧)하게 되는데 이때 운(運)이 돕지 않으면 가난하거나 요절(夭折)하기 쉽다.

2. 혹 庚이 많은데 丙丁의 제복(制伏)이 있고 또 壬癸가 투간(透干)하여 금기(金氣)를 설(泄)하면 선빈후부(先貧後富)하게 된다.

3. 혹 만주(滿柱)에 丙火가 있는데, 또 丁火를 더하고 관살(官殺)이 없으면 상관상진(傷官傷盡)이 되어 가장 기묘해지는 바, 이런 사람은 청귀(清貴)하여 재능과 학문이 뛰어나므로 과갑(科甲)이 유력하나 단 세운(歲運)에서 水를 보는 것은 좋지 않다.

4. 만일 사주(四柱)에 壬水가 있고, 다시 운(運)에서 水를 보면 반드시

가난하거나, 요절이 따른다.

[숙달*Mastery]

午月과 未月의 甲木이 丙火가 가득한데, 丁火가 더해져 丙丁이 만국(滿局)을 이루었다면 목화상관(木火傷官)이 염상(炎上)으로 변해 종아격(從兒格)이 된 것이다.

丙 甲 丙 丁

寅 寅 午 □

원시(原詩)는 드물게 대운(大運)이 아닌 세월(歲月)의 용법(用法) 일면을 설명하고 있다. **외격(外格)이 방국(方局)과 기상(氣象)으로 진격(進格)이 성립되면 대운(大運)과 세월(歲月)의 희기(喜忌)를 보는 방법이 같다. 그러나 가격(假格)이면 대운(大運)과 세월(歲月)의 희기(喜忌)를 보는 방법이 달라진다.**

구분	八字 유형	大運 喜忌 용법	歲月 喜忌 용법
眞從	甲 癸 乙 □ □ 卯 亥 □	木火 東南運을 기뻐하고, 金水 西北向을 꺼린다	木火 － 喜 土金水 － 忌
假從	甲 癸 乙 □ □ □ 亥 □	일반 內格과 마찬가지로 用法을 취한다	木火 － 喜 土金水 － 忌

만일 명중(命中)에 壬水가 투(透)하면, 지지(地支) 수운(水運)에 운(運)이 급기야 바닥을 치게 됨을 실감하기 쉽다.

丁 甲 丙 壬

□ 寅 午 戌

이것은 '적천수' 방국론(方局論)에 언급된 '成局干透一官星(성국간투일관성), 左邊右邊空祿祿(좌변우변공록록)'의 현상으로 국(局)이 되어 있는 지지(地支)에 그 오행(五行)을 극(剋)하는 천간(天干)이 투(透)하면 일체가 공허한 것이 될 만큼 흉(凶) 작용이 일어남을 뜻하는 것이다.

[원시*TEXT]

但凡木火傷官者, 聰明智巧, 卻是人同心異, 多見多疑, 雖不生事害人, 每抱忌妒之想, 女命一理同推.

단범목화상관자, 총명지교, 각시인동심이, 다견다의, 수불생사해인, 매포기투지상, 녀명일리동추.

[일람*Scanning]

무릇 목화상관(木火傷官)은 대개 총명하고 지혜가 교묘하며, 겉과 속이 다르고 생각과 의심이 많으니 비록 사람을 해치지는 않으나 매사 불평불만과 시기, 질투의 상념이 많은데 이는 남녀가 동일하다.

[원시*TEXT]

或四柱多土, 干上有乙木, 切勿作棄命從才.

혹사주다토, 간상유을목, 절물작기명종재.

[일람*Scanning]

혹 사주(四柱)에 土가 많더라도, 천간(天干)에 乙木이 있으면 절대로 기명종재(棄命從財)가 되지 않는다.

[숙달*Mastery]

未月 甲木에 土氣를 거스르는 乙木이 투간(透干)한 이상, 종재격(從財格)을 이룰 수 없다.

[원시*TEXT]

時月兩透己土, 名二土爭合, 男主奔流, 女主淫賤. 見二甲則不爭矣, 亦屬平庸之輩. 或四柱有辰, 干見二己二甲, 此人名利雙全, 大富大貴.

시월량투기토, 명이토쟁합, 남주분류, 녀주음천. 견이갑칙불쟁의, 역속평용지배. 혹사주유진, 간견이기이갑, 차인명리쌍전, 대부대귀.

[일람*Scanning]

1. 月時에 己土가 양투(兩透)하면 쟁합(爭合)이 되어 남자는 분주하고, 여자는 음천(淫賤)하다.

2. 이때 甲木이 두 개 있으면 쟁(爭)은 아니나 역시 평범한 명(命)에 불과하다.

3. 혹 사주(四柱)에 辰이 있고 천간에 두 개의 己, 두 개의 甲이 있으면 명리(名利)가 쌍전(雙全)하고, 대부대귀(大富大貴)하게 된다.

[숙달*Mastery]

未月 甲木에 쟁합(爭合)은 애초에 바람직하지 않고, 쟁(爭)이 아니라도

진화격(眞化格)을 이루지 않으면 귀격(貴格)으로 성립되기 어렵다. 원시(原詩)에서는 진화(眞化)의 기본 요건으로 五土, 즉 辰土를 얻어야 상격(上格)으로 간주한다고 했다. 그러나 辰土가 화격(化格)의 필수적 성립 요건이 되는 것은 아니다. 가령 未月 甲木이 己土를 보면 일단 화(化)한 오행(五行)의 성분을 거스르는 세력이 없는 한, 화격(化格)은 성립된다.

己 甲 土 土

土 火 未 土

이때 또 하나의 甲을 보면 화격(化格)이 성립되지 않는다.

甲 甲 己 □

土 火 未 □

그런데 이 甲을 또 다른 己가 합(合)하면 화격(化格)이 될 가능성이 있다. 그러나 이상의 상황만으로 화격(化格)이 성립되는 것은 아니다.

己 甲 己 甲

□ 火 未 □

팔자(八字)에 辰土를 보아야만 진화(眞化) 귀격(貴格)을 이룬다.

己 甲 己 甲

□ 辰 未 □

이때 辰土는 일간(日干) 甲木이 시간(時干) 己土와 진화(眞化)를 이루는 요건으로 작용하는 게 아니라, 년월(年月)의 甲己 합화(合化)를 완전하게 성립시키는 요건이 된다.

己 甲 己 甲

☐ 辰 ☐ ☐

엄격히 따져 화격(化格)의 귀명(貴命)이 성립되려면 일간(日干)과 시간(時干)의 합화(合化)는 월령(月令) 계절이 주관하고, 년간(年干)과 월간(月干)의 진화(眞化)는 辰土에 달린 것이다. 따라서 **타간(他干)간의 합화(合化)에 의해 화격(化格)이 성립되기 위한 전제 요건으로 辰土가 대두되는 것이지, 일간(日干)의 합화(合化)의 요건으로 辰土가 전제되는 것이 아니다.** 한편 진화(眞化)와 가화(假化)의 차이는 다음과 같다.

구분	八字(팔자) 유형
眞化(진화)	☐ 丁 壬 ☐ ☐ 卯 寅 辰
假化(가화)	☐ 壬 丁 ☐ ☐ ☐ 卯 ☐

이상은 모두 화격(化格)으로 화신(化神) 木에 순응(順應)하는 水木火의 운(運)을 기뻐한다. 丁日 생(生)은 방국(方局) 목국(木局)을 얻어 진화(眞化)로 대운(大運)과 세월(歲月)을 막론하고 희신(喜神)이 같다. 반면 기세(氣勢)만 얻은 壬日 생(生)은 가화격(假化格)으로 세월(歲月), 용(用)의 영역에서만 水木火 운(運)을 기뻐할 뿐 대운(大運)에서는 운(運)의 간지(干支) 작용에 따라 격(格)이 변한다. 그러므로 丁日 생(生)은 팔자(八字) 원국(元局) 차체로 귀(貴)를 논할 수 있지만, 壬日 생(生)은 팔자(八字) 자체로는 귀(貴)를 논할 수 없고, 대운(大運)에 따라 귀천(貴賤)이 갈리는 것이다. 만일 대운(大運)의 亥를 만나면 목국(木局)이 되어 진화(眞化)로 변

모하므로 성운(盛運)을 맞이하기 쉽다. 다른 경우로 가령 壬申日에 대운(大運)에서 경운(庚運)을 맞이했다고 치면,

□ 壬 丁 □ ← 庚

□ 申 卯 □

일반 내격(內格)과 같이 희기(喜忌)를 취하므로 상관패인(傷官佩印)으로 변격(變格)되는 것이다. 이때 용신(用神) 庚金 인수(印綬)는 丁火에 의해 상(傷)하므로 성중유패(成中有敗)의 불리한 상황을 시사한다.

종격(從格)이나 일행득기(一行得氣)도 보는 법이 마찬가지다. 진가(眞假)를 가려 대운(大運)과 세월(歲月)을 보는 법을 달리 적용하면 실상에서 어긋남이 없을 것이다.

[원시*TEXT]

若在六月, 見辰支, 名為逢時化合格. 以癸水為妻, 丁火為子. 若二己一甲爭合, 取支中比劫為用. 以甲為用者, 壬癸為妻, 甲乙為子. 其餘用庚者, 土妻金子. 用丁者, 木妻火子. 女命以妻作夫, 用作子. 十干皆同.

약재륙월, 견진지, 명위봉시화합격. 이계수위처, 정화위자. 약이기일갑쟁합. 취지중비겁위용. 이갑위용자, 임계위처, 갑을위자. 기여용경자, 토처금자. 용정자, 목처화자. 여명이처작부, 용작자. 십간개동.

[일람*Scanning]

1. 만일 未月이 辰을 보고 화합격(化合格)을 이루면 癸水는 아내요, 丁火는 자식이 된다.

2. 만일 己 두개가 甲木 하나를 쟁합(爭合)하면 지지(地支)에 비겁(比

劫)이 있어야 한다.

3. 이때는 甲을 용(用)하므로 壬癸를 아내로 삼고, 甲乙을 자식으로 본다.

4. 그 외 庚을 용(用)하면 土가 아내요, 金이 자식이 된다.

5. 丁을 용(用)하면 木이 아내요, 火가 자식이 된다.

6. 여명(女命)도 같이 보는데 처(妻)를 부(夫)로 보고, 용(用)은 자(子)로 본다.

7. 이는 십간(十干)이 다 마찬가지다.

[숙달*Mastery]

'난강망' 에서 용(用)은 월별(月別) 십간(十干用神)을 육친(六親) 자식에 비유하여 중요성을 일깨우는 것에 지나지 않는다고 이미 설명한 바 있다. 즉 팔자(八字)의 희용신(喜用神)을 처자(妻子)로 구분해서 격국(格局)의 유형을 논한 것이다.

未月 甲木이 화격(化格)을 이루면 대개 화기격(化氣格)의 경우 화신(化神)을 생(生)하는 것을 용신(用神)으로 삼게 되므로 丁火를 먼저 취한다. 다음으로 辰中 癸水를 하월(夏月)의 조후(調候) 보좌용신(補佐用神)으로 삼아 최상격(最上格)을 이루는데, 이를 두고 화신(化神)이 극(剋)하는 게 처(妻)가 된다는 식의 육친성(六親星)으로 설명한다면 두고두고 논리의 모순을 극복하지 못하게 될 것이다. 즉 丁火**가 출간(出干)하고** 癸水**가 암장(暗藏)된 화격(化格)이 일격(一格)이 된다는 얘기다. 또한 화격(化格)이라도 화염토조(火炎土操)를 면하려면 조후(調候)를 배제할 수 없다.** 未月 甲木**의 화격(化格)이 유독** 辰土**의 중요성을 강조하는 이면에는 합화(合化)의 성립 이전에 기후(氣候)가 고려된 것이다.**

己 甲 丁 丁

土 辰 未 土

甲을 용(用)하므로 壬癸를 아내로 삼고, 甲乙을 자식으로 보는 경우는 재격투인(財格透印)으로 성격(成格)되는 상황을 의미한다.

甲 甲 己 癸

□ 辰 未 □

토처금자(土妻金子)의 경우는 재왕생살(財旺生殺)로 성격(成格)되는 상황을 의미한다.

庚 甲 己 戊

□ 辰 未 □

목처화자(木妻火子)는 목화상관(木火傷官)이 상관상진(傷官傷盡)된 명(命)의 유형을 의미한다.

丙 甲 丙 丁

寅 寅 午 □

[원시*TEXT]

或是己土, 不見戊土, 乃為假從, 其人一生縮首, 反畏妻子. 若無印綬, 一生貧苦, 六月尤可, 五月決不可.

혹시기토, 불견무토, 내위가종, 기인일생축수, 반외처자. 약무인수, 일생빈고. 유월우가, 오월결불가.

[일람*Scanning]

1. 혹 己土가 戊土를 보지 않으면 가종(假從)이 되어 이러한 사람은 가권(家權)을 쥐지 못하고 아내와 자식을 두려워한다.

2. 만일 인수(印綬)가 없으면 부옥빈인(富屋貧人)이라 일생 빈고(貧苦)하다. 未月에는 그것이 가능하지만, 午月에는 결코 불가(不可)하다.

[숙달*Mastery]

원래 **종격(從格)은 순수함으로 귀(貴)를 삼는다.** 외격(外格)이 다 같은 이치다. '난강망'이 정의하는 순수한 기상은 좀더 까다롭다. 무릇 **"양간(陽干)은 양(陽)으로 종(從)하고, 음간(陰干)은 음(陰)으로 종(從)해야 진종(眞從)이 된다."** 는 것이다. 따라서 未月 甲木은 간지(干支)가 모두 土로 구성된다 해도 진종(眞從)이 될 수 없고 가종(假從)이 된다. 월령(月令)에 乙木의 뿌리가 있기 때문이다. 따라서 재다신약(財多身弱), 부옥빈인(富屋貧人)에 불과하다. 이렇게 되면 재물로 인해 고통을 받고 아내를 두려워하기 십상이다. 그러나 인수 壬癸水를 본다면 재격투인(財格透印)으로 성격(成格)되어 능히 재(財)를 희롱할 수 있게 된다. 같은 재다신약(財多身弱)이라도 未月 생이면 甲木의 근기(根氣)가 있어 그나마 흉의가 감(減가)하는 기미가 있지만, 午月은 수기(水氣)를 보지 않는 한 필패(必敗)의 흉의(凶意)를 감(減)하기 어렵다.

삼추갑목총론
■ 三秋甲木總論

[원시*TEXT]

三秋甲木, 木性枯槁, 金土乘旺, 先丁後庚. 丁庚兩全, 將甲造為畫戟, 非丁火不能造庚, 非庚不能造甲, 丁庚兩透, 科甲定然. 庚祿居申, 殺印相生, 運行金水, 身伴明君. 或庚透無丁, 一富而已, 主為人操心太重, 不能坐享. 或丁透庚藏, 亦主青衿小富. 或庚多無丁, 殘疾之人, 若為僧道, 災厄可免.

삼추갑목, 목성고고, 금토승왕, 선정후경. 정경량전, 장갑조위화극, 비정화불능조경, 비경불능조갑, 정경량투, 과갑정연. 경록거신, 살인상생, 운행금수, 신반명군. 혹경투무정, 일부이이, 주위인조심태중, 불능좌향. 혹정투경장, 역주청금소부. 혹경다무정, 잔질지인, 약위승도, 재액가면.

[일람*Scanning]

1. 삼추(三秋) 甲木은 목성(木性)이 말라 죽게 되니 金土가 승왕(乘旺)하므로 丁을 먼저 쓰고 다음으로 庚을 쓴다.

2. 丁庚을 모두 갖추면 甲은 창(戟)의 자루로 만들 수 있는 바, 丁火가 아니면 丁이 아니면 능히 庚을 다룰 수 없고, 庚이 아니면 능히 甲을 다룰 수 없는 바 丁庚이 양투(兩透)하면 자연스레 과갑(科甲)에 이른다.

3. 庚이 申에 거(居)하면 살인상생(殺印相生)이 되어 金水의 운(運)으로 행(行)하면 몸이 명군(明君)과 벗하게 된다.

4. 혹 庚이 투(透)하고 丁이 없으면 일개 부자는 되나, 위인이 조심성이 많고 힘들게 노력만 하며 안락하게 지내지는 못한다.

5. 혹 丁이 투(透)하고 庚이 암장(暗藏)되면 청년기에 소부(小富)를 이룬다.

6. 혹 庚이 많은데 丁이 없으면 잔병이 많으나, 출가하여 승도(僧徒)가 되면 재액(災厄)을 면한다.

[숙달*Mastery]

삼추(三秋) 甲木은 늙어 가지와 잎이 시드는 때로, 강금(剛金)으로 다듬어야 동량(棟樑)의 재목을 이룰 수 있다. 즉 추목(秋木)이 金을 만나면 진신(眞神)이 용신(用神)이 되어 귀격(貴格)을 이루기 쉽다. 이렇게 춘목(春木)이 木, 하목(夏木)이 火, 동목(冬木)이 水를 만나기를 대개 꺼리는 바와 다른 점이 있다. 그리고 庚金은 丁火로 단련해야 기물(器物)을 이룬다. 따라서 삼추(三秋) 甲木은 丁庚으로 용(用)을 삼게 된다.

[원시*TEXT]

或四柱庚旺，支內水多，不作棄命從殺．見土多可作從才而看．

혹사주경왕，지내수다，불작기명종살．견토다가작종재이간．

[일람*Scanning]

1. 혹 사주(四柱)에 庚이 왕(旺)하고 지지(地支)에 水가 다(多)하면 기명종살(棄命從殺)을 이루지 못한다.

2. 土가 다(多)하면 가히 종재(從財)로 보게 된다.

[숙달*Mastery]

지지(地支) 수국(水局)을 이루면 종살(從殺)이 성립될 수 없다.

庚 甲 庚 □

□ 子 申 □

[원시*TEXT]

庚多無癸，而壬水多，戊己亦多，此則專用一點丁火，方可制金以養群土，此命大富．丁藏富小，不顯．丁露定作富豪．得二丁，不坐死絕，必然富貴雙全，即風水不及，亦可富中取貴，納粟奏名．

경다무계，이임수다，무기역다，차즉전용일점정화，방가제금이양군토，차명대부．정장부소，불현．정로정작부호．득이정，불좌사절，필연부귀쌍전，즉풍수불급，역가부중취귀 납속주명．

[일람*Scanning]

1. 庚이 많고 癸가 없거나, 壬水가 많고 戊己가 또한 많으면 오직 일점(一點)의 丁火를 취하여 金을 제(制)하고 土를 배양하면 크게 부자가 된다.

2. 丁이 암장(暗藏)되면 작은 부자에 그치며 현달하지 못한다.

3. 丁이 노출(露出)되면 정히 부호(富豪)가 된다.

4. 두개의 丁을 얻어 사절(死絕)되지 않으면 반드시 부귀(富貴)가 쌍전(雙全)하며 풍수(風水)가 따라 주지 않아도 부중취귀(富中取貴)하니 곡물을 바쳐 이름을 걸게 된다.

[숙달*Mastery]

삼추(三秋) 甲木에 丁火는 두 가지 역할을 수행한다. 먼저 庚金을 단련하여 기물(器物)을 이루게 하니 귀(貴)를 받치고, 다음으로 戊土를 생재(生財)하여 부(富)를 가져오게 된다. 따라서 丁火가 출간(出干)하고 건전하면 부명(富命)을 보장하게 되고, 丁을 두 개를 얻으면 부귀(富貴)를 동시에 취할 가능성이 높다는 얘기다. 원문(原文)에서 종종 거론하는 풍수(風水)는 출신 성분이나 환경 등을 상징하는 언어로 팔자(八字)의 격국(格局)이 완벽하게 성격(成格)되면 출신 성분에 관계없이 출세(出世)가 보증되는 것이고, 제반 요건이 충족되지 않은 경우에는 좋은 가문의 출신이나, 운(運)에서 다소 조력해야 부귀(富貴)을 얻게 된다는 것이다. 그러므로 **'난강망' 역시 주명보상(主命補相)의 원칙을 벗어나지 않는다.** 즉 명(命)과 상(相)을 동일 선상에서 다루지는 않는다는 얘기다.

[원시*TEXT]

或癸疊疊制伏丁火，雖滿腹文章，終難顯達．得運行火土，破癸，略可假就功名，歲運皆背, 刀筆之徒.

혹계첩첩제복정화, 수만복문장, 종난현달. 득운행화토, 파계, 략가가취공명, 세운개배, 도필지도.

[일람*Scanning]

1. 혹 癸가 많아 丁火를 제복(制伏)하면 학문이 뛰어나도 끝내 현달(顯達)하기 어렵다.

2. 화토운(火土運)으로 향해 癸를 파(破)하면 약간의 공명(功名)은 얻으나, 세운(歲運)이 모두 배반하면 도필(刀筆)을 다루는 부류에 불과해진다.

[숙달*Mastery]

무릇 귀(貴)는 팔자(八字)의 체신(體神)에서 정해져야 가장 확실하고, 운(運)에서 성격(成格)되는 것은 차선(次善)에 불과하다. 격국(格局)이 성격(成格)되지 않으면 세운(歲運)에서 희운(喜運)을 보더라도 제한된 일시적 성취(成就)에 불과하다.

[원시*TEXT]

支成水局, 戊己透干, 制去癸水, 存其丁火又可云科甲, 但此等命, 主為人心奸巧詐, 好訟爭非, 因貪致禍. 奸險之徒, 決非安份之人也.

지성수국, 무기투간, 제거계수, 존기정화우가운과갑, 단차등명, 주위인심간교사, 호송쟁비, 인탐치화. 간험지도, 결비안빈지인야.

[일람*Scanning]

1. 지지(地支)에 수국(水局)을 이룰 때 戊己가 투간(透干)해서 癸水를 제

거(制去)하고 丁火를 보호하면 과갑(科甲)은 하지만, 위인이 교묘하고 간사하며 송사시비를 좋아하니 탐욕으로 인해 화(禍)을 부르게 된다.

2. 위태로운 일을 범하니 결코 안분(安分)하는 사람이 아니다.

[숙달*Mastery]

대개 인수(印綬)가 기신(忌神)으로 기능하면 위인이 간사하고 시비를 즐기는 경향이 짙다. 항시 주변이 시끄럽고 구설(口舌)이 끊이지 않을 것이다.

■ 三秋甲木 (삼추갑목)

[원시*TEXT]

七月甲木, 丁火為尊, 庚金次之, 庚金不可少. 火隔水不能鎔金, 故丁火鎔金, 必賴甲木引助, 方成洪爐. 若有癸水阻隔, 便滅丁火, 壬水無礙, 且能合丁, 但須見戊土, 方可制水存火.

칠월갑목, 정화위존, 경금차지, 경금불가소. 화격수불능용금, 고정화용금, 필뢰갑목인조, 방성홍로. 약유계수조격, 변멸정화, 임수무애, 차능합정, 단수견무토, 방가제수존.

[일람*Scanning]

1. 申月 甲木은 丁火를 으뜸으로 삼고, 庚金을 차선으로 취하나 庚金이 적어서는 안 된다.

2. 火가 水로 인해 격리되면 金을 녹일 수 없으므로 丁火가 金을 녹이려면 필시 甲木의 조력에 의지해야 넓은 큰 용광로를 이룬다.

3. 만일 癸水로 인해 막혀 서로 통하지 않으면 곧 丁火는 소멸되고, 壬水는 거리낌이 없으나 이 또한 丁을 합(合)할 수는 있으므로 모름지기 戊土를 보아 水를 제(制)하고, 火를 남겨야 마땅하다.

[숙달*Mastery]

申月 甲木에 丁庚이 양투(兩透)하여 상관가살(傷官駕殺)하면 상격(上格)을 이룬다.

丁 甲 庚 □

□ □ 申 □

申月 甲木은 丁火가 존귀하므로 인수(印綬) 水가 火를 제(制)하면 불리해진다.

丁 甲 庚 □

□ 子 申 □

이때 재(財)로써 인수(印綬)를 제거하고 火를 남기면 패중유성(敗中有成)이 된다.

丁 甲 庚 戊

□ 子 申 □

[원시*TEXT]

八月甲木, 木囚金旺. 丁火為先, 次用丙火, 庚金再次.

팔월갑목, 목수금왕. 정화위선, 차용병화, 경금재차.

[일람*Scanning]

1. 酉月 甲木은 木이 수(囚)하고 金이 왕(旺)하다.
2. 丁火를 선용(先用)하고, 丙火를 차용(次用)하며 庚金을 재차 쓴다.

[숙달*Mastery]

'적천수' 격국론(格局論)에 '傷官見官果難弁, 可見不可見'(상관견관과난변, 가견불가견)이라는 구절이 있다. 이 말은 추목(秋木)이 丁火 상관(傷官)을 보아 나쁘지 않고, 오히려 귀해지는 현상을 두고 이른 말이다. 또 동금(冬金)의 금수식상(金水食傷)이 火를 보아도 상관견관(傷官見官)으로 파격(破格)되지 않는 경우를 들 수 있다. 까닭에 酉月 甲木이 丁火를 보아도 상관견관(傷官見官)으로 파격(破格)되지 않고 귀격(貴格)을 이룬다.

丁 甲 乙 乙

□ 子 酉 □

한편 '官殺相混來問我, 有可有不可'(관살상혼래문아, 유가유불가) 라는 구절이 있는데, 보통 추금(秋金)이 丙丁火를 함께 보아 귀격(貴格)을 이루는 경우를 두고 이른 말이다. 이때 **丁火는 연금(鍊金)하기 위해, 丙은 조후(調候)로써 각각의 역할을 수행하는** 것인데, 이 같이 丙丁을 다 같이 용(用)하는 경우가 더러 있다. 추목(秋木)이나 동목(冬木)이 丙丁을 같이 쓰는 경우도 거의 같은 이치다. 酉月 甲木에 丁丙庚이 모두 투(透)하면 최상격(最上格)이 된다.

庚 甲 丁 丙

□ 子 酉 □

[원시*TEXT]

一丁一庚, 科甲定顯. 癸水一透, 科甲不全.

일정일경, 과갑정현. 계수일투, 과갑불전.

[일람*Scanning]

1. 하나의 丁, 하나의 庚이 있으면 정히 과갑(科甲)을 하고 현달(顯達)한다.

2. 하나의 癸水가 투(透)하면 과갑(科甲)이 온전치 못하다.

[숙달*Mastery]

丁庚이 투(透)하면 상관가살(傷官駕殺)로 상격(上格)을 이루지만, 이때 癸水가 투(透)하면 丁火가 상(傷)하므로 과갑(科甲)을 보증할 수 없게 된다. 그러나 殺用食制逢印(살용식제봉인)의 패중유성(敗中有成) '포맷' 에는 일치하는 게 아니므로 원시(原詩)는 과갑부전(科甲不全)으로, '조화원약평주' 는 과갑난전(科甲難全)으로 묘사했는데 다 같이 직접적인 패(敗)를 단언하지는 않은 것 같다. 그러나 이미 丁火가 상(傷)했다면 묘용(妙用)을 살리기 어려운 것이다. 삼추(三秋) 甲木은 丁火는 몹시 중요하므로 필시 암장(暗藏)되어야 수기(秀氣)가 훼손되지 않는다.

癸 甲 丁 □

□ 戌 酉 □

[원시*TEXT]

丙庚兩透, 富大貴小. 丙丁全無, 僧道之命.

병경량투, 부대귀소. 병정전무, 승도지명.

丙透無癸, 富貴雙全. 有癸制丙, 尋常之人.

병투무계, 부귀쌍전. 유계제병, 심상지인.

[일람*Scanning]

1. 丙庚이 양투(兩透)하면 부(富)는 크나 귀(貴)는 적고, 丙丁이 없으면 승도(僧徒)의 팔자다.

2. 丙만 있고 癸가 없으면 부귀(富貴)가 쌍전(雙全)하나, 癸가 丙을 제(制)하면 평상인에 지나지 않는다.

[숙달*Mastery]

십간(十干)의 관계를 엄밀히 살펴보면 물상(物像)으로 격국(格局)을 성격(成格)시키는 동시에 기후(氣候) 또한 완성하는 글자가 최선의 조합이 될 것이다. 전자의 요건을 충족시키면 귀(貴), 후자의 요건만 충족시키면 부(富)로 대별하는 관법도 유효하다. 가령 甲木이 庚金을 존신(尊神)으로 삼아 귀(貴)를 논한다면 丁을 용(用)하여 상격(上格)을 이룬다. 丁은 없고 丙의 조후(調候)만 완성시킨다면 귀(貴)는 감(減)하나 부(富)는 자연스럽다. 가령 甲木의 십간(十干) 관계를 논한다면 다음과 같이 정리될 수 있다.

日干	用	喜用	富貴	備考
甲木	金	丁	富貴	庚金의 貴를 丁火로 輔하여 상승시킴
		丙	富	丙火의 調候로 富는 이루나 貴를 輔하는 기능은 축소
	火	丙	富貴	丙火는 格을 완성시키는 동시에 調候를 완성
		丁	貴	丁火는 格을 이루지만, 調候의 역할 기능은 축소

따라서 酉月 甲木에 丙庚이 양투(兩透)한 살용식제(殺用食制)의 유형은 丁火를 쓰는 상관가살(傷官駕殺)에는 귀(貴)가 미치지 못하나, 복명(福命)으로는 손색이 없다. 칠살(七殺) 庚金의 제복(制伏)이 없는 명(命)은 승도(僧徒)의 팔자에 가깝다. 丙癸가 공히 투(透)하여 殺用食制逢印으로 파격(破格)된다면 평범한 위인에 지나지 않을 것이다.

[원시*TEXT]

支成火局, 可許假貴, 戊己一透, 可作富翁.

지성화국, 가허가귀, 무기일투, 가작부옹.

[일람*Scanning]

지지(地支)에 화국(火局)을 이루면 가귀(假貴)는 허락하고, 戊己중 하나가 투(透)하면 부옹(富翁)이 된다.

[숙달*Mastery]

회지(會支)로 지지(地支)의 글자가 동(動)하면 관봉상극(官逢傷剋)이 되는데, 상관가살(傷官駕殺)이 작용하여 가귀(假貴)는 허락한다고 했다. 그러나 일단은 파격(破格)이므로 戊己土의 재(財)로 상관(傷官)의 수기(秀氣)를 화(化)한다면 상관용재(傷官用財)로 인해 비록 젊어서는 고생이 따르지만 늙어서는 호강할 수 있다고 했다.

[원시*TEXT]

或支成金局, 干露庚金, 為木被金傷, 必主殘疾, 得丙丁破金, 亦主老來暗疾.

或支成木局, 干透比劫, 反取庚金為先, 次用丁火.

혹지성금국, 간로경금, 위목피금상, 필주잔질, 득병정파금, 역주로래암질.

혹지성목국, 간투비겁, 반취경금위선, 차용정화.

[일람*Scanning]

1. 지지(地支) 금국(金局)을 이루고 庚金이 투(透)하면 木이 크게 상하므로 요절하거나 잔병이 따르며 丙丁으로 金을 파(破)해도 노년에는 질병이 따르게 된다.

2. 지지(地支)에 목국(木局)을 이루고 천간(天干)에 비겁(比劫)이 투(透)하면 庚金을 먼저 취하고 쓰고 다음으로 丁火를 쓴다.

[숙달*Mastery]

격국용신(格局用神)이 태다(太多)하거나 지나치면 그것을 온전하게 제복(制伏)하기는 어려운 법이다. 이때는 설기(洩氣)하는 용법으로 격국

(格局)을 성격시켜야 마땅하지만, 조후(調候)에 위배되므로 금국(金局)으로 태왕(太旺)해진 금기(金氣)는 연목(軟木)의 큰 위협이 된다. 丙丁이 투(透)해도 '成局干透一官星, 左邊右邊空碌碌'의 불리함을 면키 어렵다. 한편 지지(地支)에 목국(木局)을 이룰 때 庚丁이 공히 투(透)하면 상관가살(傷官駕殺)하여 귀격(貴格)을 이루고, 庚金만 쓰는 경우는 마치 살격봉인(殺格逢刃)과 흡사하다. 살격봉인(殺格逢刃)은 양인(陽刃)이 일지(日支)나 시지(時支)에 있어야만 그것을 유용하게 쓸 수 있는데 지지(地支)의 목국(木局)은 일시(日時)에서 이루어지므로 그렇다는 얘기다.

[원시*TEXT]

九月甲木, 木性凋零, 獨愛丁火, 壬癸滋扶, 丁壬癸透, 戊己亦透, 此命配得中和, 可許一榜. 庚金得所, 科甲定然.

구월갑목, 목성조령, 독애정화, 임계자부, 정임계투, 무기역투, 차명배득중화, 가허일방, 경금득소, 과갑정연.

[일람*Scanning]

1. 戌月 甲木은 목성(木性)이 시들고 영락(零落)하니 오직 丁火와 壬癸의 자부(滋扶)를 사랑하므로 丁壬癸가 투(透)하고 戊己 역시 투(透)하면 배합(配合)으로 중화(中和)되어 가히 일방(一榜)을 허락한다.

2. 庚金이 득소(得所)하면 과갑(科甲)이 정연(定然)하다.

[숙달*Mastery]

戌月 甲木은 재격(財格)이다. 丁火가 투간(透干)한 가상관격(假傷官格)에 壬癸水를 써서 상관패인격(傷官佩印格)을 이루면 귀명(貴命)이 된다. 戌月

에는 甲木이 시들고 상하므로 壬癸水의 자부(慈扶)가 요구되는 사항이 핵심이다. 이때는 인수(印綬)가 혼잡(混雜)되어도 나쁘지 않고 오히려 기뻐한다.

丁 甲 壬 癸

□ □ 戌 □

이때 戊己土가 배합되면 재봉식상(財逢食傷)의 격국을 이룬다. 戌月은 왕토(旺土)가 영(令)을 잡은 때이니, 재(財)를 용신(用神)으로 삼으면 일방(一榜)은 허락한다. 다음과 같은 경우 壬水는 戊土로 인해 파인(破印)되어 격(格)을 해치지 못한다.

丁 甲 壬 戊

□ □ 戌 □

丁庚이 공히 투(透)하면 상관가살(傷官駕殺)을 이루어 과갑(庚金)을 의심할 필요가 없다.

□ 甲 庚 丁

□ □ 戌 □

[원시*TEXT]

或見一二比肩, 無庚金制之, 平常人也. 倘運不得用, 貧無立錐. 一命, 甲辰, 甲戌, 甲辰, 甲戌, 身伴明君, 富貴壽考, 此為天元一氣, 又名一才一用. 遇比用才, 專取季土. 或見庚丙, 可許入泮, 白手成家. 用火者, 木妻火子, 子肖妻賢.

혹견일이비견, 무경금제지, 평상인야. 당운불득용, 빈무립추. 일명,

갑진, 갑술, 갑진, 갑술, 신반명군, 부귀수고, 차위천원일기, 우명일재일용. 우비용재, 전취계토. 혹견경병, 가허입반, 백수성가. 용화자, 목처화자, 자초처현.

[일람*Scanning]

1. 혹 한두 개의 비겁(比劫)이 있고 庚金을 얻지 못하면 평범한 사람이다.

2. 이때 대운(大運)에서조차 돕지 않으면 송곳하나 꽂을 땅이 없을 정도로 가난하다.

3. 戊月 甲木이 甲辰年 甲戌月 甲辰日 甲戌時 생(生)이면 몸이 군왕(君王)과 같고 부귀(富貴)와 수복(壽福)을 누리는데, 이를 두고 천원일기(天元一氣), 또는 일재일용(一財一用)이라 한다.

4. 이때는 비겁(比劫)을 만나나 재(財)를 용(用)할 수 있으니 전적으로 사계(四季)의 土를 취한 것이다.

5. 혹 庚丙을 얻으면 가히 입반(入泮)하게 되며 자수성가한다.

6. 火를 용(用)하면 木이 아내요, 火가 자식인데 아내는 어질고 자식은 효도한다.

[숙달*Mastery]

재격(財格)에 비견(比劫)이 쟁재(爭財)하면 庚金으로 재(財)를 보호해야 한다. 이때 庚辛이 없으면 평범한 명(命)이 되고, 운(運) 또한 비겁운(比劫運)으로 흐른다면 송곳하나 꽂을 땅이 없을 정도로 가난해진다는 뜻이다. 그러나 지지(地支) 토국(土局)을 이루면 비겁(比劫)을 만나도 재(財)를 용(用)할 수 있고, 관(官)을 취해 호재(護財)하면 마치 재관격(財

官格)과 같으며, 식상(食傷)을 보아도 식상생재(食傷生財)와 같으니 戌月 甲木의 천원일기격(天元一氣格)은 체용(體用)이 모두 청(淸)하여 부귀장수(富貴長壽)를 누리는 것이다.

甲 甲 甲 甲

戌 辰 戌 辰

戌月 甲木이 庚丙을 얻으면 학문과 인연이 닿고 관리가 되어 자수성가(自手成家)하기 쉽다. 丙火를 용(用)하는 살용식제격(殺用食制格)을 이루면 木火를 기뻐하게 된다.

丙 甲 庚 丁

□ □ 戌 □

[원시*TEXT]

或四柱木多, 用丙用丁, 皆不足異, 耑用庚金為妙. 凡四季甲木, 總不外乎庚金. 譬如木為犁, 能疏季土, 非庚金為犁嘴, 安能疏土雖用丙丁, 癸庚決不可少也. 九月卻不取土妻庚子, 當取水妻木子.

혹사주목다, 용병용정, 개부족이, 전용경금위묘. 범사계갑목, 총불외호경금. 비여목위리, 능소계토, 비경금위리취, 안능소토수용병정, 계경결불가소야. 구월각불취토처경자, 당취수처목자.

[일람*Scanning]

1. 혹 사주(四柱)에 木이 많으면 丙丁을 용(用)하나 충족되지는 않으므로 이때는 庚金을 써야만 묘(妙)하다.

2. 무릇 모든 辰戌丑未月의 甲木은 庚金을 도외시 할 수 없다.

3. 비유하자면 木은 쟁기에 해당하여 능히 소토(疏土)해야 하는데 庚金의 쟁기 부리가 없으면 충분치 않으므로 비록 丙丁火를 쓰더라도 庚癸가 적으면 결정적으로 불가(不可)하다.

4. 戊月 甲木은 토처금자(土妻金子)를 취하지 않고, 응당 수처목자(水妻木子)로 한다.

[숙달*Mastery]

춘목(春木)과 달리 추목(秋木)은 메마르니 丙丁을 취해도 상격(上格)을 이루기 어렵다. 목화통명(木火通明)이 성립되지 않으므로 추목(秋木)은 庚金과 배합되어야만 기물(器物)을 이루므로 좋은 것이다. 결국 추목(秋木)이 귀격(貴格)을 이루려면 여러 가지 조건이 충족되어야 함을 의미한다. 추목(秋木)은 庚金이 없으면 불령(不靈)하니 庚金이 적으면 불가(不可)하고, 또 戌月은 만추(晚秋)라 한기(寒氣)가 있으므로 丙丁火가 없어도 흉하다. 반면 화왕(火旺)하여 토조(土燥)하면 木이 더욱 메마르니 壬癸水가 없어선 안 된다. 또한 水는 인이호경(印以護庚)하므로 귀(貴)를 사수하는 것이다.

결론적으로 팔자(八字)의 전체 상황을 살펴 무엇을 먼저 취용(取用)할지를 정하는 것이다. 사계(四季)의 甲木과 추목(秋木)은 모두 庚金을 위주로 격국을 이루는 게 귀격(貴格)의 표본이 된다. 다만 원론적으로 戌月 甲木은 마르고 시들므로 일단 水의 자윤(滋潤)으로 재격투인(財格透印)으로 성격(成格)함이 우선이므로 水를 자식으로 삼지만, 전체 간지(干支) 상황에 따라 일선(一線)과 이선(二線)의 용법(用法)이 달라진다.

[원시*TEXT]

凡甲木, 多見戊己, 定作棄命從才而看. 從才格, 取火妻土子.

범갑목, 다견무기, 정작기명종재이간. 종재격, 취화처토자.

[일람*Scanning]

1. 무릇 甲木이 戊己土가 많으면 정히 기명종재(棄命從財)로 보게 된다.

2. 종재격(從財格)은 土를 자식으로 하고 火를 아내로 삼는다.

[숙달*Mastery]

戌月 甲木이 戊己土를 많이 보면 기명종재격(棄命從財格)이 되기도 한다. 반면 辰月과 未月의 甲木은 좀체 종(從)하는 법이 없다.

[원시*TEXT]

或見一派丙丁傷金, 不過假道斯文, 有壬癸破了丙丁, 技藝之流. 無壬癸破火, 支又成火局, 乃為枯朽之木, 有庚亦何能為力, 定作孤貧下賤之輩, 男女一理.

혹견일파병정상금, 불과가도사문, 유임계파료병정, 기예지류. 무임계파화, 지우성화국, 내위고후지목, 유경역하능위력, 정작고빈하천지배, 남녀일리.

[일람*Scanning]

1. 혹 한 무리의 丙丁을 보아 金을 상(傷)하면 거짓 학문에 불과하고, 壬癸가 있어 丙丁을 파료(破了)해도 기예인(技藝人)에 불과하다.

2. 壬癸가 火를 제(制)하지 못하고 지지(地支)에 화국(火局)을 지으면 비고 썩은 나무이니 庚金이 있다 해도 힘이 되지 못하니 필시 고빈(孤

貧)하고 하천(下賤)한 부류도 남녀가 다 마찬가지다.

[숙달*Mastery]

팔자술(八字戌)에 약한 관(官)을 강한 상관(傷官)으로 견관(見官)하게 되면 사기(詐欺)가 있다고 했다. 특히 추목(秋木)의 金이 심하게 제복(制伏) 당하는 것을 반길 리 없다. 이때 壬癸水로 丙丁을 파료(破了)하면 기예인(技藝人)에 불과하다고 했지만 실은 그 학문이 참되고 뛰어나다고 볼 수 있다. 戌月 甲木에 지지(地支) 화국(火局)을 보게 되면 金은 소멸되므로 귀(貴)는 요원하게 된다. 이때도 壬癸를 용(用)하여 격국(格局)을 이룬다면 능히 귀격(貴格)을 이룰 수 있다.

[원시*TEXT]

或有假傷官, 得地逢生, 此正合甲乙秋生貴元武之說, 用水制傷官者, 以金為妻, 水為子.

혹유가상관, 득지봉생, 차정합갑을추생귀원무지설, 용수제상관자, 이금위처, 수위자.

[일람*Scanning]

혹 가상관(假傷官)을 이루고 득지(得地)해서 생(生)하면, 갑을추생귀원무(甲乙秋生貴元武)라 했으니, 이는 水를 용(用)하여 상관(傷官)을 제(制)하는 것으로 金을 아내로 水를 자녀로 삼는다.

[숙달*Mastery]

戌月 甲木이 丙丁火를 보아도 당령(當令)하지 않아 가상관(假傷官)이 된

다. 가상관(假傷官)으로 득지봉생(得地逢生)이란 지지(地支)에서 화국(火局)을 이루는 것을 말하고, 원무(元武)는 북방 壬癸水를 뜻한다. '금위처(金為妻), 수위자(水為子)' 란 곧 상관패인격(傷官佩印格)을 말한다. 庚金을 보면 살인상생(殺印相生)을 이루어 부귀격(富貴格)을 이룬다.

□ 甲 庚 壬

□ □ 戊 午

[원시*TEXT]

或丁戊俱多, 總不見水, 又為傷官生財格, 亦可云富貴, 此格取火為妻, 土為子.

혹정무구다, 총불견수, 우위상관생재격, 역가운부귀, 차격취화위처, 토위자.

[일람*Scanning]

혹 丁戊를 갖추고, 水를 보지 않으면 상관생재격(傷官生財格)이 되어 또한 부귀(富貴)를 논할 수 있는데 이러한 격국(格局)은 火를 아내로, 土를 자식으로 삼는다.

[숙달*Mastery]

丁戊가 양투(兩透)하고 水를 보지 않으면 상관생재(傷官生財)가 되어 부귀격(富貴格)을 이룬다. 이때는 술궁(戌宮)에 丁戊가 모두 있으므로 이렇게 동궁(同宮)에서 비롯되면 유정(有情)과 유력(有力)을 겸한 셈이므로 상격(上格)이 되는 것이다.

[원시*TEXT]

凡甲多庚透, 大貴. 庚藏, 小貴. 若柱中多庚, 則又以丁為奇, 富貴人也. 如庚申年, 丙戌月, 甲申日, 壬申時, 此主功名顯達, 有文學. 若無庚丙年月, 又無火星出干, 雖曰好學, 終困名場.

범갑다경투, 대귀. 경장, 소귀. 약주중다경, 칙우이정위기, 부귀인야. 여경신년, 병술월, 갑신일, 임신시, 차주공명현달, 유문학. 약무경병년월, 우무화성출간, 수왈호학, 종곤명장.

[일람*Scanning]

1. 무릇 甲木이 많고 庚金이 투(透)하면 대귀(大貴)하다.

2. 庚이 암장(暗藏)되면 소귀(小貴)한다.

3. 만약 사주(四柱)에 庚金이 많고 丁火를 얻으면 뛰어나므로 부귀(富貴)하다.

4. 가령 庚申年 丙戌月 甲申日 壬申日 생(生)은 공명현달(功名顯達)하였는바, 문학(文學)이 뛰어났다.

5. 만일 年月에 庚丙이 없고, 火가 투(透)하지 않았다면 비록 학문을 좋아해도 명성을 얻지 못했을 것이다.

[숙달*Mastery]

戌月 甲木에 甲木이 많으면 응당 庚金을 용(用)하여 재왕생살(財旺生殺)하면 귀격(貴格)이 된다. 庚金 살(殺)이 많으면 丙丁火의 식상(食傷)으로 제복(制伏)해야 한다.

壬 甲 丙 庚

申 申 戌 申

차명(此命)의 겉모습은 殺用食制逢印(살용식제봉인)의 성중유패(成中有敗)로 보기 쉽다. 그러나 丙火가 庚金을 제(制)하여 재격투인(財格透印)으로 성격(成格)된 팔자(八字)다. 오행(五行)의 생극제화(生剋制化) 이법(理法)으로 격국(格局)의 성패(成敗)를 판단한 다음에는 조후(調候)의 십간용신(十干用神)을 살펴 귀천(貴賤)과 격(格)의 고저(高低)를 구분한다. 팔자(八字)의 귀(貴)는 년간(年干)의 庚金으로 월령(月令)을 얻어 공명현달(功名顯達)하였다.

[원시*TEXT]

九月甲木, 耑用丁癸, 見戊透必貴. 如戊戌, 壬戌, 甲子, 甲申, 支成水局, 干有壬水, 正合貴元武之說. 配得中和, 一榜之命, 家計豐足. 但庚丁未透出干, 不能館選.

구월갑목, 단용정계, 견무투필귀. 여무술, 임술, 갑자, 갑신, 지성수국, 간유임수, 정합귀원무지설. 배득중화, 일방지명, 가계풍족. 단경정미투출간, 불능관선.

[일람*Scanning]

1. 戌月 甲木은 애초에 丁癸를 용(用)하니 戊가 투(透)하면 필시 귀(貴)해진다.

2. 가령 戊戌年 壬戌月 甲子日 甲申時 생(生)이면 지지(地支)에 수국(水局)을 이루고, 천간(天干)에 壬水가 있어 정히 귀원무(貴元武)의 설(說)에 일치한다.

3. 배합(配合)을 얻어 중화(中和)를 이루니 일방(一榜)을 이루고, 가계

가 풍족하였다.

4. 다만 丁庚이 투(透)하여 출간(出干)하지 않아 높은 지위에 오르지는 못했다.

[숙달*Mastery]

삼추(三秋) 甲木의 귀(貴)는 丁庚으로 조율하는 게 원칙이다. 이중 戌月 甲木은 격국(格局)의 외형으로 丁癸의 상관패인(傷官佩印), 丁戊의 상관생재(傷官生財), 戊癸의 재격투인(財格透印)이 귀격(貴格)의 '모델'이 된다. 이때 壬癸水를 용(用)하여 성격(成格)되면 갑을추생귀원무(甲乙秋生貴元武)의 설(說)에 합당한 것이다.

戊 甲 壬 戊

辰 子 戌 戌

차명(此命)은 재격투인(財格透印)으로 성격(成格)된 명이다. 귀원무(貴元武)가 되어 부귀(富貴)를 보았지만, 丁庚이 투출(透出)하진 않았고 장간(藏干)으로도 庚金을 찾을 수 없어 일단의 귀(貴)는 삭감되었다.

■ 三冬甲木 (삼동갑목)

[원시*TEXT]

十月甲木, 庚丁為要, 丙火次之. 忌壬水泛身, 須戊土制之.

시월갑목, 경정위요, 병화차지. 기임수범신, 수무토제지.

[일람*Scanning]

1. 亥月 甲木은 庚丁을 필요로 하며 丙火는 그 다음이다.

2. 壬水는 木을 뜨게 하므로 꺼리는 바, 필시 戊土로 제(制)해야 한다.

[숙달*Mastery]

亥月 甲木은 인수격(印綬格)인데 庚을 쓰면 인봉관살(印逢官殺), 丁을 쓰면 인용식상(印用食傷), 戊를 쓰면 인다용재(印多用財)로 격국(格局)이 성격(成格)된다. 丙火를 용(用)하면 한목향양(寒木向陽)하여 기후(氣候)가 적합하므로 귀격(貴格)을 이룬다.

丙 甲 己 丙

□ □ 亥 □

[원시*TEXT]

若庚丁兩透, 又加戊出干, 名曰去濁留清, 富貴之極, 即乏丁火, 亦稍有富貴. 或甲多制戊, 庚金無根, 平常人也. 庚戊若透, 雖出比劫, 必定富而壽.

약경정량투, 우가무출간, 명왈거탁류청, 부귀지극, 즉핍정화, 역초유부귀. 혹갑다제무, 경금무근, 평상인야. 경무약투, 수출비겁, 필정부이수.

[일람*Scanning]

1. 만약 庚丁이 양투(兩透)하고 다시 戊가 출간(出干)하면 탁(濁)함이 제거되어 부귀(富貴)가 극품(極品)에 이르는 즉, 丁火가 없어도 역시 부귀(富貴)하지만 약간은 훼손된다.

2. 혹 甲이 많아 戊를 제(制)하고 庚金의 뿌리가 없으면 평상인에 불과

하다.

3. 만일 戊庚이 투(透)하면 비록 비겁(比劫)이 출(出)해도 부자(富者)로 장수(長壽)한다.

[숙달*Mastery]

亥月 甲木에 庚丁이 투(透)하면 상관가살(傷官駕殺)을 이룬다. 이때 戊土가 투(透)하여 당왕(當旺)한 壬水를 제(制)하면 甲木의 뿌리를 배양(培養)하고 庚金을 생(生)하니 대부대귀격(大富大貴格)이 된다. 甲木이 庚金을 용(用)하면서 丁火를 보면 상관가살(傷官駕殺)이 되고, 戊土를 보면 재왕생살(財旺生殺)이 되는데 亥月 甲木은 생궁(生宮)으로 세력이 강하니 이상의 두 가지 경우를 모두 반기는 것이다. 격국(格局)의 겉모습은 인수용재(印綬用財)로 성격(成格)된다.

戊 甲 丁 庚

□ □ 亥 □

[원시*TEXT]

或多比劫, 只一庚出干, 坐祿逢生乃為捨丁從庚, 略富貴. 或支見申亥, 戊己得所, 以救庚丁, 可許科甲. 若單己透, 其力弱小, 不過貢監而已. 用庚, 土妻金子. 用丁, 木妻火子.

혹다비겁, 지일경출간, 좌록봉생내위사정종경, 략부귀. 혹지견신해, 무기득소, 이구경정, 가허과갑. 약단기투, 기력약소, 불과공감이이. 용경, 토처금자. 용정, 목처화자.

[일람*Scanning]

1. 혹 비겁(比劫)이 많고 庚만 하나 출간(出干)하여 록(祿)에 앉아 봉생(逢生)하면 丁을 버리고 庚을 쓰니 약간의 부귀(富貴)만 있다.

2. 혹 지지(地支)에 申亥를 보고 戊己를 얻으면 庚丁을 구하므로 과갑(科甲)을 허락한다.

3. 만약 단지 己土 하나만 투(透)하면 힘이 약하여 공감(貢監)에 불과하다.

4. 庚을 용(用)하면 土가 아내요, 金이 자식이 된다.

5. 丁을 용(用)하면 木이 아내요, 火가 자식이 된다.

[숙달*Mastery]

亥月 甲木이 庚金을 용(用)하여 인봉관살격(印逢官殺格)을 이루어도 丁火가 없으면 부귀(富貴)가 작다는 것이다. 지지(地支)에 申亥가 있으면 壬水가 생녹(生祿)을 얻어 水가 범람(氾濫)할 우려가 있으므로 반드시 戊己土로 구제해야 한다. 亥月 甲木의 부귀(富貴)는 庚丁이 주관하는데 壬水는 庚金을 설(洩)하고, 丁火를 상(傷)하게 해서 해(害)를 입히기 쉽다. 따라서 亥月 甲木에 壬水가 출간(出干)하고 申亥를 보면 항시 위태로운데 재차 임운(壬運)을 만나면 사망에 이르기도 한다.

壬 甲 丁 庚

申 □ 亥 □

壬水의 범람(氾濫)은 戊土로 구제해야지, 己土로는 힘이 약(弱)하다. 팔자(八字)에 戊土를 보지 못하여 조세나 공물을 감독하는 관리(官吏) 정도로 만족해야 할 유형이다.

壬 甲 己 辛

申 □ 亥 □

[원시*TEXT]

十一月甲木, 木性生寒, 丁先庚後, 丙火佐之. 癸水司權, 為火金之病. 庚丁兩透, 支見巳寅, 科甲有准, 風水不及, 選拔有之. 若癸透傷丁. 無戊己輔救, 殘疾之人. 或壬水重出, 丁火全無者, 庸人也, 得丙方妙.

십일월갑목, 목성생한, 정선경후, 병화좌지. 계수사권, 위화금지병. 경정량투, 지견사인, 과갑유준, 풍수불급, 선발유지. 약계투상정. 무무기보구, 잔질지인. 혹임수중출, 정화전무자, 용인야, 득병방묘.

[일람*Scanning]

1. 子月 甲木은 목성(木性)이 추우니 丁을 먼저 쓰고, 庚을 나중에 쓰며 丙火로 보좌(補佐)한다.

2. 癸水가 권리를 잡은 때니 火金의 병(病)이 된다.

3. 庚丁이 양투(兩透)하고 지지(地支)에 寅巳를 보면 과갑(科甲)에 견주고, 풍수(風水)가 미치지 못해도 선발(選拔)됨이 있다.

4. 만약 癸가 투(透)하면 丁을 상(傷)한다.

5. 이때 戊己로 보좌하여 구(救)하지 못하면 잔질(殘疾)이 따른다.

6. 혹 壬水가 거듭 투(透)했는데 丁火가 전무(全無)하면 위인이 용렬(庸劣)하나 丙火를 얻으면 묘(妙)해진다.

[숙달*Mastery]

子月 甲木은 한기(寒氣)가 있으므로 丙丁火를 쓰는 인용식상격(印用食傷格)이 귀국(貴局)이다. 추동(秋冬)의 甲木은 모두 뿌리로 돌아가는 때에

이르니 다 같이 丁庚이 있어야 한다.

丁 甲 庚 □

卯 □ 子 □

동목(冬木)은 시들며 상하기 때문에 庚丁이 있어야 하고 이때 지지(地支) 寅巳를 보면 병무(丙戊)가 암장(暗藏)되어 최상격(最上格)을 이룬다.

丁 甲 庚 丙

卯 寅 子 □

동목(冬木)에 癸水가 투하면 丁火를 상(傷)하게 하여 격국이 파격(破格)되기 쉽다. 이때 戊己土로 구제하지 못하면 위인이 용렬하고 질병에 시달리게 된다. 壬水가 중출(重出)하고 庚金을 보면 인중투살(印重透殺)의 파격(破格) 포맷이 되므로 위태롭다. 동목(冬木)이 관살(官殺)을 보면 金이 차가워 물이 더욱 얼어붙는 격이니 동수(凍水)로는 생목(生木)이 불가하다. 이때는 식신(食神) 丙火를 보아야만 귀(貴)하게 된다. 한목향양(寒木向陽)이라, **동목(冬木)은 인수봉관(印用官殺)로 성격(成格)된 명(命)이 火 식상(食傷)을 보아도 파격(破格)되지 않고 기후(氣候)를 적합케 하므로 오히려 좋은 것이다.**

丁 甲 庚 丙

卯 戌 子 □

[원시*TEXT]

或支成水局, 加以壬透, 名為水泛木浮, 死無棺木.

혹지성수국, 가이임투, 명위수범목부, 사무관목.

[일람*Scanning]

혹 지지(地支) 수국(水局)을 이루고 壬水가 투(透)하면 수범목부(水泛木浮)라, 죽어서도 들어갈 관이 없다.

[숙달*Mastery]

子月 甲木이 지지(地支) 수국(水局)을 이루었는데 壬水가 투출(透出)하면 水가 범람(氾濫)하여 木이 뜨게 된다.

壬 甲 庚 癸

申 申 子 □

팔자(八字)의 유형은 申중 庚金으로 약간의 귀(貴)와 인연은 맺을 수 있으나, 본인이나 혈육(血肉)에 형극(刑剋)이 따르기 쉽다.

壬 甲 戊 乙

申 辰 子 巳

차명(此命)은 戊土가 壬水를 제(制)하는 인다용재격(印多用財格)이나 乙木 겁재(劫財)가 재(財)를 파극(破剋)하므로 병(病)은 중(重)한데 약(藥)은 약(弱)한 격이다. 상인(商人)으로 약간의 재물(財物)은 모았으나 신운(申運)에 익사(溺死)했다. '成局干透一官星, 左邊右邊空碌碌'(성국간투일관성 좌변우변공록록)의 상황이다.

[원시*TEXT]

總之十一月甲木, 為寒枝, 不比春木清茂, 耑取庚丁. 透壬無丙, 不過刀筆異途, 武職有驗.

총지십일월갑목, 위한지, 불비춘목청무, 단취경정. 투임무병, 불과도필이도, 무직유험.

用庚, 土妻金子. 用火, 木妻火子.

용경, 토처금자. 용화, 목처화자.

[일람*Scanning]

1. 총론하면 子月 甲木은 추운 나뭇가지니 춘목(春木)의 청무(淸茂)함에는 비할 바가 아니므로 오로지 庚丁을 취해야 한다.

2. 壬이 투(透)하고 丙이 없으면 도필(刀筆)로 이도(異途)에 지나지 않으며 무직(武職)에 들기 쉽다.

3. 庚을 용(用)하면 土를 아내로, 金을 자식으로 삼는다.

4. 火를 용(用)하면 木을 아내로, 火를 자식으로 삼는다.

[숙달*Mastery]

보통 칠살(七殺)이 투(透)하여 인수(印綬)를 생(生)하는 인중투살격(印重透殺格)에 다시 재(財)가 투(透)하여 인수(印綬)를 파괴하고 칠살(七殺)만 남기면 印逢官殺透財去印存煞(인봉관살투재거인존살)의 패(敗)로 귀결되기 쉽다. 그러나 **동월(冬月) 甲木에 庚金이 남는 경우 귀격(貴格)이 아닐 수 없다.** 토처금자(土妻金子)는 재왕생살(財旺生殺)을 말한다.

庚 甲 戊 □

午 辰 子 □

목처화자(木妻火子)은 인용식상격(印用食傷格)을 뜻한다. 이때 丁火가 아닌 丙火를 본다면 부중취귀(富中取貴)하는 것이다. 동목(冬木)은 丙火

로 격(格)을 이루고, 조후(調候)를 완성시켜 부귀격(富貴格)을 이룬다.

丙 甲 壬 壬

寅 辰 子 □

[원시*TEXT]

十二月甲木, 天寒氣凍, 木性極寒, 無生發之象, 先用庚劈甲, 方引丁火始得木火有通明之象, 故丁次之.

십이월갑목, 천한기동, 목성극한, 무생발지상, 선용경벽갑, 방인정화시득목화유통명지상, 고정차지.

[일람*Scanning]

丑月 甲木은 천지가 춥고 얼어붙으니 목성(木性)이 극히 추우므로 생의(生意)가 없는바 먼저 庚으로 벽갑(劈甲)한 다음 丁火를 이끌면 목화통명(木火通明)의 상(象)을 이루므로 丁은 차선(次善)이 된다.

[숙달*Mastery]

丑月 甲木은 벽갑인정(劈甲引丁)하면 목화통명(木火通明)의 부귀격(富貴格)을 이룬다.

庚 甲 丁 甲

午 □ 丑 □

[원시*TEXT]

庚丁兩透, 科甲恩封. 庚透丁藏, 小貴. 丁透庚藏, 小富貴. 無庚者, 貧賤. 無丁者,寒儒. 或有丁透重重, 亦是富貴中人, 但須比肩, 能發丁之燄, 自有德業才能. 如無比肩, 尋常之士, 稍有衣食而已. 或支多見水, 即有比肩, 亦屬平常.

경정량투, 과갑은봉. 경투정장, 소귀. 정투경장, 소부귀. 무경자, 빈천. 무정자, 한유. 혹유정투중중, 역시부귀중인, 단수비견, 능발정지염, 자유덕업재능. 여무비견, 심상지사, 초유의식이이. 혹지다견수, 즉유비견, 역속평상.

[일람*Scanning]

1. 庚丁이 양투(兩透)하면 과갑(科甲)하여 은봉(恩封)이 있다.
2. 庚이 투(透)하고 丁이 장(藏)되면 소귀(小貴)하다.
3. 丁이 투(透)하고 庚이 장(藏)되면 소부귀(小富貴)하다.
4. 庚이 없는 자는 빈천(貧賤)하다.
5. 丁이 없는 자는 한유(寒儒)에 지나지 않는다.
6. 혹 丁이 투(透)하여 중중(重重)하면 역시 부귀(富貴)하며, 단 비견(比肩)이 있어야 능히 丁을 불타게 하니 자연 재능과 복덕이 있다.
7. 비견(比肩)이 없으면 보통의 선비에 지나지 않고, 약간의 의식(衣食)만 있을 뿐이다.
8. 혹 지지(地支)에 水가 많으면 비견(比肩)이 있더라도 평상인에 속한다.

[숙달*Mastery]

원시(原詩)가 말하는 부귀(富貴)의 정도는 희용신(喜用神)의 투간(透干) 여부로 계량하지만, 팔자(八字)의 부귀(富貴)는 월별(月別) 십간용신(十干用神)의 추이로만 정해지는 게 아니다. 보통 생극제화(生剋制化)의 이법(理法)으로 격국(格局)이 성격(成格)되면, 이후 조후용신(調候用神)의 분포로 귀천(貴賤)을 가리게 된다. 이때 **팔자(八字)를 성격(成格)시키는 상신(相神)이나 조후용신(調候用神) 어느 것 하나라도 월령(月令)을 진신(眞神)이면 격국(格局)이 자연 높아지는 것이다.** 종종 월별(月別) 십간(十干)의 희용(喜用)에만 얽매여 격(格)의 고저(高低)를 분별하는 균형된 시각을 견지하지 못하는 경우가 많이 본다.

丑月 甲木에 庚丁이 양투(兩透)하면 상관가살(傷官駕殺)로 성격(成格)되고, 庚金만 투(透)하면 재왕생살(財旺生殺), 丁火만 투(透)하면 상관생재(傷官生財)가 된다. 이와 같이 추동(秋冬) 갑목(甲木)에 庚丁의 조합은 몹시 중요하므로 비록 해당 글자가 투(透)하지 않아도 암장(暗藏)되어 팔자(八字) 속에 존재해야만 부귀(富貴)를 논할 수 있다. 이때 庚은 귀(貴)를 丁은 부(富)를 직접적으로 조율하는 기능을 수행한다. 가령 丁火만 투(透)하여 상관생재격(傷官生財格)이 되면 부명(富命)은 성립되지만, 庚金이 없으면 귀(貴)를 취하기는 어렵다.

甲 甲 丁 己

子 辰 丑 □

한편 庚金이 없어도 丁火만으로 부귀(富貴)가 가능한 경우에는 벽갑(劈甲)이 되지 않아도 丁火가 상당한 힘을 지닌 상황을 의미한다. 丁甲이 동시에 투(透)한 유신유화(有薪有火)의 명(命)은 다음과 같은 경우다.

甲 甲 丁 □

戌 午 丑 □

水가 많으면 丁火를 상(傷)하므로 비겁(比劫)이 있어도 오행편경격(五

行偏傾格)의 일종에 속하는바 대개 고빈(孤貧)한 명(命)이 된다.

乙 甲 癸 癸

亥 午 丑 亥

[원시*TEXT]

總之臘月甲木, 雖有庚金, 丁不可少. 乏庚略可, 乏丁無用. 經云 : 甲木無根, 男女夭壽.

총지랍월갑목, 수유경금, 정불가소. 핍경략가, 핍정무용. 경운 : 갑목무근, 남녀요수.

[일람*Scanning]

1. 총론해서 섣달의 甲木은 비록 庚金이 있어도 丁이 없으면 불가(不可)하다.

2. 庚이 결핍되면 대략은 쓸 수 있으나 丁이 결핍되면 무용(無用)하다.

3. 경(經)에 이르길, 甲木이 무근(無根)하면 남녀가 모두 요절(夭折)하기 쉽다고 했다.

[숙달*Mastery]

丑月 甲木이 庚이 없으면 귀(貴)함이 없고, 丁이 없으면 부(富)함이 없다. 따라서 庚丁은 응당 같이 있어야 한다. 이때 丁火가 없으면 丙火로 대신할 수 있으나 庚金을 辛金으로 대신할 수는 없다.

삼 춘 을 목 총 론

■ 三春乙木總論

[원시*TEXT]

三春乙木, 為芝蘭蒿草之物, 丙癸不可離也, 春乙見丙, 卉木向陽, 萬象回春, 須癸滋養根基. 丙癸齊透天干, 無化合制剋, 自然登科及第, 故書云：乙木根荄種得深, 只須陽地不宜陰, 漂浮只怕多逢水, 剋制何須苦用金.

삼춘을목, 위지란호초지물, 병계불가리야, 춘을견병, 훼목향양, 만상회춘, 수계자양근기. 병계제투천간, 무화합제극, 자연등과급제, 고서운 : 을목근해종득심, 지수양지불의음, 표부지파다봉수, 극제하수고용금.

[일람*Scanning]

1. 삼춘(三春) 乙木은 지란(芝蘭)이나 쑥과 같아 丙癸를 떼어 놓을 수 없으니 丙火를 보면 초목(草木)이 향양(向陽)하고, 만상(萬象) 회춘(回春)하니 모름지기 癸水로 자양(慈養)하여 근기(根基)를 이룬다.

2. 丙癸가 같이 천간(天干)에 투(透)하고, 화합(化合) 제극(制剋)됨이 없으면 자연 등과급제(登科及第)하는바 고서(古書)에 이르길, 乙木의 뿌리와 씨가 깊이 박히려면 단지 양지(陽地)여야 하고 음(陰)은 마땅치 않으며 水를 많이 만나면 물에 뜨게 되므로 흉한바 이때는 극제(剋制)해야 하는데 金을 쓰면 고(苦)하다 했다.

[숙달*Mastery]

甲乙木은 다 같은 木이지만, 乙木은 **스스로 왕(旺)하여 쇠(衰)를 향하므로 丙火와 癸水 어느 하나라도 부족하면 흉하다. 즉 같은 목성(木性)이지만 甲木은 진기(進氣)고, 乙木은 퇴기(退氣)하므로 항시 癸水로 생부(生扶)해야 한다**. 사시(四時)에 따라 격국(格局)의 겉모습은 달라지겠지만 거의 모두가 水로 뿌리를 자윤(滋潤)하고 丙火로 목기(木氣)를 따뜻하게 하면 영화로움이 따르는 것이다.

삼춘(三春) 乙木은 지란(芝蘭)이나 화초의 상(象)으로 丙火를 보면 꽃잎이 양(陽)을 향하여 만물이 회춘하고, 癸水로 뿌리를 적시면 명리통달(名利通達)하는 것이다. 乙木은 늘 水를 기뻐하지만, 태다(太多)하면 음습(陰濕)해지므로 丙火를 요(要)한다. 甲木은 **양목(陽木)으로 木이 성(盛)하면 庚金으로 가지치기를 해야 하지만, 乙木은 庚金이 있으면 흉하다. 고서(古書)에 庚金이 상합(相合)하면 뜻을 펴지 못한다고 했다. 따라서** 木

이 성(盛)하면 병화(丙火)로 설(洩)해야 하고, 火의 양(陽)이 성하면 癸水의 자윤(滋潤)이 필요하다. 이것은 한 마디로 甲木과 乙木의 기질(氣質) 차이에 연유하는 것이다.

■ 三春乙木 (삼춘을목)

[원시*TEXT]

正月乙木, 必須用丙, 因天氣尤有餘寒, 非丙不暖, 雖有癸水, 恐凝寒氣, 故以丙火為先, 癸水次之.

정월을목, 필수용병, 인천기우유여한, 비병불난, 수유계수, 공응한기, 고이병화위선, 계수차지.

[일람*Scanning]

寅月 乙木은 필수적으로 丙을 용(用)해야 하는데 이는 천기(天氣)가 한기(寒氣)하기 때문이니 丙이 아니면 따뜻하게 할 수 없고 비록 癸水가 있어도 한기(寒氣)를 두려워하는바, 丙火를 먼저 쓰고 다음으로 癸水를 쓴다.

[숙달*Mastery]

寅月의 甲乙木은 이치가 같다. 춘목(春木)은 火를 보아 능히 목화통명(木火通明)을 이루니 록겁격(祿劫格)에 식상(食傷)을 쓰는 경우는 봄의 木 일주와 가을의 金 일주만 귀(貴)하게 여기는 것이다.

춘목 목화통명 추금 금수상함
春木、木火通明，秋金、金水相函

丙火는 양광(陽光)이고, 癸水는 우로(雨露)니 乙木은 태양으로 비추고 비로 윤택하게 하면 자연 배양(培養)된다.

[원시*TEXT]

丙癸兩透, 科甲定然, 或有丙無癸門戶闡揚. 或丙多乏癸, 名曰春旱. 獨陽不長, 濁富之人. 或丙少癸多, 又為困丙, 終為寒士. 或癸己多見, 為溼土之木皆下格.

병계량투, 과갑정연, 혹유병무계문호천양. 혹병다핍계, 명왈춘한. 독양불장, 탁부지인. 혹병소계다, 우위곤병, 종위한사. 혹계기다견, 위습토지목개하격.

[일람*Scanning]

1. 丙癸가 양투(兩透)하면 과갑(科甲)이 정연(定然)하고, 혹 丙만 있고 癸가 없어도 문호(門戶)를 널리 떨친다.
2. 혹 丙이 많고 癸가 결핍되면 춘한(春旱)이라 한다.
3. 이때는 독양(獨陽)이 길지 않으니 저속한 부자(富者)가 되기 쉽다.
4. 혹 丙이 적고 癸가 많으면 종내 추운 선비가 된다.
5. 혹 癸己가 많으면 습토(濕土)의 木이니 하격(下格)이 된다.

[숙달*Mastery]

寅月 乙木은 丙癸로 상관패인(傷官佩印)의 격국(格局)을 이루면 최상격(最上格)이 된다.

癸 乙 丙 甲

□ □ 寅 □

그러나 초춘(初春)에는 한기(寒氣)가 남아 있어 丙火가 우선이며 癸가 없어도 귀격(貴格)을 이룬다.

□ 乙 丙 甲

□ □ 寅 □

그러나 丙火 양(陽)의 기세가 지나치면서 癸水를 보지 못하고 상관생재(傷官生財)를 이루면 졸부(拙富)에 불과하다.

己 乙 丙 己

卯 未 寅 巳

습토(濕土)의 木은 하격(下格)이 되기 쉬운데, 이때는 癸水가 많아야만 음농습중(陰濃濕重)이 되어 木이 번성하지 못한다. 이를 고음불생(孤陰不生)이라 하는데, 癸水가 많지 않은 경우를 두고 하격(下格)을 단정하는 실수를 범해선 곤란하다. 다음은 록겁용재격(祿劫用財格)으로 癸가 출(出)하고 丙이 장(藏)된바 귀명(貴命)을 이룬 격이다.

己 乙 甲 癸

卯 亥 寅 未

[원시*TEXT]

用丙者, 木妻火子. 用癸水見火多者, 金妻水子.

용병자, 목처화자. 용계수견화다자, 금처수자.

[일람*Scanning]

1. 丙을 용(用)하면 木을 아내로 火를 자식으로 삼는다.

2. 火가 많아 癸水를 용(用)할 경우에는 金이 아내요, 水가 자식이 된다.

[숙달*Mastery]

목처화자(木妻火子)의 경우는 다음과 같다.

庚 乙 庚 丙

辰 □ 寅 □

금처수자(金妻水子)의 경우는 다음과 같다.

癸 甲 丙 甲

□ 午 寅 □

[원시*TEXT]

二月乙木, 陽氣漸升, 木不寒矣, 以丙為君, 癸為臣, 丙癸兩透, 不透庚金, 大富大貴.

이월을목, 양기점승, 목불한의, 이병위군, 계위신, 병계량투, 불투경금, 대부대귀.

[일람*Scanning]

卯月 乙木은 양기(陽氣)가 점차 오르는 때니 木이 차갑지 않으므로 丙을 군(君)으로 癸를 신(臣)으로 삼는바 丙癸가 양투(兩透)하고 庚金이 투(透)하지 않으면 대부대귀(大富大貴)한다.

[숙달*Mastery]

卯月 乙木은 다음의 구절을 염두에 두고 팔자(八字)의 귀천(貴賤) 여부를 가리면 별로 어긋남이 없다. 丙癸가 출간(出干)하고, 庚이 암장(暗藏)되면 대귀격(大貴格)을 이룬다.

목화통명 불리견관 목화상관희견수
木火通明，不利見官，木火傷官喜見水

丙 乙 癸 丁

□ 巳 卯 □

[원시*TEXT]

或天干透庚, 支下無辰, 不能化金, 得癸透養木亦為貴, 若見水庫, 則為假化, 平常人也.

혹천간투경, 지하무진, 불능화금, 득계투양목역위귀, 약견수고, 즉위가화, 평상인야.

[일람*Scanning]

혹 천간(天干)에 庚이 투(透)했는데 지지(地支)에 辰이 없으면 화금(化金)이 되지 않으므로 癸가 투(透)하여 양목(養木)하면 역시 귀(貴)함이 있으나, 만약 수고(水庫) 辰을 보면 가화(假化)가 되어 평상인이 된다.

[숙달*Mastery]

'난강망' 은 오토(五土) 辰을 보아야 간합(干合)으로 인한 화기(化氣)를 인정한다. 만일 일간(日干)의 합(合)이 辰土를 보고 화격(化格)을 이루지 못하면 이 또한 가화(假化)로 격국(格局)이 불순(不純)한 것으로 간주한다. 가령 卯月 乙木의 록겁용관격(祿劫用官格)에 癸水로 관인상생(官印相生)하면 귀격(貴格)이다. 그러나 辰土를 보아 화격(化格)을 이루지 못한 가화(假化)는 성격(成格)되어도 귀격(貴格)으로 보지 않는다. 다음은 辰土를 보아 격국(格局)이 불순(不純)해졌으므로 癸水로 인화(引化)로 수재(秀才)지만, 가난한 선비에 그친 명(命)이다. 庚金을 보지 않았다면 곡직격(曲直格)을 이루어 귀명(貴命)이 되었을 것이다.

庚 乙 乙 癸

辰 未 卯 亥

가화(假化)로 격국(格局)의 불순함을 논하기보다 곡직(曲直)의 순수함이 훼손되어 불리한 팔자(八字)로 보는 것이 무난할 듯싶다. '成局干透[성국간투]一官星[일관성], 左邊右邊空碌碌[좌변우변공록록]'의 전형적 사례다.

[원시*TEXT]

或支成木局, 有癸透乃作貴命, 更得丙洩木氣, 上上之命, 但須透癸, 或水多困丙, 多戊化癸, 皆下格.

혹지성목국, 유계투내작귀명, 경득병설목기, 상상지명, 단수투계. 혹수다곤병, 다무화계, 개하격.

[일람*Scanning]

1. 卯月 乙木에 지지(地支) 목국(木局)을 이루었는데 癸가 투(透)하면 귀명(貴命)이 되고, 목기(木氣)를 설(洩)하는 丙을 얻으면 상상지명(上上之

命)인데 이때 필히 癸가 투(透)해야 한다.

2. 혹 水가 많아 丙이 곤(困)해지거나, 戊가 많아 癸를 합(合)하면 다 같이 하격(下格)이 된다.

[숙달*Mastery]

卯月 乙木은 지지(地支) 목국(木局)으로 인해 곡직인수격(曲直仁壽格)이 된다. 금성옥진부(金聲玉振賦)에 이르길, **"곡직격(曲直格)은 반드시 인수(印綬)가 있어야 명리(名利)를 떨친다"** 고 했다. 卯月에는 양기(陽氣)가 점차 오를 때이므로 癸水로 윤택(潤澤)하게 함이 좋은 것이다.

癸 乙 □ □

辰 未 卯 □

卯月 乙木은 丙火와 癸水를 다 갖추면 최상격(最上格)이 된다. 만일 丙火만 있는데 癸水가 없다면 평범함에 지나지 않고, 지지(地支)의 수기(水氣)라도 보게 되면 귀(貴)를 논할 근거가 된다. 다음은 비록 癸水가 투(透)하진 않았지만 시지(時支) 子水로 인해 癸水의 자윤(滋潤)은 얻은 셈이다. 곡직(曲直)으로 능히 보통 이상은 되나 아주 높은 직위에 오르지는 못한다. 무릇 **종왕(從旺)의 유형은 인수(印綬)가 투(透)해야 더욱 귀(貴)해진다.**

丙 乙 丁 甲

子 未 卯 □

패인이상경신왕

인수(印綬) 水가 많아 丙火가 파괴될 정도면 佩印而傷輕身旺의 파격(破格)이 된다.

丙 乙 癸 壬

子 □ 卯 □

[원시*TEXT]

用丙者, 木妻, 火子. 用癸者, 金妻, 水子.

용병자, 목처, 화자. 용계자, 금처, 수자.

[일람*Scanning]

1. 丙을 용(用)하면 木이 아내요, 火가 자식이 된다.
2. 癸를 용(用)하면 金이 아내요, 水가 자식이 된다.

[숙달*Mastery]

목처화자(木妻火子)는 목화통명(木火通明)을, 금처수자(金妻水子)는 상관패인격(傷官佩印格)을 의미한다.

卯月 乙木은 寅月에 비해선 癸水를 더욱 필요로 하지만 丙火를 중심으로 삼는 것이다. 乙木이 강하면 庚金을 쓰지 않고 丙火를 써서 설(洩)하므로 木火가 주(主)가 된다. 丙火가 많으면 양(陽)의 기세가 왕성해져 메마르기 때문에 癸水를 용신(用神)으로 삼는다. 이때 庚金이 투(透)하면 좋지 않고 격국(格局)이 불순(不純)해지기 쉽다. 다음은 癸水가 없고 월령(月令)이 충(沖)되어 고빈(孤貧)한 팔자(八字)다.

丙 乙 辛 丙

戌 酉 卯 申

위와 비슷한 유형이라도 丙火와 癸水의 자윤(滋潤)을 얻어 귀격(貴格)을 이룬 팔자(八字)다.

丙 乙 辛 丙

子 卯 卯 子

[원시*TEXT]

亥卯未逢於甲乙, 富貴無疑. 木全寅卯辰方, 功名有准. 活木忌埋根之鐵, 支下有庚辛, 戕賊其根, 木則朽矣.

해묘미봉어갑을, 부귀무의. 목전인묘진방, 공명유준. 활목기매근지철, 지하유경신, 장적기근, 목즉후의.

[일람*Scanning]

1. 甲乙이 亥卯未 모두를 갖추면 부귀(富貴)를 의심할 여지가 없다.

2. 木이 寅卯辰 방국(方局)이 완전하면 공명(功名)이 따른다.

3. 활목(活木)은 철(鐵) 金이 뿌리에 있는 것을 기피하니 지지(地支)에 庚辛이 있으면 그 뿌리에 손상을 입히고 해치므로 木은 썩게 된다.

[숙달*Mastery]

亥卯未나 寅卯辰 전국(全局)을 갖춘 곡직격(曲直格)은 庚辛金이 출간(出干)하지 않은 한 모두 부귀격(富貴格)으로 볼 수 있다. **곡직격(曲直格)은 지지(地支)의 장간(藏干)에 금기(金氣)를 보는 것도 꺼리게 된다. 金만 아니라면** 己土를 **보아도 곡직격(曲直格)으로 하자(瑕疵)가 없고,** 또한 癸水가 투(透)하면 상격(上格)으로 손색이 없다.

癸 乙 己 乙

辰 未 卯 丑

곡직격(曲直格)에 丙癸가 없어도 丁火를 보면 수기(秀氣)를 설(洩)하여 목화통명(木火通明)이 되고 귀격(貴格)을 이룬다.

己 乙 丁 己

未 未 卯 亥

[원시*TEXT]

三月乙木, 陽氣愈熾, 先癸後丙.
삼월을목, 양기유치, 선계후병.

[일람*Scanning]

辰月 乙木은 양기(陽氣)가 점점 성하므로 먼저 癸를 쓰고 다음으로 丙을 쓴다.

[숙달*Mastery]

辰月 乙木은 인용식상(印用食傷)의 격국(格局)을 일격(一格)으로 삼는다.

丁 乙 丙 癸

亥 □ 辰 □

[원시*TEXT]

癸丙兩透, 不見己庚, 玉堂之客. 見己庚者, 平常之人. 或一乙逢庚, 不見己者, 亦主小富貴, 但不顯達. 或多水見己, 只恐高才不第. 見戊堪發異途. 或庚己混雜, 丙癸全, 則為下格.

계병량투, 불견기경, 옥당지객. 견기경자, 평상지인. 혹일을봉경, 불견기자, 역주소부귀, 단불현달. 혹다수견기, 지공고재불제. 견무감발이도. 혹경기혼잡, 병계전, 즉위하격.

[일람*Scanning]

1. 癸丙이 양투(兩透)하고 己庚을 보지 않으면 옥당(玉堂)에 오른다.
2. 己庚이 있으면 평범한 명(命)이 된다.
3. 혹 하나의 乙이 庚을 보았는데 己가 없으면 소부소귀(小富小貴)하나 현달(顯達)하지는 못한다.
4. 혹 水가 많은데 己를 보면 다만 재주가 뛰어날 뿐 급제(及第)는 어렵다.
5. 水가 많으면 戊를 쓰되 이도(異道)로 발전한다.
6. 혹 庚己가 혼잡(混雜)하면 丙癸가 온전해도 하격(下格)에 불과하다.

[숙달*Mastery]

한 마디로 乙木은 **음유(陰柔)하여 재관(財官)을 용(用)하지 않는다**. 즉 재왕생관격(財旺生官格)이 귀격(貴格)의 표준이 될 수 없다. 따라서 거개 상관패인(傷官佩印)이나 인용식상(印用食傷)의 격국(格局)을 상격(上格)의 전형으로 삼게 된다. 辰月 乙木에 丙火나 癸水 어느 하나라도 투(透)하지 못하면 크게 발전하지 못한다.

甲 乙 甲 丁

申 巳 辰 □

차명(此命)은 丙癸가 투(透)하지 않고 다만 암장(暗藏)되었을 뿐으로 보통의 선비에 불과하다. 반면 관살(官殺) 金을 보지 않고 丙火만 투(透)해도 辰 중에 癸水가 암장(暗藏)되어 귀명(貴命)으로 손색이 없다.

丙 乙 戊 甲

子 □ 辰 □

차명(此命)은 戊土 재(財)가 겁재(劫財) 甲木을 보아 파격(破格)되었다가 丙火로 인해 구제된 財逢劫而透食以化(재봉겁이투식이화)의 패중유성(敗中有成)이다. 辰月 乙木이 丙火를 보아 훼목향양(卉木向陽)하니 이미 상격(上格)을 이루었다. **또 乙木이 丙子時로 팔자(八字)에 관(官)이 없으니 육을서귀격(六乙鼠貴格)의 잡격(雜格)으로 취해도 최귀(最貴)하다.**

辰月 乙木이 庚金을 보면 辰中 癸水가 상(傷)하지는 않으므로 관인상생(官印相生)의 의미는 나타나 재왕생관(財旺生官)으로 작은 부귀(富貴)는 따르게 된다.

□ 乙 庚 庚

□ □ 辰 □

水가 많아 戊土를 써서 이도(異道)로 공명(功名)하는 것은 지지(地支) 수국(水局)일 경우를 말하고, 재격투인(財格透印)으로 성격(成格)되는 바를 일컫는 얘기다. 보통 **재(財)로 인수(印綬)를 제복(制伏)하는 명(命)은 정도(正道)에서 비껴나는 특징이 있다.**

壬 乙 戊 甲

□ □ 辰 子

[원시*TEXT]

或見水局, 丙戊高透, 亦主科甲. 或柱中全無丙戊, 支合水局, 此離鄕之命.

혹견수국, 병무고투, 역주과갑. 혹주중전무병무, 지합수국, 차리향지명.

[일람*Scanning]

1. 혹 수국(水局)을 이루고 丙戊가 투(透)하면 역시 과갑(科甲)을 한다.

2. 혹 사주(四柱)에 丙戊가 전무(全無)하고 지지(地支) 수국(水局)을 이루면 전혀 고향(故鄕)을 떠난다.

[숙달*Mastery]

辰月 乙木에 지지(地支) 수국(水局)을 짓고 丙戊가 투(透)한 상관생재격(傷官生財格)이면 무과(武科)에 급제하거나 부중취귀(富中取貴)하여 암도(暗途)로 공명(功名)을 이룬다.

丙 乙 戊 甲

□ □ 辰 子

丙戊가 없는데 수국(水局)을 이루면 수다목부격(水多木浮格)이 되어 고향을 떠나 방황하는 운명(運命)이 되기 쉽다.

壬 乙 庚 庚

□ □ 辰 子

[원시*TEXT]

或見一派癸水, 又有辛金, 則作旺看. 得一戊己制癸, 亦可云小富貴. 若一派壬水,不特貧賤, 而且夭折. 有一戊己, 方云有壽, 但終為技術之人.

혹견일파계수, 우유신금, 즉작왕간. 득일무기제계, 역가운소부귀. 약일파임수, 불특빈천, 이차요절. 유일무기, 방운유수, 단종위기술지인.

[일람*Scanning]

1. 혹 한 무리의 癸水가 있고 辛金이 있으면 왕(旺)으로 본다.
2. 이때 戊己로 癸水를 제(制)하면 작은 부귀(富貴)가 있다.
3. 만일 한 무리의 壬水를 보면 빈천(貧賤)하거나 요절(夭折)이 따른다.
4. 이때 戊己를 만나면 수(壽)는 얻으나 기예인(技藝人)에 불과하다.

[숙달*Mastery]

辰月 乙木이 辛金을 보게 되면 재투칠살(財透七殺)로 파격(破格)이 된다.

辛 乙 戊 甲

巳 □ 辰 □

이때는 식신(食神) 丁火로 辛金을 제살(制殺)하거나, 丙火로 합살(合殺)로 패중유성(敗中有成)하게 되지만, 辰月 乙木에 이 같은 팔자(八字)의 구성이 조합되지 않는다. 따라서 차선책으로 인수(印綬) 수기(水氣)로 화살(化殺)해야 최소한의 격(格)을 이루는 것이다. 가령 다음과 같은 유형이다.

戊 乙 壬 辛

寅 □ 辰 □

격국(格局)의 성패(成敗) 이전에 한 무리의 壬癸水를 보고 丙火와 戊土

를 보아 이기(理氣) 양면을 충족시킨다면 기예인(技藝人)에 머무르지 않고 발전하게 될 것이다. 다음은 인용식상(印用食傷)의 성격(成格)인 동시에 기후(氣候)가 완성된 참다운 귀격(貴格)의 유형이다.

癸 乙 壬 丙

未 □ 辰 □

마찬가지로 辰月 乙木이 辛金과 壬水의 살인살생(殺印相生)으로 성격(成格)되어도 **丙癸의 암장(暗藏) 여부를 살펴 격국(格局)의 높고 낮음을 살펴야 마땅하다.** 가령 다음과 같은 경우는 춘수(春水)가 왕양(汪洋)하여 자칫 귀(貴)가 훼손되기 쉬운데 그나마 지지(地支)의 巳午가 리스크를 '헤지(hedge)' 하는 경우다.

壬 乙 壬 辛

午 □ 辰 巳

[원시*TEXT]

又或庚辰時月, 名二庚爭合, 乃貧賤之輩. 如年干見丁破庚, 可云從化, 亦不失武職之權.

우혹경진시월, 명이경쟁합, 내빈천지배. 여년간견정파경, 가운종화, 역불실무직지권.

[일람*Scanning]

1. 혹 庚辰月, 庚辰時에 태어나면 두 개의 庚이 쟁합(爭合)하여 종내 빈천(貧賤)한 무리가 된다.

2. 만일 년간(年干)에서 丁火를 얻어 庚을 파(破)하면 종화(從化)하여

무직(武職)의 권한은 잃지 않는다.

[숙달*Mastery]

원시(原詩)의 의미는 비교적 수월하게 이해할 수 있다. 乙庚의 쟁합(爭合)이 이루어지면 화격(化格)이 성립되지 않기에 하격(下格)으로 판단하는 것이다. 또 丁火를 얻어 제살(制殺)이 이루어지면 辰月 乙木의 재격(財格)이 逢殺而食神制殺以生財(봉살이식신제살이생재)로 패중유성(敗中有成)이 된다는 뜻이다.

庚金은 乙木의 정관(正官)이지만, 관(官)이 불리한 작용을 하면 살(殺)로 논한다. 그런데 丁年의 庚辰月 팔자(八字)는 성립되지 않는다. 乙年이나 庚年에 한해 庚辰月이 세워지므로 원문의 년간견정(年干見丁)은 다음과 같은 경우로 볼 수 있다.

庚 乙 甲 丁
辰 □ 辰 巳

庚辰月 庚辰時 생(生)은 구조적으로 파격(破格)을 면할 수 없게 되어있다. 乙이 庚에 얽매여 도무지 뜻을 펼칠 수 없는 형국이다.

庚 乙 庚 庚
辰 □ 辰 □

만일 다음과 같은 경우라면 참다운 귀격(貴格)을 이루지는 못해도 부격(富格)에는 미칠 것이다.

丁 乙 庚 庚
□ □ 辰 午

[원시*TEXT]

用癸者, 金妻水子. 癸多用丙者, 木妻火子.

용계자, 금처수자. 계다용병자, 목처화자.

[일람*Scanning]

1. 癸를 용(用)하면 金이 아내요, 水가 자식이 된다.
2. 癸가 많아 丙을 용(用)하면 木이 아내요, 火가 자식이 된다.

[숙달*Mastery]

辰月 乙木에 癸水를 용(用)하는 것은 재투살인(財透殺印)의 유형을 시사하므로 이때는 금처수자(金妻水子)가 된다.

戊 乙 壬 辛

寅 □ 辰 巳

癸가 많아 丙을 용(用)하는 것은 인용식상격(印用食傷格)으로 목처화자(木妻火子)가 된다.

癸 乙 壬 丙

未 □ 辰 □

삼하을목총론
三夏乙木總論

[원시*TEXT]

三夏乙木, 木性枯焦. 四月專尙癸水. 五六月先丙後癸, 夏至前仍用癸水. 先得丙透, 支下又有丙火, 名曰木秀火明. 得一癸透, 科甲中人. 或透二丙一癸, 可許採芹.

삼하을목, 목성고초. 사월전상계수. 오륙월선병후계, 하지전잉용계수. 선득병투, 지하우유병화, 명왈목수화명. 득일계투, 과갑중인. 혹투이병일계, 가허채근.

[일람*Scanning]

1. 삼하(三夏) 乙木은 목성(木性)이 고초(枯焦)하다.

2. 四月에는 癸水를 숭상해서 전용(專用)한다.

3. 午月과 未月에는 丙을 먼저 쓰고 다음으로 癸를 쓰는데 하지(夏至) 전에는 癸水를 용(用)한다.

4. 먼저 丙火가 투(透)했는데 지지(地支)에서 다시 丙火를 보면 목수화명(木秀火明)이라 한다.

5. 이때 하나의 癸가 투(透)하면 과갑(科甲)에 이른다.

6. 혹 두 개의 丙과 하나의 癸가 투(透)하면 채근(採芹)은 허락한다.

[숙달*Mastery]

삼하(三夏)에는 화왕(火旺)하여 목성(木性)이 메마르고 그을리니 癸水가 존신(尊神)이다. 까닭에 癸水가 투간(透干)하면 곧 귀격(貴格)이 되고, 지지(地支)에 암장(暗藏)되어도 귀(貴)하게 쓴다. 특히 하목(夏木)은 목화상관희견수(木火傷官喜見水)라, 목화상관(木火傷官)은 인수(印綬)가 없으면 요절(夭折)이 따를 정도로 흉하다. 상관패인격(傷官佩印格) 중에서도 특히 목화상관(木火傷官)이 인수(印綬) 수기(水氣)를 보는 것을 최귀(最貴)로 여긴다. **癸水가 없으면 상관용재(傷官用財)로 성격(成格)되어도 별반 귀격(貴格)으로 간주하지 않고 화생토조(火生土燥)로 하격(下格)이 될 우려가 있다.**

丙火는 양광(陽光)이고, 癸水는 우로(雨露)인바 **하목(夏木)이 丙癸를 보면 불청불우(不晴不雨)로 귀명(貴命)을 이룬다.** 그러나 丙火 두 개가 투(透)하여 양기(陽氣)가 몹시 성(盛)하면 癸水 하나로는 木을 윤택(潤澤)하게 만들 힘이 부족하여 귀격(貴格)이 되지 못하고, 다만 수명은 보존하나 일공(一貢)에 불과하니 원시(原詩)는 이를 두고 미나리를 캐는 채근(採芹)에 비유했다.

丙火와 癸水의 조합과 같이 십간(十干)의 상호 관계는 나쁘지만, 부억(扶抑)의 효과적인 십간(十干) 관계로 작용하는 경우가 있는데, 다음의 세 가지를 들 수 있다.

체 體	체 성 體性	용 用	배 상 配像
병 화 丙火	태 강 太强	계 수 癸水	청 운 青雲
무 토 戊土		갑 목 甲木	하 고 下固
계 수 癸水		기 토 己土	옥 토 玉土

[원시*TEXT]

或一派癸水, 有丁無丙, 平常之人. 或一癸透干, 異途顯宦, 難由科甲. 癸居子辰, 異路小職. 或丙藏支下, 癸透年干, 己出月上, 雖非科甲, 異路功名. 又或重重癸水, 或支藏癸水, 由行伍出身得功名.

혹일파계수, 유정무병, 평상지인. 혹일계투간, 이도현환, 난유과갑. 계거자진, 이로소직. 혹병장지하, 계투년간, 기출월상, 수비과갑, 이로공명. 우혹중중계수, 혹지장계수, 유행오출신득공명.

[일람*Scanning]

1. 혹 한 무리의 癸水를 보고 丙은 없이 丁만 있으면 평상인이다.

2. 혹 하나의 癸가 투간(透干)하면 이도(異途)로 벼슬을 하게 되나 과갑(科甲)을 기대하긴 어렵다.

3. 癸가 子辰에 있으면 이로(異路)로 권한이 작은 직책에 머문다.

4. 혹 丙이 지지(地支)에 장(藏)하고 년간(年干)에 癸가 투(透)했는데

월주(月柱)에 己가 출(出)하면 비록 과갑(科甲)은 아니라도 이로공명(異路功名)한다.

5. 또한 癸水가 중중(重重)하거나 혹은 지지(地支)에 癸水가 암장(暗藏)되면 군인(軍人)으로 공명(功名)을 얻는다.

[숙달*Mastery]

삼하(三夏) 乙木에 丙火가 아닌 丁火가 癸水를 보면 기후(氣候)의 완성도 면에서도 떨어지지만, 생극(生剋)의 이법(理法)상으로도 격국(格局)이 파괴되므로 평범함을 면치 못한다. 丙癸의 상관패인(傷官佩印)과 丁癸의 식신봉효(食神逢梟)는 격국(格局)의 성패(成敗)로 구분될 만큼 격차가 큰 것이다. 지지(地支)에 丙火가 암장(暗葬)된 상황에서 癸水와 己土가 출간(出干)하면 재격투인(財格透印)으로 비록 과갑(科甲)은 아니어도 이도(異途)로 발전이 있다. 즉 丙火가 투(透)해서 도와야만 정도(正途)로 성업(成業)하는 것이다. 이때 己土가 아닌 戊土를 만난다면 癸水는 무용지물(無用之物)이 되고 만다.

하월(夏月)의 巳午未月은 모두 土가 암장(暗藏)되어 화염토조(火炎土燥)하여 목성(木性)이 탈 지경이니 癸水는 아무리 많아도 꺼리지 않는다. 癸水를 거듭 보거나, 암장(暗藏)되어 木을 윤택(潤澤)하게 하면 공명(功名)이 따른다. 이때 丙火가 출간(出干)하지 않으면 일선(一線)의 격국(格局)에 해당되지 않고 음양(陰陽)의 기제(旣濟)에 미치지 못하니 대개 무직(武職)에서 출세(出世)를 보게 된다.

■ 三夏乙木
삼하을목

[원시*TEXT]

四月乙木, 自有丙火, 耑取癸水為尊. 四月乙木專用癸水, 丙火酌用, 雖以庚辛佐癸, 須辛透為清. 癸透, 庚辛又透, 科甲定然, 獨一點癸水, 無金, 是水無根, 雖出天干, 不過秀才小富, 須要大運相扶. 或土多困癸, 貧賤之人. 丙戊太多, 支成火局, 瞽目之流. 用癸者, 金妻水子.

사월을목, 자유병화, 전취계수위존. 사월을목전용계수, 병화작용, 수이경신좌계, 수신투위청. 계투, 경신우투, 과갑정연, 독일점계수, 무금, 시수무근, 수출천간, 불과수재소부, 수요대운상부. 혹토다곤계, 빈천지인. 병무태다, 지성화국, 고목지류. 용계자, 금처수자.

[일람*Scanning]

1. 巳月 乙木은 자연 丙火를 갖추니 오로지 癸水가 존신(尊神)이다.

2. 巳月 乙木은 癸水를 전용(專用)하고 丙火를 참작해서 쓰며 비록 庚辛이 癸를 보좌(補佐)한다 해도 모름지기 辛이 투(透)해야 청격(淸格)이 된다.

3. 癸가 투(透)하고 庚辛이 또한 투(透)하면 과갑(科甲)이 정연(定然)하고, 일점(一點) 癸水만 있으면서 金이 없으면 水의 근원(根源)이 없는 것이니 비록 천간(天干)에 출(出)해 수재(秀才)라 해도 부(富)가 작으므로 필히 대운(大運)이 도와야 한다.

4. 혹 土가 많아 癸를 곤(困)하게 하면 빈천(貧賤)해진다.

5. 丙戊가 태다(太多)하고 지지(地支) 화국(火局)을 이루면 맹인(盲人)이 되기 쉽다.

6. 癸를 용(用)하면 金이 아내요, 水가 자식이 된다.

[숙달*Mastery]

巳月 乙木은 癸水와 辛金이 투출(透出)한 살인상생(殺印相生)의 격국(格局)을 최선으로 본다. 금처수자(金妻水子)의 유형이다.

□ 乙 癸 辛

□ □ 巳 □

癸庚辛이 투(透)하면 과갑(科甲)에 준(準)하는데 庚癸의 관인상생(官印相生)보다 辛癸의 살인상생(殺印相生)이 더욱 청귀(清貴)함은 庚이 乙을 탐합(貪合)하기 때문이다. 土가 많아 癸水를 파극(破剋)하면 비록 상관생재(傷官生財)로 성격(成格)되어도 귀격(貴格)이 되지 않고 탐재괴인(貪財壞印)으로 재앙이 따르기 쉽다. 丙戊가 태다(太多)하고 지지(地支) 화국(火局)을 이루면 소경이 될 위험이 있다.

□ 乙 丁 戊

□ 未 巳 午

[원시*TEXT]

乙逢雙女木傷殘, 若見辛金壽必難, 不得丙丁來制伏, 豈知安樂不久長,

을봉쌍녀목상잔, 약견신금수필난, 불득병정래제복, 기지안악불구장.

[일람*Scanning]

乙木이 金을 거듭 만나면 木이 상잔(傷殘)하니, 만약 辛金을 보면 수명(壽命)을 보증하기 어렵고, 이때 丙丁의 제복(制伏)을 얻지 못하면 안락(安樂)이 길지 못하다.

[숙달*Mastery]

원시(原詩)의 쌍녀(雙女)를 해독하기가 쉽지 않다. 고서(古書)에 이르길, 乙木이 이위(離位)를 거듭 만나면 기산지문(氣散之文)이라 했다. 즉 乙木이 巳午를 보고 水를 만나지 못하면 잔병이 많거나 빈천(貧賤), 요절(夭折)이 따르게 된다. 이렇게 보면 쌍녀(雙女)를 식상(食傷) 巳午의 火로 보고 여기에 辛金까지 더해지면 극설교가(剋洩交加)가 되어 불리하다고 보면 무난할 것 같다. 아무튼 이 대목은 巳月 乙木이 살용식제(殺用食制)로 성격(成格)되어도 하격(下格)이 되기 쉽고 오직 癸水를 용(用)하는 점을 강조한 것이다. **격국(格局)의 성격(成格)으로 겉모습을 갖춘다 해도 기후(氣候)를 완성시키지 못하면 귀격(貴格)을 속단할 수 없다**. 이때 대운(大運)이 돕는다면 성격(成格)된 명(命)은 부귀(富貴)를 보게 되지만 운(運)이 배반하면 도리가 없다.

[원시*TEXT]

五月乙木, 丁火司權, 禾稼俱旱. 上半月屬陽, 仍用癸水. 下半月屬陰, 三伏生寒, 丙癸齊用. 柱多金水, 丙火為先, 餘皆用癸水為先. 乙木重逢火位, 名為氣散之文, 支成火局, 洩乙精神, 須用癸滋. 癸透有根, 富貴雙全. 或庚辛年上, 癸透時干, 定許科甲, 無癸者常人.

오월을목, 정화사권, 화가구한. 상반월속양, 잉용계수. 하반월속음,

삼복생한, 병계제용. 주다금수, 병화위선, 여개용계수위선. 을목중봉화위, 명위기산지문, 지성화국, 설을정신, 수용계자. 계투유근, 부귀쌍전, 혹경신년상, 계투시간, 정허과갑, 무계자상인.

[일람*Scanning]

1. 午月 乙木은 丁火가 권리를 잡았으니 곡식이 가뭄을 만난 격이다.

2. 상반월은 양(陽)에 속하니 거듭 癸水를 용(用)한다.

3. 하반월은 음(陰)에 속하여 삼복생한(三伏生寒)하므로 丙癸를 똑같이 용(用)한다.

4. 사주(四柱)에 金水가 많으면 丙을 먼저 쓰고, 나머지는 모두 癸水를 용(用)한다.

5. 乙木이 재차 火를 만나면 기산지문(氣散之文)이라, 지지(地支) 화국(火局)을 이루면 乙의 정신(精神)이 설기(洩氣)되므로 필히 癸를 용(用)하여 자양(滋養)해야 한다.

6. 癸水가 투(透)하고 유근(有根)하면 부귀쌍전(富貴雙全)한다.

7. 혹 년간(年干)에 庚辛이 있고, 시간(時干)에 癸가 투(透)하면 정히 과갑(科甲)을 허락하고 癸가 없으면 평상인에 지나지 않는다.

[숙달*Mastery]

午月 乙木은 절기(節氣) 하지(夏至)를 경계로 삼아 하지(夏至) 전에는 癸水를 우선 취용(取用)하고, 후에는 丙癸가 모두 존신(尊神)이 된다. 결국 팔자(八字)에 金水가 많은 경우 이 외에는 모두 癸水로 용신(用神)을 삼는 것이다. 따라서 癸水가 출간(出干)하고 뿌리가 건전하면 자연 부귀격(富貴格)을 이룬다.

癸 乙 甲 辛

□ 亥 午 □

[원시*TEXT]

若見丙透, 支成火局, 陽焦木性, 此人殘疾, 無癸必夭, 見壬可解. 或火土太多, 其人愚賤, 或為僧道門下閒人.

약견병투, 지성화국, 양초목성, 차인잔질, 무계필요, 견임가해. 혹화토태다, 기인우천, 혹위승도문하한인.

[일람*Scanning]

1. 만약 丙이 투(透)했는데 지지(地支) 화국(火局)을 이루면 목성(木性)이 메말라 잔질(殘疾)이 있고 癸가 없으면 필시 요절(夭折)하며 壬이라도 보면 죽음은 면한다.

2. 火土가 태다(太多)하면 위인이 천하며 어리석고 혹은 승도(僧道)의 문하(門下)로 받아들여진다.

[숙달*Mastery]

乙木은 본성이 쇠갈(衰竭)하여 甲木과 비교될 수 없다. 午月 乙木이 癸水를 보지 못하면 잔병(殘病)이 많거나 요절(夭折)이 따르게 된다. 壬水도 해갈(解渴)하는 역할을 하나 癸水에 비할 바가 못 된다. 이것은 마치 여름철의 논밭에 저수지 물을 대는 것과 단비가 내리는 차이와 같다. 팔자(八字)에 癸는 없고 壬만 있다면 죽음은 면하되, 잔병은 떨치기 어렵다.

壬 乙 戊 □

午 巳 午 □

[원시*TEXT]

六月乙木, 木性且寒, 柱多金水, 丙火為尊. 支成水局, 乙得無傷. 癸水透干, 大富大貴. 無癸定作常人, 運不行北, 困苦一生.

유월을목, 목성차한, 주다금수, 병화위존. 지성수국, 을득무상. 계수투간, 대부대귀. 무계정작상인, 운불행북, 곤고일생.

[일람*Scanning]

1. 未月 乙木은 목성(木性)이 또한 차가우므로 사주(四柱)에 金水가 많으면 丙火가 존신(尊神)이다.

2. 지지(地支) 수국(水局)을 이루어도 乙木은 상(傷)하지 않는다.

3. 이때 癸水가 투간(透干)하면 대부대귀(大富大貴)한다.

4. 癸가 없으면 평상인에 지나지 않고, 북방운(北方運)으로 흐르지 않는 한 일생 곤고(困苦)하다.

[숙달*Mastery]

대서(大暑) 후에는 水가 진기(進氣)하니 삼복생한(三伏生寒)이라 한다. 만일 팔자(八字)에 金水가 많으면 丙火를 용(用)하고, 그렇지 않으면 癸水를 용(用)한다. 따라서 하목(夏木)이 비록 삼복생한(三伏生寒)하는 때에 있어도 癸水가 없으면 흉하다. 재격투인(財格透印)이 귀격(貴格)의 전형이 된다.

□ 乙 癸 □
□ 亥 未 □

[원시*TEXT]

凡五六月乙木, 氣退枯焦, 用癸水切忌戊己雜亂, 則為下格. 或甲木高透, 制伏土神名為去濁留清, 可許俊秀. 土多乏甲秀氣脫空, 庸人而已.

범오륙월을목, 기퇴고초, 용계수절기무기잡란, 즉위하격. 혹갑목고투, 제복토신명위거탁류청, 가허준수. 토다핍갑수기탈공, 용인이이.

[일람*Scanning]

1. 午月과 未月의 乙木은 다 같이 기(氣)가 퇴(退)하여 메말라 그을리므로 癸水를 용(用)하는데 戊己가 잡란(雜亂)하면 하격(下格)이 된다.

2. 혹 이때 甲木이 고투(高透)하여 토신(土神)을 제복(制伏)하면 거탁유청(去濁留淸)이 되어 준수(俊秀)함을 허락한다.

3. 土가 많은데 甲이 없으면 수기(秀氣)가 빠져 모자라니 범인(凡人)에 그친다.

[숙달*Mastery]

하월(夏月) 乙木의 핵심은 癸水이므로 이것이 土에 의해 손상당하는 것을 두려워한다. 戊己土가 섞여 어지러우면 재격투인(財格透印)으로 성격(成格)되어도 귀격(貴格)을 이루기 어렵고, 甲木으로 제복(制伏)해야 병(病)이 있는데 약(藥)을 얻는 격으로 손상된 귀(貴)를 회복할 수 있다. 이때는 대운(大運)이 서북운(西北運)으로 흘러야 부귀(富貴)를 기대할 수 있다.

癸 乙 己 戊

未 巳 未 □

[원시*TEXT]

或丙癸兩透, 加以甲透制戊, 選拔定然. 若不見丙癸, 只有丁火, 亦屬常人, 有壬, 可充衣食.

혹병계량투, 가이갑투제무, 선발정연. 약불견병계, 지유정화, 역속상인, 유임, 가충의식.

[일람*Scanning]

1. 未月 乙木이 丙癸가 모두 투(透)했는데 甲이 투(透)하여 戊를 제(制)하면 일방(一榜)은 이루므로 선발(選拔)됨이 있다.

2. 만약 丙癸는 없는데 丁火가 있으면 평상인에 속하고, 壬이 있으면 의식(衣食)은 충분하다.

[숙달*Mastery]

乙木 음간(陰干)이 丙癸로 상관패인격(傷官佩印格)을 이루면 대부대귀(大富大貴)하지만, 丁壬의 식다용인(食多用印)으로 성격(成格)되면 귀(貴)가 크지 않고 의록(衣祿)으로 족하다. 하목(夏木)에 癸水는 우로(雨露)의 공(功)이나, 壬水는 관개(灌漑)니 윤택함은 같으나 자연적인 현상과는 비교가 되지 않는다.

壬 乙 丁 丁

□ 亥 未 □

[원시*TEXT]

或柱中無水, 又無比劫出干, 乃為棄命從才, 富大貴小, 能招賢德之妻. 從才格以火為妻, 土為子.

혹주중무수, 우무비겁출간, 내위기명종재, 부대귀소, 능초현덕지처. 종재격이화위처, 토위자.

[일람*Scanning]

1. 혹 사주(四柱)에 水는 없고, 또 비겁(比劫)이 출간(出干)하지 않으면 기명종재(棄命從財)를 이루는데 현처(賢妻)를 맞이하게 된다. 부(富)는 크고 귀(貴)는 작다.

2. 종재격(從財格)은 火가 아내요, 土가 자식이다.

[숙달*Mastery]

未는 목고(木庫)로 木의 기세는 절(絕)하지 않는다. 그러나 음간(陰干)은 종세(從勢)하므로 甲木과 달리 乙木은 土의 왕세(旺勢)에 종(從)한다. 달리 말해 乙木이 癸水의 자윤(滋潤)을 얻지 못할 바엔 종재격(從財格)을 이루는 게 최선이다. **외격(外格)이 순수하면 화염토조(火炎土燥)와 금한수냉(金寒水冷)과 같은 특별한 상황을 제외하고는 굳이 기후(氣候)를 논할 필요가 없이 귀격(貴格)을 짓는다. 다만 이때 암암리에 조후지신(調侯之神)이 존재하면 부귀(富貴)를 높이므로 전혀 무관하다고 볼 수는 없다. 팔자(八字)의 장간(藏干)에 조후용신(調候用神)을 갖춘 경우와 그것이 전무(全無)한 경우 전자의 귀(貴)가 더욱 뚜렷하다. 기후(氣候)는 궁극(窮極)의 개념이기 때문이다.** 未月 乙木이 종재격(從財格)을 이루면 납속주명(納粟奏名)이라 해서 재정(財政)이나 세무(稅務) 계통으로 진출하는 게 이롭다고 한다. 하월(夏月) 乙木은 癸水의 유무(有無)로 귀(貴)를 조율하므로 부대귀소(富大貴小)가 된다.

[원시*TEXT]

或一派戊土出干, 不見比肩, 名為才多身弱, 終為富屋貧人.

혹일파무토출간, 불견비견, 명위재다신약, 종위부옥빈인.

[일람*Scanning]

未月 乙木에 한 무리의 戊土가 출간(出干)했는데 비견(比肩)을 보지 못하면 재다신약(財多身弱)이 되어 끝내 부옥빈인(富屋貧人)에 그치고 만다.

[숙달*Mastery]

부옥빈인(富屋貧人)이란 부잣집의 재물을 관리하는 사람을 뜻한다. 원래 재격(財格)에 겁재(劫財)를 보면 재봉겁재(財逢劫財)로 파격(破格)될 우려가 있으나, 재(財)가 지나치면 겁재(劫財)로 구제해야 한다. '적천수'에 이르길 '등라계갑(藤蘿繫甲), 가춘가추(可春可秋)'라 했는데 未月에 일파(一派) 戊土가 출간(出干)하고 甲木이 나타난 경우를 말한다.

[원시*TEXT]

或丙辛化水, 嫖賭破家, 終非承受之兒.

혹병신화수, 표도파가, 종비승수지아.

[일람*Scanning]

혹 丙辛이 水로 화(化)하면 음탕(淫蕩)하고 도박을 즐겨 파가(破家)하므로 종내 가업을 잇지 못한다.

[숙달*Mastery]

未月 乙木에 金水가 많아 丙火가 존신(尊神)일 경우, 이것이 합화(合化)되면 용신(用神) 상관(傷官)이 칠살(七殺)을 탐합(貪合)하여 기신(忌神) 인수(印綬)가 된 것이다. 이른바 생업의 창조신이 탈선하면 게으르고 무위도식(無爲徒食)하게 된다.

합(合)에는 길흉(吉凶)이 있는데 합(合)의 가볍고, 무거움을 가릴 줄 알아야 한다. 우선은 단순한 간합(干合)의 상황인지, 아니면 합화(合化)의 상황인지 살펴야 하고, 다음으로 양간(陽干)과 음간(陰干)의 속성 차이를 배려해야 한다. 가령 丙辛 합(合)의 경우, 이것이 水로 화(化)하느냐의 문제는 팔자(八字)에서 辰土를 보는 것과 연관이 깊다. 화(化)하지 않으면 丙, 양간(陽干)의 경우 합거(合去)라는 표현보다 기반(羈絆)당한다고 말한다. 두 경우 모두 丙은 양명(陽明)한 성질을 잃게 되지만, 화수(化水)됨이 더욱 심대한 것이고, 원시(原詩)는 그것을 논하고 있다.

[원시*TEXT]

或一派乙木, 不見丙癸, 名為亂臣無主勞碌奔波, 又加支多辛金, 僧道之輩.

혹일파을목, 불견병계, 명위란신무주로록분파, 우가지다신금, 승도지배.

[일람*Scanning]

혹 한 무리의 乙木이 있고 丙癸를 보지 못하면 난신무주(亂臣無主)라, 분주하며 고생과 파란이 따르고 또 지장간(支藏干)의 辛金이 더하면 승도(僧道)의 무리에 지나지 않는다.

[숙달*Mastery]

未月 乙木은 丙癸가 없으면 부귀(富貴)를 기대하기 어렵다. 지지(地支)에 숨겨진 칠살(七殺)은 외롭고 거만한 성질을 시사하는데 이런 경우에는 대개 스스로만의 유아독존(唯我獨尊)으로 흐르게 된다.

[원시*TEXT]

或一派甲木, 無癸無丙, 又無庚金, 此人一生虛浮, 總不誠實. 有庚制甲, 乃有謀之人, 但嗜酒貪花, 多慾敗德, 不修品行, 男女一理. 總之夏月之乙木, 耑用癸水. 丙火酌用, 庚辛次之.

혹일파갑목, 무계무병, 우무경금, 차인일생허부, 총불성실. 유경제갑, 내유모지인, 단기주탐화, 다욕패덕, 불수품행, 남녀일리. 총지하월지을목, 전용계수, 병화작용, 경신차지.

[일람*Scanning]

1. 未月 乙木에 한 무리의 甲木이 있는데 癸와 丙이 없고 또 庚金도 없으면 일생이 허망하고, 성실치 못하다.

2. 庚이 있어 甲을 제(制)하면 교묘하여 염치가 없고, 품행이 단정치 못해 주색으로 몸을 망치는 데 남녀가 마찬가지다.

3. 종합하면 未月 乙木은 癸水로 용(用)하여 실마리를 풀고, 丙火는 참

작해서 용(用)하며 그 다음은 庚金을 취한다.

[숙달*Mastery]

未月 乙木에 甲木이 투(透)하면 재봉겁재(財逢劫財)로 파격(破格)되기 쉬우므로, 丙火로 상관격(傷官格)을 이루거나, 癸水로 재격투인(財格透印)의 격국(格局)을 이루어야 이를 면한다. 庚金으로 甲木을 제(制)하면 격국(格局)이 좋아지나, 음간(陰干)이 재왕생살(財旺生殺)로 귀격(貴格)을 이루는 법이 드물다. 결론적으로 丙癸가 없으면 덕(德)이 없는 사람이 되고 의식(衣食)이 부족해진다.

삼 추 을 목
■ 三秋乙木

[원시*TEXT]

三秋乙木, 金神司令, 先丙後癸, 惟九月耑用癸水, 恐丙暖戊土為病也.

삼추을목, 금신사령, 선병후계, 유구월단용계수, 공병난무토위병야.

[일람*Scanning]

삼추(三秋) 乙木은 금신(金神)이 사령(司令)하니 먼저 丙을 쓰고 다음으로 癸를 쓰는데, 다만 戌月에는 癸水로 시초를 삼는바 이는 丙이 戊를 데우면 병(病)이 되기 때문이다.

[숙달*Mastery]

삼추(三秋) 乙木은 일선(一線)에 丙火, 이선(二線)에 癸水를 용(用)하는

격국(格局)이 상격(上格)의 전형이 된다. 즉 칠살(七殺)을 제복(制伏)하는 게 우선이고, 다음은 인수(印綬)로 화살(化殺)하는 방법을 취한다. 丙癸가 모두 투(透)한 경우에도 丙火가 식신(食神)은 아니므로 인수(印綬)가 도식(到食)의 기능은 하지 않으므로 파격(破格)되지 않고 능히 귀격(貴格)으로 성립된다.

丙 乙 癸 甲

戌 □ 酉 □

그러나 戌月에는 丙火를 용(用)하는 상관생재격(傷官生財格)이 귀격(貴格)이 되지 못하고, 오직 癸水로 메마른 木을 배양(培養)하는 재격투인(財格透印)으로 성격(成格)되어야 벼슬이 높아진다.

癸 乙 戊 □

未 □ 戌 丑

[원시*TEXT]

七月乙木, 庚金乘令, 庚雖輸情於乙妹, 怎奈干乙難合支金. 柱見庚多, 乙難受載. 或丙透干, 又加己出埋金, 此格可云科甲. 有己透, 加丙, 亦是上命. 七月喜己土為用, 或不見丙癸. 己土必不可少, 此則以火為妻, 土為子.

칠월을목, 경금승령, 경수수정어을매, 즘내간을난합지금. 주견경다, 을난수재. 혹병투간, 우가기출매금, 차격가운과갑. 유기투, 가병, 역시상명. 칠월희기토위용, 혹불견병계. 기토필불가소, 차즉이화위처, 토위자.

[일람*Scanning]

1. 申月 乙木은 庚金이 우두머리에 오르니 비록 庚이 정(情)을 을매(乙妹)에게 실어 주지만, 천간(天干) 乙이 지지(地支)의 金과 합(合)하기란 어렵다.

2. 사주(四柱)에 庚이 많으면 필시 乙은 수난(受難)에 처한다.

3. 혹 丙이 투간(透干)했는데 더하여 己가 출(出)하고 매금(埋金)되면 차격(此格)은 과갑(科甲)에 이른다.

4. 己가 투(透)하고 丙이 있어도 역시 상명(上命)이다.

5. 申月 乙木은 己土를 기뻐하는데 혹 丙癸가 없어도 무방하다.

6. 己土는 절대 적어선 안 되고 이 경우 土는 자식이고, 火는 아내가 된다.

[숙달*Mastery]

乙庚이 상합(相合)하여 진화(眞化)를 이루면 부부금실이 좋다. 그러나 이 경우가 아닌 한 申月에는 庚金이 매우 강하여 관(官)이 살(殺)로 작용하기 쉽다. 즉 庚金이 출간(出干)하면 반드시 乙木이 상(傷)한다. 따라서 丙火로 상관가살(傷官駕殺)해야 귀격(貴格)을 이룬다. 신궁(申宮)에는 壬水가 장생(長生)되어 있으므로 癸水의 투출(透出) 여부는 후차적인 사안이다. 그래도 팔자(八字)에 癸水를 보아 乙木을 생(生)하면 더욱 귀(貴)해진다.

庚 乙 丙 丙

辰 □ 申 □

申月 乙木은 己土가 가장 묘(妙)하다. 丙癸가 없어도 己土만 있으면 정

관용재격(正官用財格)으로 부귀(富貴)를 잃지 않는데, 실제 이것은 격국(格局)의 겉모습이 좋아서가 아니라 己土가 오금(汚金)하는 역할을 수행하기 때문이다. 지지(地支)에서 丑未를 만나고 己土가 출간(出干)한 삼기토(三己土)가 되면 과갑(科甲)을 허락한다고 했는데, 己土는 비습(卑濕)한 흙이니 壬水로 혼합하면 비옥한 땅이 되어 乙木의 뿌리가 굳건해지므로 庚金의 예리함을 꺾게 되는 것이다. 따라서 己土와 丙火가 있으면 상격(上格)의 표본이 된다.

己 乙 丙 □

卯 □ 申 □

己土 대신 戊土를 보아도 다 같은 정관용재격(正官用財格)이 되지만, 戊土는 壬水를 극(剋)하므로 乙木의 뿌리를 배양(培養)할 수 없으므로 귀격(貴格)을 단정할 수 없다. 이때는 차라리 종살(從殺)해야만 부귀(富貴)를 기대할 수 있다.

[원시*TEXT]

或癸透, 丙藏, 庚少, 此不用己, 可許貢拔. 無丙, 有癸透者, 不失刀筆門戶. 有支下庚多, 癸又藏者, 無丙己二神, 平常人物.

혹계투, 병장, 경소, 차불용기, 가허공발. 무병, 유계투자, 불실도필문호. 유지하경다, 계우장자, 무병기이신, 평상인물.

[일람*Scanning]

1. 혹 癸가 투(透)하고, 丙이 암장(暗藏)되었는데 庚이 적고 己를 용(用)할 수 없으면 공발(貢拔)은 허락한다.

2. 丙이 없고 癸가 투(透)하면 도필문호(刀筆門戶)는 잃지 않는다.

3. 지지(地支)에 庚이 많고, 癸 또한 암장(暗藏)되었는데 丙己 이신(二神)이 없으면 평상인에 지나지 않는다.

[숙달*Mastery]

申月 乙木은 퇴기(退氣)하는 木으로 丙己로 乙木을 배식(培植)해야만 화초(花草)가 영화로움을 향하는 뛰어난 격국(格局)이 되는 것이다. 그러므로 己土가 없는 관인상생격(官印相生格)은 격(格)이 다소 떨어지므로 공감(貢監), 생원(生員)에 그치는데 이때도 지지(地支)에 丙火의 유무(有無)를 살펴 관직의 높낮이를 가늠하게 된다.

癸 乙 □ □

未 □ 申 □

결론적으로 申月 乙木은 丙癸로 귀(貴)를 논하므로 이 두 글자가 없는 한 성격(成格)되어도 벼슬이 높지 않고, 하격(下格)이 되기 쉽다.

[원시*TEXT]

或生辰時, 此為從化, 反主富貴. 凡化合格皆以所生之神為用. 化金者, 戊為用神, 特忌丙丁煆煉破格. 從化者以火為妻, 土為子. 其餘以金為妻. 妻必賢美. 以水為子, 子必剋肖, 但忌刑沖. 凡命皆然, 不特此也.

혹생진시, 차위종화, 반주부귀. 범화합격개이소생지신위용. 화금자, 무위용신, 특기병정하련파격. 종화자이화위처, 토위자. 기여이금위처. 처필현미. 이수위자, 자필극초, 단기형충. 범명개연, 불특차야.

[일람*Scanning]

1. 申月 乙木이 辰時 생으로 종화(從化)를 이루면 부귀격(富貴格)이 된다.

2. 무릇 화격(化格)은 생(生)하는 신(神)을 용(用)하게 된다.

3. 화금(化金)하면 戊가 용신(用神)이 되고 특히 丙丁火로 金을 녹이면 파격(破格)이 된다.

4. 종화(從化)하면 火가 아내요, 土가 자식이다.

5. 이 외에는 모두 金이 아내다.

6. 따라서 아내는 반드시 현미(賢美)하다.

7. 이때는 水로 자식을 삼으니 자식은 반드시 불초(不肖)함을 면하고, 단지 형충(刑沖)을 기피한다.

8. 대개의 명(命)이 그러하며 비단 이 경우만 특별한 것은 아니다.

[숙달*Mastery]

申月 乙木이 辰時 생인데 천간(天干)이 상합(相合)하면 화기(化氣)의 원신(元辰)이 투출하니 반드시 庚辰이 나타나게 된다. 이렇게 외격(外格)으로 화격(化格)를 제대로 성립시키면 대부대귀격(大富大貴格)을 이룬다. 申月 乙木이 庚辰時로 합화(合化)하면 득령(得令), 득시(得時)하여 귀(貴)를 이룬다.

庚 乙 □ □

辰 □ 申 □

이때는 戊土를 용신(用神)으로 삼기에 土는 자식이 된다. 토자화처(土子火妻)란 지지(地支)에 丙火가 암장(暗藏)되어야 좋다는 뜻이다. 이 외는 모두 수자금처(水子金妻)가 된다. 처필현미자필극초(妻必賢美子必剋肖)의 화격(化格) 사례로 다음과 같은 팔자(八字)를 들 수 있다.

戊 乙 庚 戊

寅 丑 申 辰

차격(此格)의 명리(名利)는 여의하다. 일시지(日時支)의 육친궁(六親宮) 희기(喜氣)는 해당 육친과의 인연을 나타낸다. 戊土를 용(用)하므로 처궁(妻宮) 丑土는 아내의 내조(內助)와 덕(德)이 두터움을 암시한다. 반면 시지(時支) 자식궁(子息宮)의 寅木은 화신(化神)과 용신(用神)을 배반하는 형국으로 불효자(不孝子)를 의미한다.

[원시*TEXT]

秋乙逢金, 非貧即夭. 秋生乙木忌根枯, 根既枯槁, 貧苦到老.

추을봉금, 비빈즉요. 추생을목기근고, 근기고고, 빈고도로.

[일람*Scanning]

1. 가을의 乙木이 金을 만나면 가난하거나, 요절(夭折)한다.

2. 가을철 乙木은 뿌리가 마르는 것을 꺼리니, 뿌리가 말라 죽으면 늙도록 가난하고 고생한다.

[숙달*Mastery]

乙木이 신궁(申宮)에 이르면 기(氣)가 절(絕)되어 왕금(旺金)의 극(剋)을 감당치 못하므로 관(官)을 취하기 어렵다. 여기에 지지(地支) 화국(火局)이 가세하여 극설교가(剋洩交加)되면 빈천함을 면할 수 없다.

[원시*TEXT]

八月乙木, 芝蘭禾稼均退. 以丹桂為乙木. 在白露之後, 桂蕊未開, 耑用癸水以滋桂萼. 若秋分後, 桂花已開, 卻喜向陽, 又宜用丙, 癸水次之, 丙癸兩透, 科甲名臣.

팔월을목, 지란화가균퇴. 이단계위을목. 재백로지후, 계예미개, 단용계수이자계악. 약추분후, 계화이개, 각희향양, 우의용병, 계수차지, 병계량투, 과갑명신.

[일람*Scanning]

1. 酉月 乙木은 지란(芝蘭)과 화가(禾稼)가 물러가는 때에 있다.

2. 단계(丹桂)로 乙木을 삼는다.

3. 백로(白露)가 지나도 단계(丹桂)가 우거지게 꽃을 피우지 않으므로 애초에 癸水를 용(用)하여 꽃술을 자윤(滋潤)한다.

4. 만일 추분(秋分) 이후라면 계화(桂花)가 피어 양(陽)을 향하니, 응당 丙火를 용(用)하고 다음으로 계수(癸水)를 취하는바 丙癸가 양투(兩透)하면 과갑(科甲)에 이르고 이름난 신하가 된다.

[숙달*Mastery]

酉月 乙木의 용법(用法) 전반을 단계(丹桂)의 개화(開花)에 빗대어 설명한 점은 흥미롭다. 단계(丹桂)란 물푸레나뭇과의 상록 소교목으로 보통 금목서(金木犀)로 불린다. 꽃의 색은 짙은 노랑색이나 황금색, 등황색 등으로 양력으로 9월 하순에서 10월경에 피고 향기가 매우 짙고 넓게 퍼진다. 이렇게 계화(桂花)가 피는 시점을 두고 백로(白露)와 추분(秋分)의 경계로 삼아 일선(一線)의 용신(用神)을 癸水와 丙火로 가른 것이다. 비록 세밀함은 돋보이나 지나친 점도 있어 보인다. 왜냐하면 배상(配

像)에 따른 정교한 '테크닉'에만 치중하다보면 오행(五行)의 편전(偏全)과 같은 굵직한 줄거리를 놓칠 때가 있으므로 자칫 팔자술(八字術) 실전에서는 일말의 오류를 범할 우려가 있다. 아무튼 酉月 乙木은 칠살(七殺)의 위력을 상관(傷官)으로 제(制)하고, 인수(印綬)로 화살(化殺)하면 최상(最上)의 격국(格局)이 된다.

丙 乙 癸 甲

戌 □ 酉 □

[원시*TEXT]

或支成金局, 宜暗藏丁, 無丁制金, 恐木被金傷. 若無水火, 此人勞碌. 或得癸水, 為子得母, 其人一生豐盈. 或丙癸兩透, 戊土雜出, 亦主異路功名.

혹지성금국, 의암장정, 무정제금, 공목피금상. 약무수화, 차인로록. 혹득계수, 위자득모, 기인일생풍영. 혹병계량투, 무토잡출, 역주이로공명.

[일람*Scanning]

1. 혹 지지(地支) 금국(金局)을 이루고 마땅히 丁火가 암장(暗藏)되어야 하고, 金을 제(制)할 丁이 없으면 木이 金에 의해 피상(被傷)됨을 두려워 한다.

2. 만일 水火가 없으면 이 사람은 고생하게 된다.

3. 혹 癸水를 얻으면 자식이 엄마를 얻은 것이니 일생이 풍요로워진다.

4. 또는 丙癸가 양투(兩透)하고 戊土가 잡출(雜出)하면 주로 이로공명

(異路功名)한다.

[숙달*Mastery]

고서(古書)에 이르길, 추을(秋乙)이 金을 만나면 가난하거나 요절(夭折)하기 쉽다고 했다. 더욱이 지지(地支) 금국(金局)을 이루는데 丁火로 제(制)하지 못하면 빈천노고(貧賤勞苦)를 면치 못하니 반드시 丁火로 제(制)해야 한다. 식신제살격(食神制殺格)을 이루면 무직(武職)으로 출세하는 경우가 많다.

□ 乙 丁 辛

□ □ 酉 巳

이때 癸水가 투(透)해 丁癸를 모두 보면 대귀(大貴)하다.

丁 乙 辛 癸

亥 巳 酉 □

丙癸戊가 모두 투출(透出)하는 경우는 없다. 운(運)에서 戊癸가 합(合)하고 丙만 남겨도 상관가살(傷官駕殺)로 귀(貴)를 잃지 않는다.

[원시*TEXT]

生秋分後, 有丙無癸, 亦略富貴. 若有癸無丙, 名利虛花. 若四柱不見丙癸, 下格.

생추분후, 유병무계, 역략부귀. 약유계무병, 명리허화. 약시주불견병계, 하격.

[일람*Scanning]

1. 추분(秋分) 후에는 癸가 없고 丙만 있어도 대략 부귀(富貴)를 취한다.

2. 만일 癸가 있고 丙이 없으면 명리(名利)가 허화(虛花)하다.

3. 만일 사주(四柱)에 丙癸를 보지 못하면 하격(下格)이 된다.

[숙달*Mastery]

춘을(春乙)은 지란(芝蘭), 하을(夏乙)은 화가(花稼), 추을(秋乙)은 단계(丹桂)와 같은데 단계(丹桂)는 추분(秋分)이 지나 꽃을 피우므로 이때는 丙火가 중요하다. 丙火로 상관가살(傷官駕殺)을 이루면 부귀(富貴)가 있다.

丙 乙 辛 □

戌 □ 酉 □

酉月 乙木에 癸水가 투(透)해 살인상생(殺印相生)되면 귀격(貴格)의 모습을 갖추지만, 추분(秋分)이 지나 태어난 팔자(八字)에 丙火를 찾을 수 없다면 한때의 명리(名利)에 지나지 않는다.

[원시*TEXT]

或癸在年(月)干, 丙透時干, 名為木火文星, 定主上達. 生於秋分後方佳. 或生上半月無癸, 姑用壬水, 不然, 枯木無用, 必作貧人. 又四柱多見戊己, 下格.

혹계재년(월)간, 병투시간, 명위목화문성, 정주상달. 생어추분후방가. 혹생상반월무계, 고용임수, 불연, 고목무용, 필작빈인. 우사주다견무기, 하격.

[일람*Scanning]

1. 혹 癸가 년간(年干)이나 월간(月干)에 나타나고 丙이 시간(時干)에 투(透)하면 목화문성(木火文星)이라, 크게 발달한다.

2. 이 경우 추분(秋分)이후에 태어나면 더욱 아름답다.

3. 혹 상반월(上半月)에 출생하고 癸가 없으면 부득이 壬水를 쓰는데 그렇지 않으면 고목(枯木)에 용(用)할 것이 없으니 반드시 가난하게 된다.

4. 또 사주에 戊己를 많이 보면 하격(下格)이 된다.

[숙달*Mastery]

酉月 乙木이 추분(秋分) 전에는 반드시 癸水가 있어야 한다고 했는데 그것이 없으면 壬水로 대신한다. 酉月은 금신(金神)이 당왕(當旺)하여 인수(印綬) 水를 보아야만 木이 상(傷)할 염려가 없다. 비록 癸水가 있어도 戊己土가 많아 재(財)가 인수(印綬)를 파(破)하면 칠살봉재(七殺逢財)로 파격(破格)되어 하격(下格)을 벗어나지 못한다.

己 乙 辛 戊

丑 □ 酉 □

[원시*TEXT]

用癸者, 金妻, 水子. 用丙者, 木妻, 火子. 用壬者, 金妻水子.

용계자, 금처, 수자. 용병자, 목처, 화자. 용임자, 금처수자.

[일람*Scanning]

1. 癸水를 용(用)하면 金이 아내요, 水가 자식이 된다.
2. 丙火를 용(用)하면 木이 아내요, 火가 자식이 된다.
3. 壬水를 용(用)하면 金이 아내요, 水가 자식이 된다.

[숙달*Mastery]

酉月 乙木이 살인상생(殺印相生)을 이루면 금처수자(金妻水子)가 되고, 상관가살(傷官駕殺)을 지으면 목처화자(木妻火子)가 된다. 만일 추분(秋分) 이후에 丙癸가 양투(陽透)한 최상격(最上格)이라면 수처화자(水妻火子)가 되는 것이다.

[원시*TEXT]

甲乙遇強金, 魂歸西土, 青龍逢兌旺, 且貧且賤.
갑을우강금, 혼귀서토, 청룡봉태왕, 차빈차천.

[일람*Scanning]

甲乙木이 강한 金을 만나면 혼(魂)이 西土로 돌아가니 청룡(青龍)이 태왕(兌旺)을 만난 격이라, 또한 빈천(貧賤)해진다.

[숙달*Mastery]

삼추(三秋) 木은 칠살(七殺)의 위력을 감당하려면 火로 제(制)하거나 水로 화(化)하지 않는 한 힘들어진다.

[원시*TEXT]

乙木生居酉, 莫逢巳酉丑, 富貴坎離宮, 貧窮申酉守. 木逢金旺巳傷, 再遇金鄕, 豈不損壽.

을목생거유, 막봉사유축, 부귀감리궁, 빈궁신유수. 목봉금왕사상, 재우금향, 기불손수.

[일람*Scanning]

1. 酉月 乙木이 금국(金局)을 지으면 부귀는 감리궁(坎離宮)에 있고, 빈궁함은 申酉에 있다.

2. 木이 금왕(金旺)하면 상(傷)하는데 또 다시 금향(金鄕)을 만나면 온전하게 수명을 보존하기 어렵다.

[숙달*Mastery]

이 대목은 한 마디로 추을(秋乙)이 丙癸를 보지 못하면 불가하다는 얘기다.

[원시*TEXT]

九月乙木, 根枯葉落, 必賴癸水滋養. 如見甲申時, 名為藤蘿繫甲, 可秋可冬. 若見癸水, 又遇辛金發水之源, 定主科甲. 或有癸無辛, 常人. 有辛無癸, 貧賤. 或四柱壬多, 水難生乙, 亦是尋常之輩.

구월을목, 근고엽락, 필뢰계수자양. 여견갑신시, 명위등라계갑, 가추가동. 약견계수, 우우신금발수지원, 정주과갑. 혹유계무신, 상인, 유신무계, 빈천. 혹사주임다, 수난생을, 역시심상지배.

[일람*Scanning]

1. 戊月 乙木은 뿌리가 마르고 낙엽이 지니 필히 癸水의 자양(滋養)에 의지해야 한다.

2. 甲申時를 얻으면 이른바 등라계갑(藤蘿繫甲)이 되니 가을도 좋고 겨울도 좋다.

3. 만일 癸水를 보고 또 辛金을 얻어 발수(發水)의 원천을 얻으면 정히 과갑(科甲)에 오른다.

4. 혹 癸는 있으나 辛이 없으면 평상인이다.

5. 辛이 있고 癸가 없으면 빈천(貧賤)하다.

6. 혹 사주(四柱)에 壬이 많으면 水가 乙을 생(生)하기 어려우니 보통의 평상인에 지나지 않는다.

[숙달*Mastery]

戊月 乙木은 癸水가 투(透)한 재격투인격(財格透印格)이 최상이다. 그러나 戊月은 조토(操土)가 당왕(當旺)하여 癸水가 쉽게 마르므로 辛金의 발원(發源)을 얻어야하고, 만일 金을 보지 못하면 戊土에 의해 항시 위협받게 된다.

癸 乙 戊 辛

未 □ 戌 □

甲申時 생(生)이면 土 재(財)가 아무리 지나쳐도 겁재(劫財)로 구제하므로 문제가 없다. 만일 음간(陰干)에 겁재(劫財)가 투출(透出)하고 지지(地支)의 록생(祿生)을 얻으면 기(氣)가 생왕(生旺)으로 변한다. 추동(秋冬)은 목기(木氣)가 쇠절(衰絕)한 때로 甲木에 의지하면 영화(英華)가 있다.

□ 乙 甲 甲

□ □ 戌 寅

壬水가 많아 乙木이 물에 뜨는 것은 두려워하지 않으나 대개 평범하기 쉽다. 이때 戊土가 투(透)하면 발전이 따른다.

戊 乙 庚 壬

寅 亥 戌 申

[원시*TEXT]

或支多戊土, 又逢天干, 作從才看, 無比劫方妙, 一逢比劫, 富屋貧人.
혹지다무토, 우봉천간, 작종재간, 무비겁방묘, 일봉비겁, 부옥빈인.

[일람*Scanning]

혹 지지(地支)에 戊土가 많고 재차 천간(天干)에도 투(透)하면 종재(從財)로 보고, 이때 비겁(比劫)이 없으면 묘(妙)한데 하나의 비겁(比劫)을 만나면 부옥빈인(富屋貧人)이 된다.

[숙달*Mastery]

대개 종재격(從財格)을 이루면 부명(富命)이 되지만, 종재(從財)를 이루지 못하면 재다신약(財多身弱)의 빈명(貧命)이 되기 쉽다. 비겁(比劫)이 투(透)하면 진종(眞從)을 이루지 못하고, 成局干透一官星(성국간투일관성)이 되어 불리하다. 원시(原詩)가 말하는 부옥빈인(富屋貧人)의 가능성이란 戌月 乙木이 온전한 토국(土局)을 이루어 종격(從格)을 이루기는 어려우므로 운

(運)에서 재차 비겁운(比劫運)을 만나 간지(干支)의 물상(物象) 결합으로 재다신약(財多身弱)으로 파격(破格)되는 상황을 염두에 둔 것이다. 이를테면,

癸 乙 戊 辛

未 丑 戌 丑

과 같은 경우 癸水로 인해 부종(不從)되고, 甲申時 생(生)이면

甲 乙 戊 辛

申 丑 戌 亥

등라계갑(藤蘿繫甲)으로 격(格)을 이루며, 만일 乙酉時 생(生)이라면 가종(假從)으로

乙 乙 戊 辛

酉 丑 戌 丑

寅卯 운(運)에 이르러 재다신약(財多身弱)으로 파격(破格)되기 쉽다. 반면 온전한 진종(眞從)으로 성립된다면,

庚 乙 戊 辛

辰 丑 戌 丑

일봉비겁(一逢比劫)을 크게 두려워 할 바가 아니다.

[원시*TEXT]

用癸者, 金妻, 水子. 但子女艱難, 季土剋制故也.

용계자, 금처, 수자. 단자녀간난, 계토극제고야.

[일람*Scanning]

1. 癸를 용(用)하면 金이 아내요, 水가 자식이 된다.

2. 다만 자녀를 두기 어려운 것은 사계(四季) 土가 극제(剋制)하기 때문이다.

[숙달*Mastery]

癸水 용신(用神)을 자식으로 삼고, 土가 水를 극(剋)하므로 자녀를 두기 어렵다고 한 점은 '난강망' 식의 특별한 비유다. 이것을 곧이곧대로 받아들이면 재격투인격(財格透印格)이 모두 자녀를 두기 어렵다는 말과 진배없는데 실상은 그렇지 않다. 왕토(旺土)에 자식성(子息星)인 金이 매립(埋立)될 가능성이 농후하므로 자식 농사가 어렵다는 얘기다. 또 癸水가 암장(暗藏)되고 辛金만 투(透)하면 재투칠살(財透七殺)의 파격(破格)이 되어 칠살(七殺) 기신(忌神)으로 인해 자식과의 인연은 두텁지 않을 가능성이 높다. 이러한 연관 작용을 '난강망'은 용신(用神) 자식을 그대로 육친으로 삼아 단순히 토극수(土剋水)의 작용으로 암유(暗喩)한 것에 지나지 않는다.

■ 三冬乙木 (삼동을목)

[원시*TEXT]

十月乙木, 木不受氣, 而壬水司令, 取丙為用, 戊土次之, 丙戊兩透, 科甲定然. 有丙無戊，雖不科甲，亦入儒林．支多丙火，運入火鄕，亦主顯達．

시월을목, 목불수기, 이임수사령, 취병위용, 무토차지. 병무량투, 과갑정연. 유병무무, 수불과갑, 역입유림. 지다병화, 운입화향, 역주현달.

[일람*Scanning]

1. 亥月 木이 기(氣)를 받지 못하고 壬水가 사령(司令)하므로 丙을 취하여 용(用)으로 삼고, 다음으로 戊土를 쓴다.

2. 丙戊가 양투(兩透)하면 과갑(科甲)이 정연(定然)하다.

3. 丙이 있고 戊가 없으면 과갑(科甲)은 못해도 유림(儒林)에 들 수는 있다.

4. 지지(地支)에 丙火가 많고 운(運)이 火로 향(鄕)하면 역시 현달(顯達)한다.

[숙달*Mastery]

亥月은 壬水가 왕성한 때로 먼저 丙火를 용신(用神)으로 삼아 乙木을 따뜻하게 해야 한다. 동목(冬木)은 양화(陽和)를 얻어 발영(發榮)함을 기뻐하니 한목향양(寒木向陽)으로 인용식상격(印用食傷格)이 귀격(貴格)의 전형이다. 동목(冬木)은 火를 크게 기뻐하므로 인수봉관(印綬逢官)으로 성격(成格)된 명(命)이 상관(傷官)을 보아도 꺼리지 않고 오히려 귀하게 본다. 丙火는 亥月에 절지(絕地)가 되어 세력이 미약하므로 戊土로 壬水를 억제하면 火는 더욱 존귀해진다. 지지(地支)에 丙火가 암장(暗藏)되었는데 화토운(火土運)을 만나면 녹(祿)이 있다.

丙 乙 □ □

子 □ 亥 □

[원시*TEXT]

或水多無戊, 乙性漂浮, 流蕩之徒. 若不見丙巳, 妻子難全, 或一點壬水, 即多見戊土, 亦為不妙, 得甲制戊, 可許能幹, 但為人好生禍亂, 構訟生非, 男女一理. 支成木局, 時值小陽, 此又如春木同旺, 若有癸出, 須取戊為尊, 加以丙透, 科甲之人. 若無丙戊二字, 自成自敗, 終非承受之輩.

혹수다무무, 을성표부, 류탕지도. 약불견병사, 처자난전, 혹일점임수, 즉다견무토, 역위불묘, 득갑제무, 가허능간, 단위인호생화란, 구송생비, 남녀일리. 지성목국, 시치소양, 차우여춘목동왕, 약유계출, 수취무위존, 가이병투, 과갑지인. 약무병무이자, 자성자패, 종비승수지배.

[일람*Scanning]

1. 혹 水가 많고 戊가 없으면 乙의 성질은 유랑하며 방탕을 일삼는 무리가 된다.

2. 만일 丙巳가 없으면 처자식이 온전하기 어렵고, 혹 하나의 壬水와 戊土를 많이 보면 역시 묘(妙)하지 않으나 甲을 얻어 戊를 제(制)하면 가히 재목감은 되지만, 위인이 화란(禍亂)을 부르고, 시비송사를 즐기니 남녀 모두 그러하다.

3. 지지(地支)에 목국(木局)을 이루면 시절이 소양(小陽)과 같으므로 춘목(春木)처럼 왕(旺)한데, 이때 癸水를 만나면 모름지기 戊土를 존귀하게 여기며 더하여 丙이 투(透)하면 과갑(科甲)에 이른다.

4. 만일 丙戊 두 글자가 없으면 자성자패(自成自敗)하며 종내 가계를 이어받지 못한다.

[숙달*Mastery]

亥月 乙木에 水가 지나치면 乙木이 물에 떠서 탕자(蕩子)의 명(命)이 되기 쉽다고 했다. 축수도화(逐水桃花)란 이를 두고 이른 말이다. 丙과 巳가 없으면 아내와 자식을 두기 힘들 정도로 丙火 용신(用神)은 세력을 얻어야 한다. 즉 亥月 乙木이 丙火 존신(尊神)을 보지 못하면 의식(衣食)조차 갖추기 어렵다는 얘기다. 원문은 丙巳를 두고, 국내의 해설서에는 식재(食財)의 丙己로 오역(誤譯)한 경우가 많다. **丙火는 십간(十干)의 특성상, 甲乙木의 부조(扶助)로 강해지는 법이 없다. 이보다는 寅巳의 지지(地支)를 갖추는 게 효율적인 생부(生扶)가 된다.**

亥月 乙木이 戊土를 많이 만나면 좋지 않다. 보통 인수격(印綬格)이 칠살(七殺)을 기뻐하는 것은 인수(印綬)가 경(輕)할 때고, 재(財)를 기뻐할 때는 인수(印綬)가 중(重)해야 한다. 즉 印多用財透根輕(인다용재투근경)이 이상적인데 따라서 재(財) 戊土가 많으면 귀격(貴格)을 이루기 어렵다. 이때 겁재(劫財) 甲木이 투출(透出)하여 戊土를 제복(制伏)하면 격(格)을 이루어 뛰어나지는 않지만 선비는 허락한다. 대개 **겁재(劫財)를 용(用)하는 위인들은 교제가 넓고 말솜씨는 좋은 반면 화(禍)를 부르며 쟁송(爭訟)을 마다치 않는 특징이 있다.**

亥月 乙木이 지지(地支) 목국(木局)을 보면 응당 춘목(春木)과 같이 왕(旺)한 것이다. 이때 癸水를 만나 인수격(印綬格)을 이루면 戊土 재(財)를 용(用)하는 인수용재격(印綬用財格)이 상격(上格)이다. 丙戊를 함께 보면 과갑(科甲)을 허락하지만, 둘 다 없으면 크게 이뤄도 모래성과 같으니 종내 큰 뜻을 이루지 못한다.

[원시*TEXT]

十一月乙木, 花木寒凍, 一陽來復, 喜用丙火解凍, 則花木有向陽之意, 不宜用癸以凍花木, 故耑用丙火.

십일월을목, 화목한동, 일양래부, 희용병화해동, 즉화목유향양지의, 불의용계이동화목, 고전용병화.

[일람*Scanning]

子月 乙木은 화목(花木)이 차갑고 얼어붙는 때로 일양(一陽)이 돌아오니 丙火를 용(用)하여 해동(解凍)함을 기뻐한다. 화목(花木)은 양(陽)을 향하는 뜻이 있기 때문에 癸를 용(用)하여 화목(花木)을 얼게 하는 것은 좋지 않으므로 丙火를 전용(專用)한다.

[숙달*Mastery]

子月 乙木은 한목향양(寒木向陽)하여 丙火가 부족하면 좋지 않다. 인용식상격(印用食傷格)이 상격(上格)의 전형이다.

丙 乙 □ □

子 □ 子 □

[원시*TEXT]

有一二點丙火出干, 無癸制者, 可許科甲. 即丙藏支內, 亦有選拔恩封, 得此不貴, 必因風水薄. 或壬癸出干, 有戊制, 可作能人, 即丙在支內, 亦是俊秀. 若壬透無戊, 貧賤之人.

유일이점병화출간, 무계제자, 가허과갑. 즉병장지내, 역유선발은봉,

득차불귀, 필인풍수박. 혹임계출간, 유무제, 가작능인, 즉병재지내, 역시준수. 약임투무무, 빈천지인.

[일람*Scanning]

1. 한두개의 丙火가 출간(出干)하고 癸의 제(制)함이 없으면 과갑(科甲)을 허락한다.

2. 丙이 지지(地支)에 암장(暗藏)되면 마찬가지로 선발(選拔)되어 은봉(恩封)을 받으나 귀(貴)하지 않다면 풍수(風水)가 박(薄)한 탓이다.

3. 혹 壬癸가 출간(出干)하고, 이를 戊가 제(制)하면 능력이 있는 사람이고 나아가 丙이 지지(地支) 내에 있으면 역시 준수(俊秀)하다.

4. 만약 壬이 투(透)하고 戊가 없으면 빈천(貧賤)한 사람이다.

[숙달*Mastery]

子月 乙木이 丙火를 보고 丙이 훼손되지 않으면 과갑(科甲)에 이른다. 즉 丙火가 출간(出干)했는데 壬癸水가 극제(剋制)하지 않거나, 寅巳의 丙을 申亥가 파괴하지 않는 한 귀격(貴格)을 이룬다는 얘기다. 특히 지지(地支) 巳에서는 丙戊가 득록(得祿)하므로 부귀(富貴)를 조율하는 중요한 글자라 할 수 있다.

□ 乙 □ □

□ 巳 子 □

만일 壬癸가 출간(出干)하면 戊土로 구제(救濟)해야 하고, 또한 丙火가 투출(透出)하면 귀격(貴格)을 이룬다.

[원시*TEXT]

支成水局, 干透壬癸, 丙丁全無, 雖有戊制, 貧乏到老, 運至南方, 稍有衣食. 丁火有亦如無, 丁乃燈燭之火, 豈能解嚴寒之凍. 設無丙丁, 戊土多見, 金水奔流, 下賤. 或有戊己無火, 亦屬常人, 但不至下賤. 或一派丁火, 大奸大詐之徒. 如無甲引丁, 孤鰥到老. 丁火見甲, 必主麟趾振振, 芝蘭繞膝.

지성수국, 간투임계, 병정전무, 수유무제, 빈핍도로, 운지남방, 초유의식. 정화유역여무, 정내등촉지화, 기능해엄한지동. 설무병정, 무토다견, 금수분류, 하천. 혹유무기무화, 역속상인, 단불지하천. 혹일파정화, 대간대사지도. 여무갑인정, 고환도로. 정화견갑, 필주린지진진, 지란요슬.

[일람*Scanning]

1. 지지(地支)에 수국(水局)을 이루고 천간(天干)에 壬癸가 투(透)했는데, 丙丁이 없으면 비록 戊의 제(制)가 있어도 늙도록 가난하며 운(運)이 남방에 이르러 작게나마 의식(衣食)이 있다.

2. 丁火는 있어도 없는 것과 같으니, 丁火는 등촉(燈燭)의 火니 어찌 엄한(嚴寒)의 추위를 풀겠는가.

3. 丙丁이 없이 戊土를 많이 보면 金水가 어지럽게 흐르니 하천(下賤)하다.

4. 혹 戊己가 있고 火가 없으면 역시 평상인에 속하나 하천하지는 않다.

5. 혹 한 무리의 丁火를 보면 대간대사(大奸大詐)한 무리가 된다.

6. 만일 甲木으로 인정(引丁)하지 않으면 늙도록 고독한 홀아비가 된다.

7. 丁火가 甲을 보면 필시 이름이 빛나고, 현명한 아내와 효자를 두게 된다.

[숙달*Mastery]

子月 乙木이 지지(地支) 수국(水局)을 이루면 戊土로 제(制)하는 인다용재(印多用財)로 성격(成格)되어도 부귀(富貴)를 장담하기 어렵다. 이때 丙丁火를 보지 못하면 빈한(貧寒)하기 쉽다. 乙木이 비록 물에 뜨지는 않아도 丙火가 없으면 생기(生氣)가 없으므로 평범 이상을 기대하긴 어렵다. 또 丁火를 용(用)하는 인용식신격(印用食神格)이라도 귀(貴)를 보지 못한다. 丁火는 등불에 불과하니 엄동(嚴冬)의 추위를 풀 수 없기 때문이다. 따라서 丁火로 성격(成格)되려면 지지(地支)에서 寅巳를 보아 丙火를 갖춰야만 한다.

丁 乙 □ □
□ 巳 子 □

子月 乙木이 戊己土를 용(用)하는 인수용재격(印綬用財格)을 이루어도 火를 보지 못하면 빈한(貧寒)하거나 평범함을 면치 못한다. 한 무리의 丁火를 보면 木火로 총명하나, 음목음화(陰木陰火)로 성격은 음침하니 역량은 있되, 몹시 간사한 무리가 되기 쉽다. 丁이 甲을 만나면 명리(名利)가 빛나고 처자(妻子)의 덕(德)이 두텁다. 乙木은 등라계갑(藤蘿繫甲)하면 甲木과 다름없는 것이다.

丁 乙 甲 □
□ □ 子 □

[원시*TEXT]

或成水局, 壬癸兩透, 則木浮矣, 不特貧賤, 而且夭折, 得一戊救方可.

혹성수국, 임계량투, 즉목부의, 불특빈천, 이차요절, 득일무구방가.

[일람*Scanning]

혹 수국(水局)을 이루고 壬癸가 양투(兩透)하면 木이 뜨게 되므로 특별함이 없고 빈천(貧賤)하거나 요절(夭折)하기에 이르는데, 하나의 戊를 얻으면 구제(救濟)됨은 있다.

[숙달*Mastery]

子月 乙木이 지지(地支) 수국(水局)을 짓고 壬癸를 보면 부목(浮木)되어 빈한요절(貧寒夭折)을 면키 어렵지만, 이때 戊土가 있으면 최소한 구제(救濟)의 의미는 지니므로 최악의 상황에서는 벗어나지만 丙火가 없는 한 귀(貴)와는 거리가 멀다. 즉 수국(水局)에 戊土를 쓰는 것은 부득이한 용법에 지나지 않는다.

[원시*TEXT]

冬月之木, 雖取戊制水, 不可作用, 耑取丙火則可. 用火者, 木妻, 火子. 用土者, 火妻, 土子.

동월지목, 수취무제수, 불가작용, 단취병화즉가. 용화자, 목처, 화자. 용토자, 화처, 토자.

[일람*Scanning]

1. 동월(冬月) 乙木은 비록 戊를 얻어 水를 제(制)한다 해도 작용(作用)

이 가(可)하지 않고, 오직 丙火를 취해야 가(可)한 것이다.

2. 火를 용(用)하면 木이 아내요, 火가 자식이 된다.

3. 土를 용(用)하면 火가 아내요, 土가 자식이 된다.

[숙달*Mastery]

子月 乙木의 핵심은 丙火고, 다음으로 戊土가 중요하다. 丙火가 없는 인다용재격(印多用財格)을 귀격(貴格)이 되지 않고 丙火를 보는 인다용재격(印多用財格)이야 말로 귀격(貴格)이 성립된다. 火를 용(用)하는 팔자(八字)는 인용상관격(印用傷官格)이고, 土를 용(用)하는 것은 인다용재격(印多用財格)을 말한다.

[원시*TEXT]

乙木生於冬至之後, 坐下木局, 得丙透干者, 富貴之造. 即丁出干, 亦有衣祿, 須忌癸制丁. 乙木生於冬月, 己土透干, 又有丙透, 大富貴之造.

을목생어동지지후, 좌하목국, 득병투간자, 부귀지조. 즉정출간, 역유의록, 수기계제정. 을목생어동월, 기토투간, 우유병투, 대부귀지조.

[일람*Scanning]

1. 乙木이 동지(冬至) 이후에 나서 좌하(坐下)에 목국(木局)을 얻고 丙이 투간(透干)한 자는 부귀명(富貴命)이다.

2. 이때 丁火가 출간(出干)하면 의록(衣祿)이 있으나 모름지기 癸로 丁을 제(制)하는 것을꺼린다.

3. 동월(冬月) 乙木에 己土가 투간(透干)하고 재차 丙이 투(透)하면 대부귀(大富貴)의 명(命)을 이룬다.

[숙달*Mastery]

乙木이 동지(冬至) 후에 태어나면 일양래복(一陽來復)으로 대한(大寒) 전과 보는 방법이 같다. 子月 乙木이 목국(木局)을 보면 동목(冬木)이 숲을 이룬 것과 같으므로 이때는 丙火 대신 丁火를 취해도 한목향양(寒木向陽)하여 부귀(富貴)를 기약한다. 丙火의 역량에는 미치지 못해도 의록(衣祿)이 있다. 다만 癸水를 만나지 않아야 한다.

[원시*TEXT]

十二月乙木, 木寒宜丙, 有寒谷回春之象, 得一丙透, 無癸出破格, 不特科甲, 定主名臣顯宦. 丙火藏支, 食餼而已. 干支無丙, 一介寒儒.

십이월을목, 목한의병, 유한곡회춘지상, 득일병투, 무계출파격, 불특과갑, 정주명신현환. 병화장지, 식희이이. 간지무병, 일개한유.

[일람*Scanning]

1. 丑月 乙木은 木이 추우니 丙이 마땅하며 추운 계곡에 회춘(回春)하는 상(象)인바 하나의 丙이 투(透)하고 癸가 출(出)하여 파격(破格)되지 않는 한 과갑(科甲)이 자연스럽고 이름난 신하가 되지만, 丙이 지지(地支)에 장(藏)하면 의식(衣食)만 족할 뿐이다.

2. 간지(干支)에 丙이 없으면 일개 한유(寒儒)에 불과하다.

[숙달*Mastery]

丑月 乙木은 한목향양(寒木向陽)하니 丙火 하나를 보면 재봉식상(財逢食傷)의 귀격(貴格)을 이룬다. 그러나 癸水를 보면 파격(破格)된다.

丙 乙 丁 甲
□ □ 丑 □

지지(地支)에 丙火가 암장(暗藏)되면 대운(大運)의 흐름을 잘 살펴야 한다. 동남운(東南運)으로 흐르면 귀격(貴格)을 이루지만 운(運)이 배반하면 끝내 빈한(貧寒)한 선비가 되기 쉽다.

[원시*TEXT]

或四柱多己, 不逢比劫, 乃為從才, 富比王侯, 若見比劫, 貧無立錐. 雖或一派戊己, 見甲頗有衣祿. 喘以丙火為用, 方妙.

혹사주다기, 불봉비겁, 내위종재, 부비왕후, 약견비겁, 빈무립추. 수혹일파무기, 견갑파유의록. 전이병화위용, 방묘.

[일람*Scanning]

1. 혹 사주에 己가 많고 비겁(比劫)을 만나지 않으면 종재(從財)가 되어 부(富)가 왕후와 견줄 정도나, 비겁(比劫)을 보면 송곳 하나를 찌를 땅이 없을 정도로 가난하기 짝이 없다.

2. 비록 한 무리의 戊己가 있어도 甲을 보면 약간의 의록(衣祿)이 있다.

3. 丙火를 용(用)해야만 묘(妙)한 것이다.

[숙달*Mastery]

丑月 乙木이 戊己土를 보고 종재격(從財格)을 이루면 거부(巨富)를 이루기 쉽다. 그러나 비겁(比劫)이 재(財)를 파(破)하면 빈한(貧寒)해진다. 진종(眞從)을 짓지 못하고, 재다신약(財多身弱)이 되기 때문이다. **춘목(春**

木)과 동목(冬木)은 설(洩)이 생(生)이 되니 丙火를 만나면 약함을 두려
하지 않고, 비겁(比劫)을 화(化)하여 생재(生財)하므로 부격(富格)을 이
다. 한 마디로 동월(冬月) 乙木은 비록 성격(成格)된다 해도 팔자(八字)
丙火를 보지 못하면 가난한 유림(儒林) 신세를 면치 못한다. 가령 다
과 같은 경우다.

庚 乙 癸 壬

辰 亥 丑 申

참고문헌

余氏用神辭淵 行卯出版 梁湘潤 編著

窮通寶鑑·欄江網 武陵出版 徐樂吾 評註

窮通寶鑑評註 益群出版 李鐵筆 編著

造化元鑰評註 武陵出版 徐樂吾 評註

造化元鑰評註 益群出版 李鐵筆 編著

窮通寶鑑精解 明文堂 崔鳳秀, 權伯哲 講述

三命通會 武陵出版 萬民英 著

命理乾坤 武陵出版 鍾義明 著

四柱推命十干秘解 佐藤六龍 編著

李修 先生 活動 年表

1965년 釜山 출생

1999년 역학계 데뷔

스포츠조선 '오늘의 운세' 연재

2000년 운세 역학 포털사이트 '애스크퓨처닷컴(www.askfuture.com)' 런칭

중앙일보 이코노미스트, 한국경제신문 고정 칼럼니스트

한국경제TV MC 및 패널리스트

- 이코노미스트, "이수 선생의 四柱-테크"
- 한국경제신문, "명사들의 사주 산책"
- 한국경제TV, '국민주식고충처리반'
- 한국경제TV, "동양학으로 보는 증시 예단"

2001년 한국능률협회, 최고 경영자 과정 세미나 초빙 강연

'이수문파(李修門派)' 창건

코리아타임즈(The Korea Times) 칼럼니스트

- 코리아타임즈, 중앙데일리 "매년 國運 예측" 기고
- 이코노미스트, "벤처CEO 추명(推命) 탐방 시리즈"

- 한국경제신문, "십간론 증시 예측"

2002년 이코노미스트, '이수 · 고승덕' 하계 투자 컨설팅 세미나

중앙일보 '오늘의 운세' 연재

증시 사이트 '팍스넷' 투자분석가(전문 애널리스트) 활동

서울경제신문 '오늘의 재운' 연재

- 한국경제TV, '投資와 命理'

- 한국경제TV, "동양학으로 그려본 2002년 주가 그래프"

2003년 스포츠조선 계열사 SCFM 대표이사 취임

스포츠조선 칼럼니스트

- 스포츠조선, "재테크와 역술"

- 이코노미스트, "CEO 풍수학"

- 월간중앙, "이수의 명리학 강의 - 세기적 인물의 사주학적 운명"

2004년 원광대학교 동양학 대학원 명리학 강의

머니투데이 칼럼니스트

- '매직다우, ^DJI 등락 주간 예측' 연재

- 한국경제TV, '건강충전, 풍수-테크'

2005년 AskFuture USA Inc. 설립

난강망(欄江網) 마스터리-1

초판 1쇄 2006년 3월 30일

초판 3쇄 2019년 4월 15일

지은이 이 수(李 修)

펴낸이 장석홍

펴낸곳 도서출판 장서원

주소 서울 용산구 한강대로 88길 21-5

전화 703-5362 팩스 797-5362

등록 제 03-01213호

E-mail shjang1011@hanmail.net

정가 30,000원